STARK

ABITUR 2015

Prüfungsaufgaben
mit Lösungen

Französisch

Gymnasium
Bayern
2011–2014

mit MP3-CD

STARK

ISBN 978-3-8490-1263-2

5. ergänzte Auflage
www.stark-verlag.de

Inhalt

Fortsetzung siehe nächste Seite

Abiturprüfungsaufgaben Französisch

Jeweils zu Beginn des neuen Schuljahres erscheinen die neuen Ausgaben der Abiturprüfungsaufgaben mit Lösungen.

MP3-CD

Vorwort

Liebe Schülerin, lieber Schüler,

mit diesem Band können Sie sich gezielt auf das bayerische **Abitur** im Fach **Französisch** vorbereiten.

- Ihnen steht eine Sammlung von **Übungsaufgaben** zur Auswahl, die im Hinblick auf Inhalt und Aufgabenstellungen den Vorgaben für das Abitur entsprechen. Sie enthalten alle Teile der schriftlichen Prüfung, das heißt neben der **Textaufgabe** auch **Hörverstehen** und **Sprachmittlung** bzw. **Version**. Damit Sie sich optimal auf Ihre Prüfung einstellen können, sind bei den Textaufgaben sowohl fiktionale als auch nicht-fiktionale Texte, visuelles Material und viele der möglichen Operatoren berücksichtigt. Alle Texte zum Hörverstehen finden Sie auf der beigelegten **MP3-CD**.
- Als weiteres Übungsmaterial enthält dieses Buch die originalen Aufgaben der **Abiturprüfungen 2011–2014**.
- Zu jeder Aufgabe sind von unseren Autoren vollständig auf Französisch ausformulierte **Lösungen** hinzugefügt. Die grau gerauteten Bearbeitungshinweise helfen Ihnen beim richtigen Beantworten der Aufgaben.
- Im Kapitel „**Hinweise und Tipps zum schriftlichen Abitur**" zu Beginn des Buches sind alle wichtigen Fakten zum schriftlichen Abitur im Fach Französisch zusammengefasst. Außerdem finden Sie dort viele Tipps, die Ihnen helfen, Ihre Prüfung erfolgreich zu bestehen.

Sollten nach Erscheinen dieses Bandes noch wichtige Änderungen in der Abitur-Prüfung 2015 vom Kultusministerium bekannt gegeben werden, finden Sie aktuelle Informationen dazu im Internet unter:
www.stark-verlag.de/pruefung-aktuell

Viel Erfolg bei Ihrer Abiturprüfung!

Autoren

Bernklau, Simone:	Hinweise und Tipps Übungsaufgaben 1, 2 (komplett) Übungsaufgaben 3, 4 (jeweils Hörverstehen) Lösungen Abitur 2011–2014
Bernklau, Thomas:	Übungsaufgabe 4 (Textaufgabe, Sprachmittlung, Version)
Schweiger, Adelbert:	Übungsaufgabe 3 (Textaufgabe, Sprachmittlung, Version)

Stichwortverzeichnis

mots-clés

auteurs

Hinweise und Tipps zum schriftlichen Abitur

Das Fach Französisch kann entweder als **mündliches** Abiturfach (Kolloquium) oder als **schriftliches** Abiturfach (sog. kombinierte Aufgabe) gewählt werden.

1 Ablauf der Prüfung bei Französisch als schriftliches Abiturfach

Die kombinierte Aufgabe umfasst neben einem rein schriftlichen Teil auch einen mündlichen Teil.

- Der **mündliche Teil** besteht aus einer mehrteiligen schulinternen mündlichen Prüfung, die im Ausbildungsabschnitt 12/2 abgehalten wird. Bei dieser Prüfung muss mindestens ein Prüfungsteil eine Partner- bzw. Gruppendiskussion umfassen. Die weiteren Prüfungsteile können von der Lehrkraft frei gestaltet werden.
- Der **schriftliche Teil**, der zentral gestellt wird, setzt sich aus einer Aufgabe zum **Hörverstehen**, einer **Textaufgabe** (bei der Sie zwischen einer nicht-fiktional und einer fiktional ausgerichteten Aufgabe auswählen können) mit *Questions sur le texte* und *Commentaire personnel/Rédaction* sowie einer Aufgabe zur **Mediation** zusammen, bei der eine (freiere) Sprachmittlung und in einer Übergangsphase alternativ eine traditionelle Version angeboten werden.

In diesem Band finden Sie ausschließlich Aufgaben zum schriftlichen Teil der kombinierten Aufgabe.

Bearbeitungszeit

Die Gesamtprüfungsdauer beträgt 240 Minuten (4 Zeitstunden), die sich wie folgt verteilen:

mündlicher Teil	**20 Minuten**
schriftlicher Teil	**220 Minuten**
Compréhension orale	30 Minuten
Questions sur le texte *Commentaire personnel/Rédaction* *Médiation* (Sprachmittlung bzw. Version)	190 Minuten (einschließlich Aufgabenauswahl und Einlesezeit)

Erlaubte Hilfsmittel

Als Hilfsmittel ist Ihnen während der Prüfung die Benutzung eines einsprachigen und zweisprachigen Wörterbuchs Ihrer Wahl erlaubt. Während der Hörphasen beim Hörverstehen dürfen die Wörterbücher nicht verwendet werden.

2 Aufgabenarten und Leistungsanforderungen

Der **schriftliche Teil der kombinierten Aufgabe** besteht aus einer Aufgabe zum Hörverstehen, einer Textaufgabe mit *Questions sur le texte* und *Commentaire personnel/Rédaction* sowie einer Aufgabe zur *Médiation*. Alle Teilaufgaben orientieren sich inhaltlich am Lehrplan.

Compréhension orale

Beim Hörverstehen hören Sie ein authentisches Audiodokument (Niveau B2) in Form eines Hörtextes bzw. mehrere themenverwandte Hörtexte mit einer Gesamtdauer von 3:30–5:00 Minuten (abhängig von der inhaltlichen Dichte). In der Regel beinhaltet der Text nicht mehr als drei verschiedene Sprecher. Der Text kann auch Hintergrundgeräusche sowie leichte regionale Akzente enthalten. Sie hören den Text zwei- bis dreimal. Vor dem ersten, zusammenhängenden Hören haben Sie in der Regel fünf Minuten Zeit, sich mit den Fragen vertraut zu machen und dabei eventuell ein Wörterbuch zu benutzen. Eine weitere Pause von in der Regel drei Minuten ist vor dem zweiten (und eventuell dritten) Anhören vorgesehen. Am Ende wird Ihnen zur Vervollständigung Ihrer Antworten erneut Bearbeitungszeit gewährt, deren Länge von der Textdichte abhängt. Die Fragen und Aufgaben beziehen sich auf das Global- und Detailverstehen und dürfen nicht ausschließlich auf die reine Sicherung des Textverständnisses abzielen. Zudem müssen sie nicht zwingend der Chronologie des Textes folgen. Sofern Sprachproduktion verlangt wird, werden Fehler nur dann in die Bewertung mit einbezogen, wenn dadurch die Verständlichkeit der Aussage nicht mehr gegeben ist.

Textaufgabe

Bei der Textaufgabe werden Ihnen ein Sachtext und ein literarischer Text von jeweils ca. 700 Wörtern zur Bearbeitung vorgelegt. Die ***Questions sur le texte*** umfassen Fragen zum reinen Textverständnis sowie zur Textanalyse. Letztere überprüfen ein vertieftes Verständnis der Textaussage und fordern Sie zu einer eigenständigen Auseinandersetzung mit dem Text auf.
Im Bereich ***Commentaire personnel/Rédaction*** wählen Sie aus vier unterschiedlichen Aufgabenformaten eine textübergreifende Aufgabe aus und verfassen dazu einen zusammenhängenden Text von etwa 200 bis 250 Wörtern. Der Schwerpunkt liegt hierbei darauf, ein im Text angesprochenes Thema in einem größeren Zusammenhang zu durchdenken, dazu persönlich Stellung zu nehmen und die eigene Auffassung schlüssig zu erläutern bzw. zu begründen. Als Grundlage für die textübergreifende Aufgabe kommen kurze Texte, (philosophische oder provokative) Zitate

oder Fragen, Bildimpulse (z. B. in Form von Karikaturen), Statistiken, Comics etc. in Frage, aber auch kreative Aufgabenstellungen, wie das Verfassen eines Leserbriefes, eines offiziellen Briefes (z. B. an einen Schulleiter, Bürgermeister oder Minister), eines Dialogs, einer Rede, eines Internetblogs, einer Rezension, einer Zusammenfassung einer geschichtlichen Etappe oder die Auswertung eines literarischen Werks bzw. Films hinsichtlich eines besonderen Themas sind denkbar. Landeskundlich-interkulturelles Hintergrundwissen kann hierbei vorausgesetzt werden.

Médiation

- Die **Version**, die in einer Übergangsphase alternativ zu der freieren Sprachmittlung angeboten wird, umfasst in der Regel ca. 200 Wörter. Falls Sie diese der Sprachmittlung vorziehen, ist zu beachten, dass das Anforderungsniveau des Textes den veränderten Arbeitsbedingungen (zusätzliche Verwendung eines zweisprachigen Wörterbuchs neben dem einsprachigen Wörterbuch als Hilfsmittel) entsprechen kann.
- Bei der **Sprachmittlung** müssen Sie den wesentlichen Inhalt eines oder mehrerer deutscher Ausgangstexte von insgesamt ca. 650 Wörtern sinngemäß in Form eines zusammenhängenden Textes auf Französisch zusammenfassen bzw. (eventuell anhand von Leitfragen) selektiv wiedergeben und dabei den Situations- und Adressatenbezug berücksichtigen. Als Aufgabenstellung, die in der Fremdsprache oder auf Deutsch formuliert sein kann, kommen das Verfassen einer E-Mail, eines Statements, einer Rede, eines Dialogs, eines Zeitungsartikels, einer Rezension eines Buches oder Films etc. in Frage. Ein wichtiges Beurteilungskriterium ist auch Ihre Entscheidung, welche Aspekte bei der Straffung auszuwählen sind. Der entstandene Text soll in der Regel ca. 250 Wörter umfassen.

3 Korrektur und Leistungsbewertung

Insgesamt sind in der kombinierten Prüfung **180 BE** zu erreichen, die sich wie folgt verteilen:

mündlicher Teil	**30 BE**
schriftlicher Teil	**150 BE**
Compréhension orale	20 BE
Questions sur le texte	50 BE
Commentaire personnel/Rédaction	40 BE
Médiation (Sprachmittlung bzw. Version)	40 BE

Bei den Bereichen ***Questions sur le texte***, ***Commentaire personnel/Rédaction*** und **Sprachmittlung** werden die **inhaltliche** und **sprachliche** Leistung getrennt beurteilt und bewertet. Dabei werden die Bewertungseinheiten wie folgt vergeben:

Questions sur le texte: 5 BE Inhalt/5 BE Sprache, ggf. multipliziert mit 1,5 oder 2 oder 2,5

Commentaire personnel/Rédaction: 4 BE Inhalt/6 BE Sprache, jeweils multipliziert mit 4 (bei Aufgaben, die landeskundliches bzw. literarisches Hintergrundwissen erfordern: 5 BE Inhalt/5 BE Sprache, jeweils multipliziert mit 4),

Sprachmittlung: 4 BE Inhalt bzw. Strategie/6 BE Sprache, jeweils multipliziert mit 4

Es gelten folgende Sperrklauseln:

- Kann im Bereich Sprache bzw. Inhalt nur weniger als die Hälfte der maximal erreichbaren BE gegeben werden, so kann die Gesamtleistung bestenfalls mit „noch ausreichend" bewertet werden.
- Werden Inhalt oder Sprache mit 0 BE bewertet, so kann für den jeweils anderen Bereich nur weniger als die Hälfte der maximal erreichbaren BE gegeben werden.

Bei der **Version** werden zunächst Fehler gezählt. Dann werden nach einem vorher festgelegten Fehlerschritt die BE vergeben.

4 Anforderungsbereiche und Operatoren

Bei der schriftlichen Prüfung sollen Sie zeigen, dass Sie sich auf verschiedenen Ebenen mit französischsprachigen Texten auseinandersetzen können. Daher decken die Aufgaben zur Textaufgabe die drei Bereiche „Reproduktion und Textverstehen", „Reorganisation und Analyse" sowie „Werten und Gestalten" ab.
Damit Sie eindeutig erkennen können, was bei den einzelnen Aufgabenstellungen von Ihnen verlangt wird, werden diese mit standardisierten Arbeitsanweisungen, den sogenannten Operatoren, formuliert. Im Allgemeinen lässt sich jeder Operator einem bestimmten Bereich zuordnen, im Einzelfall kann sich das jedoch auch einmal verschieben. Behalten Sie daher immer die gesamte Aufgabenstellung im Auge, um der gewünschten Anforderung entsprechen zu können. Manche Fragen zum Text enthalten auch Operatoren aus zwei verschiedenen Anforderungsbereichen. Im Folgenden finden Sie eine Auflistung von möglichen Operatoren, die Ihnen in der Prüfung begegnen können.

Anforderungsbereich I: Reproduktion und Textverstehen

Bei den Aufgaben zu diesem Bereich sollen Sie nachweisen, dass Sie im Text explizit gegebene Informationen verstanden haben. Gemeinsam ist diesen Operatoren, dass Sie mit eigenen Worten in nüchternem Stil und in französischer Standardsprache Inhalte wiedergeben sollen, ohne diese persönlich zu bewerten.

Operator/ Arbeitsanweisung	Definition	Beispiel
décrire	Einen Sachverhalt, eine Person, eine Situation oder ein Problem aus dem Text vollständig und gut strukturiert beschreiben, ohne aber bereits in die Analyse überzugehen.	Décrivez la situation actuelle en Algérie telle qu'elle est présentée dans le premier paragraphe […] du texte. *(2014-5)*
exposer (brièvement)	Die Hauptgedanken/zentrale Aussage des Textes (kurz) darlegen bzw. vorstellen, ohne dabei zu viele Details zu nennen.	
relever	Den Text nach Sachverhalten durchsuchen und diese ohne Wertung strukturiert darlegen.	Relevez dans le texte ce que l'auteur reproche aux établissements scolaires et aux autorités publiques en ce qui concerne l'alimentation des jeunes. *(2012-4)*
indiquer	Das Thema oder Aspekte des Textes benennen.	
présenter	Einen Sachverhalt, eine Situation oder eine Person bzw. ihr Verhalten vorstellen.	« […] l'école s'offrait à moi. ». En partant de ce constat, présentez brièvement le rôle que joue l'école pour Safia. *(2012-7)*
résumer	Einen Text oder einen Textausschnitt zusammenfassen, d.h. die wichtigsten Aspekte wiedergeben, ohne dabei zu sehr ins Detail zu gehen.	Résumez les mesures à prendre par la France et l'Algérie […]. *(2014-5)*
repérer le plan du texte	Den Text in verschiedene Teile gliedern (Einleitung, Hauptteil, Schluss) und eventuell Überschriften für die einzelnen Teile finden.	

Anforderungsbereich II: Reorganisation und Analyse

Dieser Bereich umfasst Aufgaben, bei denen Sie aufgefordert werden, den Text inhaltlich oder formal zu durchleuchten und zu analysieren. Überprüft wird dabei ein vertieftes Verständnis des Textes, d. h. auch der implizit gegebenen Informationen. Auch hier gilt es, einen möglichst nüchternen Stil zu verwenden. Darüber hinaus wird von Ihnen erwartet, logisch und stringent zu argumentieren und Ihre Behauptungen durch Zitate bzw. Verweise auf den Text zu belegen.

Operator/ Arbeitsanweisung	Definition	Beispiel
analyser	Bestimmte Aspekte aus dem Text herausnehmen und analytisch durchdringen, d. h. sie auf den Begriff bringen, in einen größeren Zusammenhang einordnen, neu zusammenstellen, strukturieren und erklären.	Analysez comment la gagnante vit le contraste entre le monde des riches et sa vraie vie. *(2013-7)*
examiner (de plus près)	Einen Sachverhalt, eine Situation, ein Problem oder eine Entwicklung unter Berücksichtigung der dahinter stehenden Gründe (genauer) suntersuchen.	
caractériser	Personen, Beziehungen, Gegenstände, Vorgehensweisen oder den Stil des Textes charakterisieren.	Caractérisez le style du texte. *(2012-4)*
faire le portrait de qn	Das Wesen einer Person beschreiben, wie es im Text dargestellt wird.	Faites le portrait de Paulette Lestafier. *(Übungsaufgabe 3, Aufg. 2)*
comparer	Gemeinsamkeiten und Unterschiede zwischen Personen, Sichtweisen oder Gegenständen herausarbeiten.	Comparez les relations franco-algériennes aux relations franco-allemandes telles qu'elles sont présentées dans le texte. *(2014-5)*
établir un rapport	Einen Bezug zwischen gegenüber gestellten Texten, Personen, Sichtweisen etc. herstellen und deren Gemeinsamkeiten bzw. Unterschiede herausarbeiten.	
dégager	Bestimmte Aspekte oder Strukturen ausfindig machen, benennen und herausarbeiten.	Dégagez l'image que le texte présente de la Suisse et de ses habitants. *(2013-5)*
étudier (d'une façon détaillée)	Alle wichtigen Details hinsichtlich eines Aspektes oder Problems noch detaillierter als bei den Operatoren *dégager* und *analyser* benennen und herausarbeiten.	Étudiez la façon dont se comportent la mère et son fils pendant le dîner. *(2011-9)*

Operator/ Arbeitsanweisung	**Definition**	**Beispiel**
expliquer	Ein Problem oder eine Situation erklären, d. h. in einen Zusammenhang stellen und im Text nach Beweggründen und Ursachen forschen.	Expliquez pour quelles raisons le sobriquet de « serpent » s'applique bien à Safia. *(2012-7)*
préciser	Ein Problem bzw. einen Sachverhalt genau aufzeigen und erklären.	
montrer	Bestimmte Eigenheiten des Textes aufzeigen (häufig bei stilistischer Analyse).	Montrez que l'auteur se sert d'un style journalistique en vous référant aux lignes 45 à 61. *(2013-5)*
interpréter	Einen Sachverhalt oder eine Situation auswerten bzw. deuten.	[...] Interprétez [...] la décision de la gagnante de lui cacher la vérité. *(2013-7)*

Anforderungsbereich III: Werten und Gestalten

Zu diesem Anforderungsbereich zählen Aufgaben, bei denen Sie zu selbstständigen Begründungen und Wertungen kommen und einen *Commentaire personnel* verfassen sollen. Abhängig von der Aufgabenstellung dürfen oder müssen Sie sich – in angemessenem Rahmen – von der französischen Standardsprache abweichender Stilniveaus bedienen und dabei unbedingt auch den jeweiligen Adressatenbezug beachten.

Operator/ Arbeitsanweisung	**Definition**	**Beispiel**
commenter **donner son avis/ son opinion** **exposer ses idées**	Seinen eigenen Standpunkt zu einer Äußerung, einer Verhaltensweise, einem Problem oder einem Bildimpuls formulieren und diesen anhand von Beispielen, der eigenen Erfahrungswelt, Weltwissen oder Argumenten (aus dem Text) begründen.	Commentez le dessin humoristique ci-dessous [...]. *(2012-8)* « Un ami, c'est quelqu'un qui vous connaît bien et qui vous aime quand même. » Commentez cette citation. *(2011-6)*
discuter/ peser le pour et le contre	Das Für und Wider einer Meinung, Haltung etc. darstellen bzw. zusammenfassen und sich dabei tendenziell für das Eine oder das Andere aussprechen.	Les bonnes manières sont aujourd'hui encore d'actualité dans une société individualiste. – Discutez. *(2014-10)*

Operator/ Arbeitsanweisung	Definition	Beispiel
juger	Eine begründete, eigene Stellungnahme zu einer Haltung, einem Verhalten oder einer Sichtweise abgeben und dabei auch die verwendeten Bewertungsmaßstäbe nennen.	
justifier (son point de vue/ son avis/ son opinion) **donner ses raisons**	Seine eigene Meinung oder die einer anderen Person stichhaltig begründen.	[…] on vous propose une place d'étudiant(e) en Algérie. Acceptez-vous ? Donnez vos raisons. *(2014-6)*

Bei den Aufgaben mit den folgenden Operatoren wird von Ihnen eine kreative Bewältigung des Themas verlangt.

Operator/ Arbeitsanweisung	Definition	Beispiel
élaborer	Etwas Vorgegebenes oder Angerissenes detailliert ausarbeiten.	
concevoir, écrire, rédiger	Einen Brief, eine Anzeige, einen Artikel, einen Dialog etc. verfassen.	[…] Rédigez un dialogue dans lequel le reporter s'intéresse à ce moment décisif avec ses conséquences. *(2013-8)*
esquisser	In nüchternem Stil die wichtigsten Eckpunkte/ Daten von etwas angeben, ohne dabei zu sehr ins Detail zu gehen.	[…] Esquissez quelques étapes historiques décisives qui ont marqué les relations franco-allemandes. *(2013-5/8)*
formuler	Thesen ausformulieren.	
développer	Aspekte aus dem Text schlüssig weiterführen und ausformulieren.	
suggérer/ proposer	Einen (plausiblen) Vorschlag machen, begründen und ausarbeiten.	
imaginer	Sich anhand einer Vorgabe (Text, Bildimpuls) einen Dialog, einen inneren Monolog etc. vorstellen und ausformulieren.	[…] Imaginez un dialogue où vous essayez de convaincre votre ami(e) de votre opinion. *(Übungsaufgabe 1, Aufg. 4b)*
inventer	Etwas Plausibles erfinden.	

Compréhension orale

Lesen Sie sich **vor dem ersten Hören** des Textes den Fragenapparat genau durch und schlagen Sie ggf. unbekanntes Vokabular nach.

- Achten Sie **beim ersten Hören** auf die Textsorte, das Thema und die zentrale Aussage des Textes und beantworten Sie die leichteren Fragen (z. B. Multiple-Choice-Fragen). Versuchen Sie keinesfalls, jedes Wort zu verstehen, sondern konzentrieren Sie sich auf Schlüsselbegriffe.
- Filtern Sie **beim zweiten und eventuell dritten Hören** gezielt die Informationen, die Sie zum Beantworten der restlichen Fragen benötigen. Sofern Sie aufgefordert werden, in ganzen Sätzen zu antworten, können Sie auch zunächst nur Stichpunkte festhalten und diese später in Ruhe ausformulieren.

Sollten **nach dem zweiten oder eventuell dritten Hören** noch Fragen unbeantwortet sein, versuchen Sie, die fehlenden Antworten aus dem Gedächtnis zu ergänzen. Manchmal lassen sich die Antworten auch logisch aus den gegebenen Informationen herleiten!

Zeiteinteilung und Wahl der Textaufgabe

Ob Sie mit der Mediation oder der Textaufgabe beginnen, bleibt Ihnen überlassen. Bedenken Sie jedoch, dass Sie sich bei der Textaufgabe zwischen zwei Themen entscheiden müssen und Ihnen dies vielleicht gleich zu Beginn der Prüfung leichter fällt. Von der Gesamtprüfungsdauer sollten Sie je nach persönlichem Arbeitstempo etwa **zwei Drittel der Zeit** für die beiden Bereiche ***Questions sur le texte*** und ***Commentaire personnel/Rédaction*** und etwa **ein Drittel der Zeit** für die ***Médiation*** aufwenden.

Bei der Textaufgabe müssen Sie sich zwischen einem nicht-fiktionalen und einem fiktionalen Text entscheiden. Sofern Ihre Auswahl nicht von vorneherein feststeht, sollten Sie vor Ihrer Entscheidung nicht nur beide Texte zügig, aber dennoch vollständig lesen und sich ein Bild von dem Text (Textsorte, zentrales Thema) machen, sondern in jedem Fall auch die Aufgaben, die zu den Texten gestellt werden, unter die Lupe nehmen. Bedenken Sie bei Ihrer Entscheidung auch, dass die Aufgaben zu einem sprachlich anspruchsvollen Text nicht automatisch einen höheren Schwierigkeitsgrad als die Aufgaben zu einem (scheinbar) leichten Text haben. Auch die Themen der textübergreifenden Aufgabe können zu Ihrer Entscheidung beitragen. Sobald Sie sich einmal definitiv entschieden haben, bleiben Sie bei Ihrer Wahl.

Kalkulieren Sie für die zweite, gründliche Lektüre des Textes und das Nachschlagen von unbekannten Wörtern sowie für jede Aufgabe eine bestimmte Zeit ein und beachten Sie dabei auch die maximal erreichbaren Bewertungseinheiten. So können Sie gut einschätzen, für welche Aufgaben Sie länger brauchen dürfen und welche Sie schneller bewältigen sollten. Sie können zunächst die Aufgaben, die Sie gut lösen können, bearbeiten, aber vergessen Sie nicht, dass Sie auch für die anderen Aufgaben noch Zeit benötigen. Planen Sie in jedem Fall auch genügend Zeit für das gründliche Korrekturlesen am Ende der Prüfung ein. Kontrollieren Sie dabei in separaten Durchgängen Inhalt, Sprache/Grammatik und Vokabular.

Questions sur le texte

Lesen Sie sich zunächst den gesamten Text in Ruhe durch und erfassen Sie seine Struktur, indem Sie ihn in einzelne Abschnitte gliedern und deren Kernaussagen unterstreichen. Unter Umständen kann es hilfreich sein, den einzelnen Abschnitten eine Überschrift zu geben.
Schlagen Sie beim Lesen nur Wörter im Wörterbuch nach, die Sie unbedingt zum Verständnis des Textes benötigen. Viele Bedeutungen lassen sich auch aus dem Kontext erschließen oder über andere Fremdsprachen herleiten. Bei der Textaufgabe sollte vor allem das einsprachige Wörterbuch zum Einsatz kommen. Darin finden Sie zudem Synonyme und Antonyme für das Verfassen Ihrer eigenen Lösungen. Das zweisprachige Wörterbuch hilft darüber hinaus vor allem bei der Klärung von Bedeutungen abstrakter bzw. technischer Begriffe.
Bei der Bearbeitung der Aufgaben markieren Sie im Text farbig diejenigen Abschnitte, die sich auf die entsprechende Aufgabenstellung beziehen. Achten Sie zudem genau auf die Arbeitsanweisung, bevor Sie Ihre Lösung anfertigen und ordnen Sie sie am besten einem Anforderungsbereich zu. So vermeiden Sie z. B. eine Analyse an einer Stelle, an der eine reine Beschreibung gefragt ist. Bedenken Sie, dass in einer Aufgabenstellung Operatoren aus verschiedenen Anforderungsbereichen vorkommen können. Berücksichtigen Sie außerdem Zeilenangaben in den Aufgabenstellungen, da sich manche Aufgaben nur auf bestimmte Teile des Textes beziehen. Zitieren Sie korrekt.

Commentaire personnel/Rédaction

Bevor Sie mit der Ausformulierung der textübergreifenden Aufgabe beginnen, sollten Sie sich über deren Inhalt klar sein. Fertigen Sie auf einem gesonderten Blatt eine zunächst ungeordnete Stoffsammlung auf Französisch an, filtern Sie Wesentliches von Unwesentlichem und erstellen Sie daraus eine sinnvolle Gliederung unter Berücksichtigung der Dreiteilung Einleitung (Vorstellung des Themas/Problems), Hauptteil (Darlegung der Argumente) und Schluss (Zusammenfassung und Wiedergabe Ihrer persönlichen Meinung). Achten Sie beim Ausformulieren des Hauptteils vor allem darauf, sich nicht zu wiederholen bzw. zu widersprechen und ihre Thesen jeweils mit anschaulichen Beispielen zu stützen (zur sprachlichen Ausführung siehe Abschnitt „Tipps für die eigene Sprachproduktion“). Bringen Sie im Schluss keinesfalls neue Argumente.
Selbstverständlich weichen kreative Aufgabenstellungen von diesem starren Schema ab. Sehr häufig stützt sich ein Thema auf einen Bildimpuls. Das Bildmaterial kann aus Fotos, Zeichnungen, Karikaturen, Werbeplakaten etc. bestehen. In der Regel wird von Ihnen verlangt, das Bildmaterial zu beschreiben und zu kommentieren bzw. zu analysieren.

Bildbeschreibung und Bildanalyse

Bei der **Beschreibung** sollten Sie folgende Elemente berücksichtigen:

- Art des Bildmaterials *(photo, dessin, graphique, collage, annonce, illustration, caricature, publicité, affiche, bande dessinée, tableau…)*
- Quelle *(journal, revue, hebdomadaire, mensuel, magazine, publicité, Internet, artiste, photographe, illustrateur, peintre, agence…)*
- ggf. Ort und Zeit des Geschehens
- Komposition bzw. Bildebenen
- Personen und Objekte
- Thema / Handlung
- Text (falls vorhanden) und seine Integration in das Bild *(titre, sous-titre, bulles)*

Bei der **Analyse** sollten Sie zusätzlich auf folgende Punkte eingehen:

- Art der Darstellung des Themas (z. B. neutral, überzeichnet, ironisch, sarkastisch, humorvoll)
- Beziehung von Text (falls vorhanden) und Bild
- Intention des Bildautors
- Wirkung des Bildes auf den Betrachter / Aussage des Bildes
- persönliche Meinung / Assoziationen / Interpretation

Sprachmittlung

Bei der Sprachmittlung geht es darum, einem oder mehreren deutschen Texten die wesentlichen Informationen zu entnehmen und diese sinngemäß ins Französische zu übertragen. Daher sollten Sie in der Lage sein, auch bei langen und schwierigen Texten Wesentliches von Unwesentlichem zu unterscheiden. Hilfreich ist es, die Textvorlage(n) nach der gründlichen Lektüre in Abschnitte zu unterteilen und diese jeweils mit einer Überschrift zu versehen. Achten Sie genau auf die Aufgabenstellung und notieren Sie sich oder unterstreichen Sie nur diejenigen Schlüsselbegriffe, die für den Adressaten überhaupt wichtig sind. In manchen Fällen sind ganze Teile der Textvorlage(n) für die Sprachmittlung irrelevant! Dies gilt insbesondere, wenn Sie diese nach vorgegebenen Leitfragen zusammenfassen sollen.

Bevor Sie zu schreiben beginnen, strukturieren Sie Ihren Text gut und sinnvoll, um Wiederholungen zu vermeiden. Der Aufbau kann, muss aber nicht mit dem des Ausgangstextes übereinstimmen.

Fassen Sie dann, wenn möglich, die Kernaussage der Textvorlage(n) in einer kurzen Einleitung zusammen. Machen Sie sich beim Schreiben bewusst, dass keine wörtliche Übersetzung von Ihnen verlangt wird. Schlagen Sie daher möglichst wenige Begriffe im (zweisprachigen) Wörterbuch nach und benutzen Sie stattdessen Umschreibungen. Schreiben Sie in vollständigen Sätzen und verwenden Sie einfache, Ihnen bekannte Satzstrukturen. Beachten Sie auch die Form, das Sprachniveau und die Regeln, die zur Aufgabenstellung passen. Werden Sie beispielsweise aufgefordert, eine E-Mail an einen Freund zu verfassen, duzen Sie diesen selbstverständlich und schreiben in einem familiäreren Stil, als wenn es Ihre Aufgabe wäre, einen Zeitungsartikel zu verfassen. Sollen Sie Ihrem Text eine Überschrift geben, so tun Sie dies am besten ganz zum Schluss Ihrer Ausführungen.

Wenn Sie alles fertig gestellt haben, lesen Sie sich noch einmal nacheinander die Aufgabenstellung und Ihren Text durch und überprüfen, ob Sie alle relevanten Informationen aufgeführt haben. Betrachten Sie Ihren Text auch als separaten Text und stellen Sie sich die Frage, ob er losgelöst von der Vorlage verständlich ist oder ob diese noch zu deutlich zu erkennen ist. Bedenken Sie, dass Sie für jemanden schreiben, der die Vorlage(n) nicht kennt, dessen Inhalt aber anhand Ihrer Ausführungen verstehen soll. Überprüfen Sie Ihre Sprachmittlung ganz am Ende auch noch einmal sorgfältig auf sprachliche Fehler.

Tipps für die eigene Sprachproduktion

In der Vorbereitungszeit auf das Abitur sollten Sie möglichst häufig französisches Radio hören, französisches Fernsehen sehen und viele französischsprachige Texte lesen. Sie finden diese in französischen Zeitungen und Zeitschriften, aber natürlich auch im Internet. Nehmen Sie sich am besten täglich einen kleineren Artikel Ihrer Wahl vor. Sie können natürlich auch einen französischen Roman lesen.
In der Prüfungssituation sollten Sie auf Ihrem aktuellen sprachlichen Niveau schreiben und keine Experimente wagen. Auch in einer einfachen, schlichten, aber präzisen Sprache können die Aufgaben gut gelöst werden. Verwenden Sie deshalb nur die Grammatik und die Formulierungen, die Sie sicher beherrschen. Achten Sie nichtsdestotrotz auf eine abwechslungsreiche Sprache und gebrauchen Sie nach Möglichkeit Nebensätze (Verwendung von *indicatif* und *subjonctif* beachten!), Appositionen im Wechsel mit Relativsätzen, die *mise en relief*, das *gérondif* und das *participe présent/passé* sowie Infinitivkonstruktionen. Abwechslung bringen auch die Variation von Nominalstil und Verbalstil sowie der gelegentliche Gebrauch des Passivs. Auch Ihr Vokabular können Sie verschönern, indem Sie Synonyme und Antonyme verwenden und umgangssprachliche Ausdrücke vermeiden. Besonderen Wert sollten Sie auf die logische Verknüpfung der Sätze untereinander legen. Es ist sinnvoll, einen Katalog mit wichtigen französischen Ausdrücken und Wendungen gut zu lernen, sodass im Stress der Prüfungssituation problemlos darauf zugegriffen werden kann. Der folgende Punkt bietet Ihnen eine umfassende Auswahl solcher Konnektoren, Ausdrücke und Wendungen. Ergänzend finden Sie aber natürlich auch in französischsprachigen Texten sowie in den Musterlösungen aus dem vorliegenden Buch weitere Formulierungen, die für Ihre Sprachproduktion wertvoll sein könnten.

6 Wichtige Konnektoren, Ausdrücke und Wendungen

Aufzählen

- premièrement/deuxièmement/troisièmement/dernièrement …
- (tout) d'abord/au début/en premier lieu, …
- ensuite/par la suite/puis/après (cela), …
- enfin/finalement/en dernier lieu, …
- pour commencer/pour finir/pour terminer/pour résumer, …

Einen neuen Aspekt hinzufügen

- de plus/en plus
- en outre
- il faut (encore) ajouter que + *indicatif*/à cela s'ajoute le fait que + *indicatif*/ ajouté à cela, …
- à part cela/cela mis à part, …
- également
- par ailleurs

Beispiele geben

- prenons l'exemple de…
- il suffit de penser à…/pensons à…
- n'oublions pas que + *indicatif*/il ne faut pas oublier que + *indicatif*
- cela se voit dans…
- commençons par…
- examinons (aussi)…
- un exemple/une raison/une preuve en est…

Vergleichen

- en comparaison de/avec…
- comparé à…/par rapport à…
- à la différence de…/contrairement à…
- par contraste avec…
- de même… que
- plus… que/moins… que/aussi… que

Gegensätze beschreiben

- mais
- malgré (cela)
- quand même
- pourtant/cependant/néanmoins/toutefois/tout de même
- en revanche
- au contraire (de)
- alors que + *indicatif*
- même si + *indicatif*
- bien que + *subjonctif*
- tandis que + *indicatif*

Begründen

- c'est pourquoi
- c'est pour cela que
- pour cette raison
- c'est la raison pour laquelle
- c'est que + *indicatif*
- à cause de cela
- en effet
- ainsi
- comme *(im vorangestellten Nebensatz)*
- parce que *(im nachgestellten Nebensatz)*
- puisque + *indicatif*
- car + *indicatif*
- étant donné que + *indicatif*

Folgerungen ziehen/Absichten nennen

- par conséquent/en conséquence
- comme résultat/conséquence
- alors/donc
- bref/en un mot
- il en résulte/il s'ensuit que + *indicatif*
- pour conclure.../on peut en conclure que + *indicatif*
- en conclusion/en résumé/en somme/en fin de compte/tout compte fait, ...
- pour que/afin que + *subjonctif*
- pour/afin de + *infinitif*
- de manière que + *indicatif*

Bedingungen formulieren

- si + *indicatif*
- au cas où + *indicatif*
- à condition de + *infinitif*
- à condition que + *subjonctif*

Abwägen

- d'une part, .../d'autre part, ...
- d'un côté, .../de l'autre côté, ...
- d'un côté, .../d'un autre côté, ...

Zeitangaben formulieren

- à l'époque (où/de)
- à ce moment-là *(Bezug auf Vergangenheit oder Zukunft)*
- en ce moment *(Bezug auf Gegenwart)*
- dans le passé

- à l'avenir
- autrefois
- en 2015/en l'an 2015
- avant de + *infinitif*
- avant que + *subjonctif*
- après avoir/être + *participe passé*
- après que + *indicatif*
- quand + *indicatif*
- lorsque + *indicatif*
- pendant que/tandis que + *indicatif*
- au moment où + *indicatif*
- en même temps

Einen Text zusammenfassen

Literarischer Text

– Dans le texte/roman *(titre)* de *(auteur)*, publié en *(année)*, – Dans l'extrait donné de son livre/ roman *(titre)*, – Dans le chapitre *(titre)*, extrait du livre/ roman *(titre)*,	*(auteur)* parle de/présente/ décrit/ traite de/raconte l'histoire de…
– Le texte tiré/extrait de *(titre)* de *(auteur)* – Le texte intitulé *(titre)* de *(auteur)* – Le texte écrit en *(année)* par *(auteur)*	parle de/ présente/décrit/traite de/ raconte l'histoire de…

- Dans l'extrait/le passage présent/Dans cet extrait (littéraire)/ce passage tiré du roman *(titre)* de *(auteur)*, il s'agit/il est question de…

Sachtext

– Dans l'introduction/dans le premier/ deuxième/…/dernier paragraphe/ la conclusion, – Dans l'article *(titre)*, paru/publié dans *(titre)* du *(date)*,	*(auteur)* parle de/présente/évoque/ décrit/explique pourquoi/raconte comment/aborde le sujet de/exprime son opinion sur/critique…
– Le texte/l'article intitulé *(titre)* écrit en *(année)* par *(auteur)* et publié dans *(titre)* – Le texte/l'article tiré/extrait de *(titre)*	traite de/parle de/a pour sujet/raconte l'histoire de…

- Dans l'article *(titre)*, paru / publié dans *(titre)* du *(date)*, il s'agit/ il est question de…
- *(Auteur)* qui a rédigé l'article *(titre)*, paru/publié dans *(titre)* du *(date)*, nous présente…
- *(Auteur)* présente dans son article *(titre)*, paru/publié dans *(titre)* du *(date)*, …
- Le texte s'achève sur/se termine par…

Die Meinung des Autors wiedergeben

- d'après/selon l'auteur, …
- l'auteur dit, parle de, exprime, constate, affirme, explique, donne/expose (son avis/opinion sur), présente (son point de vue), analyse, révèle, prétend, décrit, dépeint, énumère, donne des informations sur, donne une vue d'ensemble/une description de, fait allusion à, critique, met en doute, met en relief, met l'accent sur, souligne, accentue, (dés)approuve, prend parti pour/contre, (n')est (pas) d'accord avec, critique qc/le fait que, défend qn/qc contre, discute, se prononce sur/contre, croit, pense, est d'avis, trouve, (ne) partage (pas) l'opinion que, reproche qc à qn, pose la question de savoir si, réfléchit pour savoir si, veut informer le lecteur de/renseigner le lecteur sur, veut attirer l'attention du lecteur sur, veut sensibiliser le lecteur au problème de, veut examiner qc (sous plusieurs aspects), veut justifier son opinion, veut convaincre/persuader/influencer/manipuler/inciter/encourager le lecteur à, veut analyser le problème…

Die eigene Meinung wiedergeben

- quant à moi/en ce qui me concerne/selon moi/d'après moi, …
- pour ma part/à mes yeux, …
- à mon avis, …
- autant que je sache, …
- je suis (tout à fait) d'accord avec l'auteur
- je ne suis pas (du tout) d'accord avec l'auteur
- je (ne) partage (pas) l'opinion/l'avis/le point de vue de l'auteur

} quand il dit que…

- je désapprouve/critique/conteste qc/que… + *subjonctif*
- j'approuve qc/que… + *subjonctif*
- je suis pour/contre/d'accord avec…
- je trouve bon/important/… que… + *subjonctif*
- Ce que je trouve bon/important/…, c'est…
- Ce qui me plaît/déplaît/choque/surprend, c'est…
- Ce qui est important/intéressant/… (pour moi), c'est…
- Ce qui compte pour moi, c'est…
- je reproche qc à qn
- je m'oppose à…
- (moi,) je trouve/je crois/je pense/j'ai l'impression/je suis d'avis que + *indicatif*
- je suis sûr(e)/persuadé(e)/convaincu(e)/certain(e) que + *indicatif*
- il me semble que + *indicatif*
- L'auteur a raison/tort de dire/prétendre que + *indicatif*/quand il dit/prétend que + *indicatif*
- il est clair/certain/sûr que + *indicatif*
- j'accepte/je critique que + *subjonctif*
- j'admets/je comprends que + *indicatif/subjonctif*

Bildmaterial beschreiben

<table>
<tr><td>– Sur la photo/la caricature/
le dessin/l'image/… présenté(e),
– Sur la photo/la caricature/
le dessin/l'image/… (titre) de
(auteur),</td><td>il y a/on voit/on aperçoit/on trouve/
on remarque/on découvre/
on distingue/on reconnaît…</td></tr>
</table>

- La photo/la caricature/le dessin/l'image/… représente/met en scène/montre/ illustre/symbolise…
- La scène se passe/se déroule/a lieu à/en/dans/à l'époque de/pendant/vers…
- au premier plan/au second plan/à l'arrière-plan/au fond, il y a/se trouve/ se dresse…
- au centre/au milieu, …
- en haut/en bas/à droite/à gauche, …
- derrière/devant/près de/à côté de/en face de, …
- En regardant cette photo/cette caricature/ce dessin/cette image/…, j'ai l'impression de…/j'imagine que + *indicatif*/je me sens…
- L'intention/le but de l'artiste/l'illustrateur est de…
- L'artiste/l'illustrateur veut exprimer que + *indicatif*
- Le message principal de la photo/… est…

Sprachmittlung

- L'auteur donne des informations sur…
- Dans le premier/deuxième/…/dernier paragraphe du texte, l'auteur veut dire que + *indicatif*
- C'est un texte sur…
- Le sujet/le thème (principal) du texte est…

<table>
<tr><td>– D'abord, le texte/l'auteur
– Puis/ensuite/après, le texte/l'auteur
– Enfin/finalement/à la fin, le texte/
l'auteur</td><td>parle de/explique/décrit/dit que
+ indicatif</td></tr>
</table>

Abitur Französisch (Bayern)
Übungsaufgabe 1

Compréhension orale

Présentation du texte une fois en entier, puis une deuxième fois en quatre parties.

Vocabulaire

la FNAIM	la Fédération Nationale de l'Immobilier (une organisation qui réunit des agences immobilières)
un bailleur	un propriétaire

Punkte: 20

1ÈRE PARTIE Écoutez la première partie du texte une deuxième fois

Répondez aux questions suivantes.

1. De quelle sorte de document sonore s'agit-il ?
   Cochez la bonne réponse. (1)
   - ☐ une interview
   - ☐ un reportage
   - ☐ une discussion
   - ☐ un dialogue

2. Les nouveaux colocataires, qui sont-ils ?
   Plusieurs réponses sont possibles. (2)
   - ☐ les 30–40 ans
   - ☐ ceux qui entrent dans la vie active
   - ☐ les étudiants
   - ☐ les familles monoparentales

3. Cochez la bonne réponse. (1)
   À Paris,
   - ☐ 4 % des habitants vivent en colocation.
   - ☐ environ 20 000 personnes vivent en colocation.
   - ☐ entre 18 et 25 % des habitants vivent en colocation.

4. Donnez <u>une</u> raison pour laquelle Estelle cherche une personne avec qui partager son appartement. Écrivez une phrase complète. (1)
   - ______________________________

5. Cochez la bonne réponse. (1)

Estelle veut partager son appartement avec une autre maman

- ☐ parce que celle-ci peut garder son bébé de temps en temps.
- ☐ parce que celle-ci la comprend.
- ☐ parce que leurs enfants peuvent jouer ensemble.

2ÈME PARTIE Écoutez la deuxième partie du texte une deuxième fois

Répondez aux questions suivantes.

6. Quelles différentes possibilités a-t-on pour trouver une chambre en colocation ? Nommez-en deux. (2)

- ____
- ____

7. Complétez les phrases suivantes par les informations que Baptiste Intsaby, le responsable de *appartager.com* donne. (2)

- « Au début, la plupart des colocataires étaient ______________ ______________________ . »
- « C'est à cause de ______________ que de plus en plus de per sonnes veulent prendre des colocataires. »

3ÈME PARTIE Écoutez la troisième partie du texte une deuxième fois

8. Cochez en tout 7 cases. (7)

a) La plupart des colocations se trouvent

- ☐ à Bonneville.
- ☐ en Île-de-France.
- ☐ à Dax.
- ☐ dans le 20ème arrondissement de Paris.

b) Le loyer de l'appartement de Chérina coûte

- ☐ 200 euros.
- ☐ 450 euros.
- ☐ 900 euros.

c) Amèle, la personne avec Chérina partage l'appartement a

- ☐ 41 ans et deux enfants.
- ☐ 41 ans et trois enfants.
- ☐ 51 ans et trois enfants.

d) Dans le texte, Amèle parle des travaux ménagers suivants qu'il faut faire :

- ☐ les courses
- ☐ le ménage
- ☐ la vaisselle
- ☐ le linge

e) Les enfants d'Amèle sont là

- ☐ le samedi.
- ☐ le week-end.
- ☐ toute la semaine.
- ☐ pendant les vacances.

4ÈME PARTIE Écoutez la quatrième partie du texte une deuxième fois

Répondez aux questions suivantes.

9. Pourquoi les bailleurs ont-ils peur de créer des colocations ? Écrivez une phrase entière. (1)

- ______________________________

10. À la fin, Mathilde Lemaire présente deux sortes de colocation différentes. Nommez-les. (2)

- ______________________________
- ______________________________

Textaufgabe

Colocation – Petits loyers entre amis

Partager un grand appartement à plusieurs, comme dans « Friends » ou « Loft Story » : ce mode de vie original n'est plus l'apanage des étudiants. Les jeunes actifs y voient une alternative à la hausse des loyers (+ 50 % depuis 2000).

« Sympa, studieuse, non-fumeur, étudiante à Sciences po cherche à partager 3/4-pièces proche Saint-Germain-des-Prés. » Pour sa 100e édition parisienne, le Jeudi de la colocation fait salle comble. Dans ce pub du quartier de Montparnasse, près de 400 participants sont venus trouver chaussure à leur pied et, un verre à la main, tester leurs affinités. « En sept ans, ce mode de vie ignoré et marginal est totalement entré dans les mœurs », observe Frédéric de Bourguet, créateur du concept. Ainsi, selon un récent sondage réalisé par l'institut Ipsos, 17 % des Français auraient déjà expérimenté la colocation.

Il faut dire que le déséquilibre entre l'offre et la demande, combiné au prix élevé des loyers, favorise fortement cette tendance. Le calcul est vite fait. Dans une grande ville, un 4-pièces se loue au mètre carré en moyenne deux fois moins cher qu'un studio. En s'y mettant à plusieurs, on a 30 % de surface en plus pour 30 % de loyer en moins ! « À la clé, on réalise aussi des économies sur le paiement des charges ou des abonnements au gaz, à l'électricité et Internet, payés en commun », plaide Frédéric de Bourguet. Cependant, il faut aimer vivre en communauté !

Mais l'offre est-elle réellement au rendez-vous ? À Paris comme en province, la cherté et les conditions exigées libèrent de grands appartements bourgeois. Trop contraignantes pour beaucoup de familles, les garanties réclamées par les bailleurs sont un peu plus accessibles aux colocataires cumulant des sources de revenus différentes.

Rêve ou cauchemar

La rotation des locataires est aussi plus fréquente – 3,5 ans contre 10 ans pour les familles –, ce qui permet aux propriétaires de récupérer plus vite leur bien pour l'occuper, le vendre ou le relouer plus cher. « S'ils veulent garder leurs prétentions de loyers, de nombreux bailleurs n'ont souvent d'autre choix que d'accepter cette formule », constate Nadine Brisson, de l'agence Alin Orpi. « Depuis deux ans, nous leur proposons systématiquement cette option. Elle rassure par ailleurs les parents de province dont les enfants étudient dans la capitale », note Gilbert Chouchana, chez Laforêt.

Pour Marie-Charlotte, souriante apprentie libraire, le Jeudi de la colocation est une grande première : « 600 euros par mois pour six étages à pied et un plateau-télé en solo dans une chambre réfrigérée et sans douche ? Non, merci ! Je préfère la colocation. Ce n'est pas vraiment la vie de famille, mais ça y ressemble un peu, surtout lorsqu'on vient d'en partir. » Sa voisine, Maud, ne tarit pas d'éloges sur les mérites de cette formule découverte lors d'un séjour aux États-Unis : « Avec trois amis et une quote-part mensuelle de 480 euros, j'occupe un superbe 120 mètres carrés proche de

Montmartre. La fin de bail m'oblige, hélas, à en partir. » Son rêve ? Retrouver à bon prix un nouveau nid avec vaste salon ensoleillé et cheminée pour les longues soirées d'hiver. « Je fume et j'ai un chat, cela ne va pas être très facile », s'inquiète cette graphiste de 24 ans. « Il arrive que des personnes visitent un appartement le soir même et emménagent le lendemain », la rassure le maître de cérémonie, Frédéric de Bourguet. Qui reconnaît toutefois que la plupart du temps les recherches mettent entre trois et cinq semaines pour aboutir.

Alors que les jeunes gens forment toujours le gros du bataillon de la colocation, un quart de ses adeptes ont entre 35 et 49 ans. Lassées de se priver de tout pour un modeste *sweet home*, trois infirmières de l'hôpital de la Pitié-Salpêtrière ont ainsi choisi de vivre ensemble. « Moyennant un budget mensuel de 600 euros, nous disposons de notre propre chambre dans un agréable 90-mètres carrés, avec en prime une jolie vue sur la tour Eiffel. » La formule rencontre aussi désormais un écho auprès de personnes divorcées. Par son biais, des mères redevenues célibataires peuvent ainsi partager leurs gardes d'enfants.

Largement amplifié par les images des séries télévisées, ce tableau n'est toutefois pas toujours idyllique : « La colocation, comme l'indivision, ça va très bien quand tout le monde s'entend. Engagement collectif et financier, ce fragile équilibre est soumis aux aléas de la vie en commun ou des mutations professionnelles », prévient Henry Buzy-Cazaux, vice-président de Tagerim. « Attention à ne pas s'engager à la légère, car on est responsable du paiement de la totalité du loyer si l'autre colocataire est défaillant ! » confirme Me Oury, de la chambre des notaires de Paris.

Déterminant, le choix de ses colocataires est facilité par les milliers d'annonces consultables sur Internet. Mieux vaut toutefois réussir son casting pour que le rêve ne se transforme pas en cauchemar.

Spécial Immobilier – Colocation – Petits loyers entre amis, par Bruno Monier-Vinard, Le Point n°1828 du 27/09/2007

Questions sur le texte **Punke: 50**

Répondez aux questions suivantes en utilisant autant que possible vos propres mots. Citez correctement.

1. D'après le texte, quels sont les avantages et les inconvénients d'une vie en colocation ? (15)
2. Relevez les différentes tranches d'âge qui – selon le texte – habitent en colocation et démontrez la motivation de chacune. (15)
3. Analysez le rôle que jouent les colocations sur le marché immobilier. (20)

Commentaire personnel / Rédaction **Punkte: 40**

Exposez, en 200 à 250 mots environ, vos idées / arguments sur **l'un** des sujets suivants.

1. Pourriez-vous imaginer vivre en colocation ?
2. « Rupture amoureuse, premier emploi, arrivée dans une ville inconnue : la colocation est devenue le moyen pour tout un chacun de traverser une étape de sa vie. » Commentez cette citation tirée d'un article de journal sur la vie en colocation.
3. Expliquez et commentez la publicité ci-dessous et présentez votre avis personnel sur ce genre d'événement.

© Tctomm/Dreamstime.com und Soiree Colocation

Médiation

Choisissez **l'un** des sujets suivants. **Punkte: 40**

1. Traduisez le texte ci-dessous en allemand.

La coloc au-delà du périph

Au lieu de s'étioler dans un grenier, les étudiants parisiens préfèrent la colocation. Jusque-là, rien de nouveau. Désormais, ils sont nombreux à s'exiler dans des pavillons de banlieue. Plus grand, plus loin, la formule fait recette auprès des jeunes en mal d'espace.

Fêtes à l'improviste sans problèmes de voisinage, entraînements de la fanfare[1] à laquelle elles appartiennent : Charlotte, Maud et Estelle partagent une petite maison à Saint-Ouen, qu'elles louent 1 380 euros par mois. « Nous passons beaucoup plus de temps chez nous depuis que nous habitons ici », remarque Maud.

Une qualité de vie que Jim et ses quatre colocataires prônent depuis dix ans maintenant. Pour rien au monde ils ne lâcheraient leur « havre de paix » de 250 mètres carrés à Sevran.

Si certains propriétaires sont encore frileux, ils consentent pourtant de plus en plus à abandonner leur bien à des colocs. « Le marché de la maison s'ouvre dans les banlieues des grandes villes, reconnaît Frédéric de Bourguet, fondateur du site *Colocation.fr*. Les propriétaires privilégient même cette solution, car ils ont plusieurs garanties au lieu d'une seule. » Aujourd'hui, sur ce site, les colocations excentrées[2] et en maison représentent 8 % des offres.

« La coloc au-delà du périph », par Charlotte Ménégaux, Le Point n°1670 du 16/09/2004

Annotations

1 la fanfare — das Blasorchester
2 excentré, e — éloigné, e du centre

2. Répondez aux questions du maire de Wildeshausen et rédigez un e-mail en français d'environ 250 mots en vous appuyant sur les informations demandées.

Der Bürgermeister der Stadt Wildeshausen möchte, dass Sie den vorliegenden Zeitungsartikel über das Projekt Mehrgenerationenhäuser und das Mehrgenerationenhaus in Wildeshausen für den Bürgermeister der französischen Partnerstadt Evron nach folgenden Leitfragen zusammenfassen:

- Wie ist die aktuelle Situation der Generationen in Deutschland und warum sind die bestehenden sozialen Einrichtungen unzureichend?

- Was versteht man unter dem Projekt Mehrgenerationenhaus und was sind seine Ziele?
- Wie sieht das Projekt in der Praxis am Beispiel Wildeshausen aus?
- Was bringt das Projekt jungen und alten Menschen?

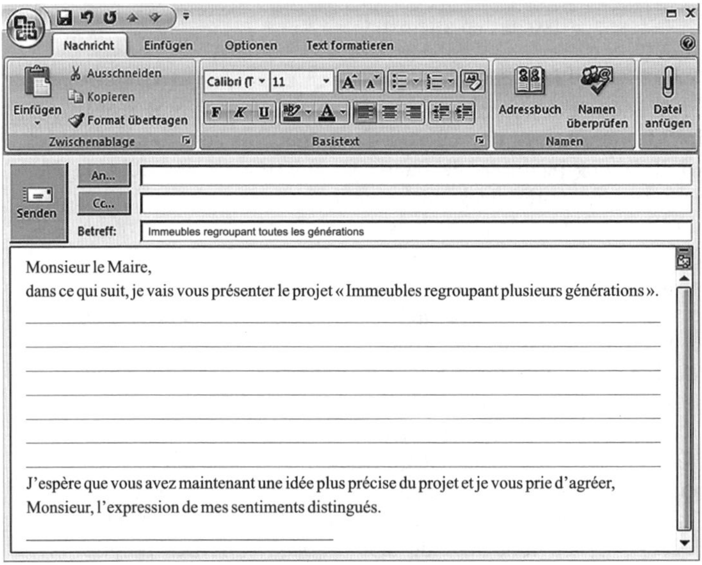

Mehrgenerationenhäuser: Miteinander von Jung und Alt

Ein Erfolgserlebnis für alle Beteiligten: Seitdem sie die Hausaufgabenhilfe ehrenamtlich engagierter Senioren im Mehrgenerationenhaus Wildeshausen besuchen, haben sich die Deutschnoten vieler Schülerinnen und Schüler deutlich verbessert. Gerade für Kinder und Jugendliche nichtdeutscher Herkunftssprache ist die Unterstützung durch Senioren eine große Hilfe.

Der Austausch der Generationen und die gegenseitige Unterstützung – das macht den Alltag im Mehrgenerationenhaus „Haus der Begegnung" in Wildeshausen in Niedersachsen aus. Träger ist das Deutsche Rote Kreuz. Früher war hier ein Seniorenbüro – mit Angeboten zu Gymnastik und Gedächtnistraining. Seitdem das „Haus der Begegnung" vor zwei Jahren zum Mehrgenerationenhaus geworden ist, geht es hier lebhaft zu: Kinder, Mütter, Jugendliche und Ältere frühstücken und basteln gemeinsam.

Wildeshausen ist nur der Anfang, denn Mehrgenerationenhäuser soll es schon bald an vielen Orten in Deutschland geben: Die Bundesministerin für Familie, Senioren, Frauen und Jugend, Ursula von der Leyen, hat den Austausch der Generationen zu einem familienpolitischen Schwerpunkt gemacht. In allen Landkreisen und kreisfreien

Städten Deutschlands sollen deshalb Mehrgenerationenhäuser eingerichtet werden. Dafür stehen in den kommenden fünf Jahren 88 Millionen Euro zur Verfügung. Mit den Mehrgenerationenhäusern will von der Leyen die Vorteile der Großfamilie in moderne Sozialstrukturen übertragen. Sie will Alt und Jung unter einem Dach zusammenbringen. Es geht dabei ausdrücklich nicht um gemeinsames Wohnen in einem Haus, sondern um Begegnung und Austausch – zum Vorteil für Jung und Alt. Ein besserer Austausch zwischen den Generationen ist im Hinblick auf den demografischen Wandel entscheidend. Mehr ältere Menschen bedeuten ein höheres Potenzial für ehrenamtliches gesellschaftliches Engagement, gerade auch für die Betreuung Jüngerer. Lebt die eigene Familie in einer anderen Stadt, bleibt dieses Potenzial derzeit häufig ungenutzt. Viele Senioren fühlen sich sozial isoliert. Um diesen Senioren zu mehr Kontaktmöglichkeiten zu verhelfen und damit Jüngere von ihrer Lebenserfahrung profitieren können, müssen generationenübergreifende Netzwerke entstehen. Ziel ist ein neues und offeneres Verhältnis der Generationen zueinander.

Kinder, Eltern und Großeltern – immer seltener unter einem Dach

Kinder, Eltern und Großeltern wohnen häufig weit voneinander entfernt: In nur 282 000 der 39 Millionen Privathaushalte leben drei oder mehr Generationen zusammen. „Wir spüren es ja alle: Die Anforderungen nach Mobilität auf der einen Seite und der Wunsch nach Fürsorge innerhalb der Familie auf der anderen Seite – das geht nicht immer auf“, so von der Leyen. Berufliche Flexibilität verträgt sich häufig schlecht mit der Betreuung pflegebedürftiger Eltern oder dem Wunsch der Großeltern, sich um ihre Enkel zu kümmern. Eltern, dic tagsüber arbeiten, und insbesondere Alleinerziehende – fast jedes siebte Kind wächst bei nur einem Elternteil auf – haben häufig nicht die Möglichkeit, ihre Kinder auch nachmittags zu betreuen und sie bei den Hausaufgaben zu unterstützen. Andererseits vereinsamen viele ältere Menschen und sehen für sich keine sinnvollen Beschäftigungsperspektiven mehr, denn ihre Kinder und Enkel leben häufig in einer anderen Stadt.

Bisher gibt es zwar zahlreiche Angebote wie Schülerläden und Seniorenfreizeitheime, aber dort ist jede Generation unter sich. Um neue soziale Netze zu schaffen und ein neues gesellschaftliches Verantwortungsgefühl füreinander entstehen zu lassen, ist ein Austausch der Generationen notwendig.

Mehrgenerationenhäuser: das Konzept

Das Konzept stammt aus Niedersachsen: Mehrgenerationenhäuser wollen eine Antwort auf die Veränderungen des sozialen Lebens geben und verstehen sich als Beitrag zum Aufbau neuer Nachbarschaften mit Begegnungs- und Kontaktmöglichkeiten zwischen Jung und Alt. Im Mittelpunkt des Mehrgenerationen-Hauses steht der Offene Treff – der Begegnungsraum, zu dem ein Café, geeignete Räume für Kinder,

Schülerinnen und Schüler und für ältere Menschen gehören. Dabei werden Dienstleistungen und Aktivitäten wie Gesprächskreise und Kinderbetreuung angeboten. Über allem steht der Gedanke der Selbsthilfe. Das Mehrgenerationen-Haus ist offen für alle Menschen im Umkreis. Träger können zum Beispiel Kommunen, Wohlfahrtsverbände, Initiativen, Vereine, Kirchen, Bildungsträger, Träger der Jugend- oder Altenhilfe sein. [...]

Mehrgenerationenhäuser in der Praxis

Im „Haus der Begegnung" in Wildeshausen beispielsweise gibt es einen Offenen Treffpunkt im Café, Frühstücks- und Mittagsangebote für die ganze Familie, Bastelangebote, Hausaufgabenbetreuung und gemeinsame Tagesausflüge. Darüber hinaus bestehen generationenspezifische Angebote wie Gedächtnistraining für Ältere und eine Mutter-Kind-Gruppe. Das Mehrgenerationenhaus kooperiert auch mit einem nahe gelegenen Altenheim: Zu Weihnachten etwa führen Schülerinnen und Schüler dort ein Theaterstück für die Senioren auf.

Die Jüngsten können sich mit der Großelterngeneration austauschen und finden in sozial engagierten älteren Menschen im Idealfall Ersatz-Großeltern, die Ansprechpartner für alle kleinen und großen Freuden und Sorgen des Lebens sind. Älteren helfen Mehrgenerationenhäuser, soziale Kontakte zu Jüngeren zu knüpfen, weiterhin mitten im Leben zu stehen und ihre Erfahrungen und Kompetenzen sinnvoll einzubringen.

Moderne Dörfer

Es braucht ein ganzes Dorf, um ein Kind großzuziehen. Nimmt man diese afrikanische Spruchweisheit wörtlich, könnten Mehrgenerationenhäuser die Dörfer unserer modernen Lebenswelt sein.

http://www.erfahrung-ist-zukunft.de/nn_104272/Webs/EiZ/Content/DE/Artikel/Monatsthemen/20060127-mehrgenerationenhaeuser-miteinander-von-jung-und-alt.html

Annotations

Mehrgenerationenhaus *immeuble regoupant plusierus générations*

Lösungsvorschläge

Compréhension orale

Le boum de la colocation, solution anticrise (4'41'')

1ÈRE PARTIE

ANIMATEUR : On la pensait réservée aux étudiants ou à ceux qui entrent tout juste dans la vie active, mais avec la crise, la colocation est devenue un phénomène de société, conséquence également de l'envolée des prix de l'immobilier. Des trentenaires et même des quadras décident aujourd'hui de partager un appartement ou une maison. Bonjour Mathilde Lemaire.

MATHILDE LEMAIRE : Bonjour.

ANIMATEUR : Alors, pour mieux comprendre ce phénomène, ce chiffre… Le nombre de colocataires en France a doublé en l'espace de trois ans seulement.

MATHILDE LEMAIRE : Oui. L'observatoire du logement estime que 4 % des Français vivraient en colocation. Rien qu'à Paris, près de 20 000 sont recensés officiellement par la CAF. Dépassé le cliché de l'auberge espagnole, de la coloc réservée aux 18/25 ans. Au-delà aussi, on opte pour cette formule comme une parade à la crise. Parmi les nouveaux colocataires : les parents seuls. Estelle, 35 ans, est salariée, maman d'un bébé, elle veut garder le T3 qu'elle partageait avec son compagnon à Noisy-le-Grand. Mais depuis leur séparation, elle peine. Elle a passé une annonce pour accueillir une autre maman seule.

ESTELLE : Financièrement, je ne vais plus pouvoir assumer toute seule. Je suis en procédure avec mon ex-compagnon, mais le temps que ça se règle, ben, il faut quand même payer la banque, qui elle, veut rien savoir. Donc la colocation monoparentale m'est venue comme une solution. En tant que parents, on a les mêmes contraintes, on se comprend. Quand on est seule avec un enfant, c'est pas toujours facile de retrouver un logement, d'avoir une caution. Je me suis dit : « Pourquoi pas en faire bénéficier quelqu'un qui en a besoin. »

2ÈME PARTIE

ANIMATEUR : Alors, une nouvelle demande, des offres, on imagine qu'un marché de la coloc s'est créé en France.

MATHILDE LEMAIRE : Oui. À Bordeaux, une agence spéciale coloc a vu le jour. Dans plusieurs villes, une société privée a lancé les jeudis de la coloc, sur le mode du speed dating. Les futurs colocs prennent contact dans un bar, mais pour l'essentiel, c'est sur Internet que les affaires se font. *Colocation.fr*, *easycolloc* – les sites payants fleurissent. Inscription moyenne : 25 euros. Le site leader, c'est *appartager.com*. Baptiste Intsaby, l'un des responsables :

BAPTISTE INTSABY : C'est un phénomène, c'est même un style de vie maintenant. Quand on a commencé, 90 % de nos utilisateurs étaient étudiants. C'est maintenant les jeunes professionnels, les adultes, certaines familles qui prennent un colocataire en plus dans la maison. La crise a favorisé ça. Les personnes veulent de plus en plus rentabiliser leur loyer ou leurs investissements locatifs… C'est dû à la crise !

3ÈME PARTIE

ANIMATEUR : Et sur ces sites, est-ce qu'on trouve également des offres dans de petites villes par exemple ?

MATHILDE LEMAIRE : Oui, Bonneville, Dax, Chamalières… Pour citer des exemples que j'ai trouvés. Mais c'est en Île-de-France que la colocation séduit le plus. Je vous propose d'aller dans le 20ème à Paris. Un T2, 60 m^2, loyer : 900 euros. Divisé par deux, ça fait 450.

ANIMATEUR : Bravo !

MATHILDE LEMAIRE : Une seule chambre au départ, mais depuis 3 mois, Chérina, célibataire de 28 ans en a créé une seconde dans le salon avec un paravent pour accueillir Amèle, 41 ans et deux enfants.

CHÉRINA : C'est la première personne que j'ai contactée et ça s'est fait tout de suite. Samedi, elle est venue visiter et dimanche, elle avait emménagé.

AMÈLE : On a vraiment établi des règles minimales de vie commune, en faisant les courses une fois chacune par semaine, ménage une fois de temps en temps chacune. On fait pas frigo à part. Et puis nos amis se sont rencontrés. Nos familles commencent à se voir.

MATHILDE LEMAIRE : C'est pas impossible d'être en colocation et d'avoir des enfants ?

AMÈLE : C'est pas impossible ! Moi, je les ai pendant le week-end ou pendant les vacances et ça se passe bien.

CHÉRINA : Je suis encore gamine dans ma tête, donc, moi, ça m'amuse. Quand ils sont là, c'est sympa !

4ÈME PARTIE

MATHILDE LEMAIRE : Voilà. Cette colocation ne se fait pas toujours dans les règles de l'art. Il y a souvent un seul vrai locataire, les autres n'ont pas d'existence réelle aux yeux du propriétaire. Mais de plus en plus, la colocation se dévoile au grand jour, car les professionnels ont fini par l'accepter. Écoutez Marcel Ricard. Il préside la FNAIM d'Île-de-France :

MARCEL RICARD : Il a fallu que nous-mêmes, professionnels, nous nous mettions un petit peu au diapason. Les bailleurs au départ étaient un petit peu, je dirais, frigides : « Bon, je dis oui, mais attendez, s'il y en a un qui s'en va, qu'est-ce qui se passe ? Les autres pourront plus payer ». Donc, il a fallu rassurer les bailleurs. Dans le cas d'une collocation, il y a plusieurs personnes, qui sont toutes co-responsables du règlement du loyer. Tout le monde comparaît, tout le monde signe, ça fait du papier… Un petit peu plus, mais enfin bon il n'y a pas plus de dangers que dans le cadre d'une location normale. Donc, je veux dire, il n'y a pas de problèmes !

MATHILDE LEMAIRE : Parmi les nouvelles formules, il y a aussi la colocation senior : des veufs qui se rassemblent à deux ou trois pour partager les frais et tromper la solitude. La colocation intergénérationnelle également : des personnes âgées mettent une chambre à disposition d'un étudiant contre quelques heures de ménage. La colocation – solution, logement anticrise – oui, mais… Ironie de l'histoire…

Elle participe à la hausse des loyers des appartements type T4/T5, car s'il y a quelques années, ces surfaces se louaient difficilement, aujourd'hui, elles trouvent preneur beaucoup plus vite.

Le boum de la colocation, solution anticrise/L'enquête de Mathilde Lemaire © France Info
http://www.france-info.com/spip.php?article343630&theme=81&sous_theme=184

1. De quelle sorte de document sonore s'agit-il ?
   - ☐ une interview
   - ☒ un reportage
   - ☐ une discussion
   - ☐ un dialogue

2. *Hinweis: Hier geht es um die „nouveaux colocataires" und nicht um die bisherigen Zielgruppen von Wohngemeinschaften, die im Text auch genannt werden. Beachten Sie, dass mehrere Antworten möglich sind.*

   Les nouveaux colocataires, qui sont-ils ?
   - ☒ les 30–40 ans
   - ☐ ceux qui entrent dans la vie active
   - ☐ les étudiants
   - ☒ les familles monoparentales

3. *Hinweis: Achten Sie genau auf den Ausgangstext. Dort wird zwar von 4 % gesprochen, allerdings heißt es, dass „4 % des Français" in Wohngemeinschaften leben und nicht etwa 4 % der Pariser Bevölkerung.*

   À Paris,
   - ☐ 4 % des habitants vivent en colocation.
   - ☒ environ 20 000 personnes vivent en colocation.
   - ☐ entre 18 et 25 % des habitants vivent en colocation.

4. *Hinweis: Hier sind mehrere Lösungen denkbar: es kann sowohl angeführt werden, dass Estelle und ihr Freund sich getrennt haben als auch dass Estelle die Kosten für die Wohnung alleine nicht mehr tragen kann. Es reicht jedoch, einen der beiden Gründe anzugeben. Beachten Sie die Aufgabenstellung, die eindeutig die Ausformulierung eines vollständigen Satzes verlangt.*

   - **Son copain et elle se sont séparés. / Seule, elle ne peut plus payer le loyer.**

5. *Hinweis: Theoretisch sind zwar alle Antworten denkbar, aber Estelle sagt nur ausdrücklich, dass alleinerziehende Mütter die gleichen Verpflichtungen haben und sich folglich gegenseitig verstehen.*

   Estelle veut partager son appartement avec une autre maman

   ☐ parce que celle-ci peut garder son bébé de temps en temps.
   ☒ parce que celle-ci la comprend.
   ☐ parce que leurs enfants peuvent jouer ensemble.

6. *Hinweis: Es reicht aus, die Antworten in Stichpunkten anzugeben. Beachten Sie, dass zwei von den drei im Text genannten Möglichkeiten angeführt werden müssen. Es reicht nicht aus, die Namen der einzelnen Internetseiten zu nennen.*

   - **consulter une agence « spéciale coloc »**
   - **participer à un « jeudi de la coloc »**
   - **consulter un site Internet (par exemple *colocation.fr*, *easycolloc* ou *appartager.com*)**

7. - « Au début, la plupart des colocataires étaient **des étudiants**. »
   - « C'est à cause de **la crise** que de plus en plus de personnes veulent prendre des colocataires. »

8. *Hinweis: Beachten Sie, dass insgesamt 7 Antworten angekreuzt werden müssen und folglich teilweise auch mehrere Antworten pro Aufgabe möglich sind.*

   a) La plupart des colocations se trouvent

   ☐ à Bonneville.
   ☒ en Île-de-France.
   ☐ à Dax.
   ☐ dans le 20ème arrondissement de Paris

   b) *Hinweis: Beachten Sie hier genau die Aufgabenstellung. Es wird gefragt, wie viel die Gesamtmiete kostet und nicht, wie viel jeder einzelne Mieter bezahlen muss.*

   Le loyer de l'appartement de Chérina coûte

   ☐ 200 euros.
   ☐ 450 euros.
   ☒ 900 euros.

   c) Amèle, la personne avec qui Chérina partage l'appartement a

   ☒ 41 ans et deux enfants.
   ☐ 41 ans et trois enfants.
   ☐ 51 ans et trois enfants.

d) Dans le texte, Amèle parle des travaux ménagers suivants qu'il faut faire :

- [x] les courses
- [x] le ménage
- [ ] la vaisselle
- [ ] le linge

e) Les enfants d'Amèle sont là

- [ ] le samedi.
- [x] le week-end.
- [ ] toute la semaine.
- [x] pendant les vacances.

9. *Hinweis: Beachten Sie die Aufgabenstellung, die eindeutig die Ausformulierung eines vollständigen Satzes verlangt.*

   - **Les bailleurs ont peur de créer des colocations parce qu'ils ont peur de ne pas obtenir le loyer de chaque locataire.**

10. *Hinweis: Es reicht aus, die Antworten in Stichpunkten anzugeben. Beachten Sie, dass beide im Text genannten Arten von Wohngemeinschaften angeführt werden müssen.*

    - **la colocation entre vieux (« la colocation senior »)**
    - **la colocation entre vieux et jeunes (« la colocation intergénérationnelle »)**

Textaufgabe

Questions sur le texte

1. De plus en plus de personnes choisissent la colocation comme mode de vie coûtant beaucoup moins cher que la vie solitaire. Ainsi, les colocataires ne partagent pas seulement le loyer mensuel, mais aussi les factures de gaz et d'électricité et les frais pour le forfait Internet. De plus, le fait de vivre à plusieurs dans un appartement permet souvent aux colocataires d'habiter un logement offrant plus de confort : il est clair que l'on a plus d'espace dans un appartement partagé à plusieurs que dans un studio loué pour une seule personne, mais souvent les appartements ont encore d'autres atouts : ils se trouvent dans des quartiers plus intéressants, offrent une meilleure vue ou disposent d'un meilleur aménagement intérieur. Bien sûr, la vie en communauté d'habitation n'est pas tout à fait la même que la vie en famille, mais souvent, la vie commune commence à y ressembler après un certain temps. À condition que l'on s'entende bien sûr, car la vie en colocation n'a pas seulement des avantages. Déjà, il faut aimer vivre avec plusieurs personnes et être prêt à accepter des caractères parfois très

différents, mais il faut aussi faire des efforts pour bien s'entendre et pour éviter des disputes. Tant que tout va bien, il n'y a pas de problème, mais il faut faire très attention dès qu'un(e) des colocataires n'est plus capable de payer sa part de loyer. Car dans ce cas-là, ce seront les autres colocataires qui seront obligés de se charger du paiement du loyer.

2. *Hinweis: Bei dieser Aufgabe sind nicht mehr alle Vorteile von Wohngemeinschaften wie bei der ersten Aufgabe zu nennen. Es geht viel mehr darum, diese nur kurz anzuschneiden und v. a. die Motivationsgründe der einzelnen Altersgruppen, in Wohngemeinschaften zu ziehen, herauszuarbeiten.*

   Quand les premières colocations se sont créées en France, c'étaient surtout des étudiants qui se sont décidés à profiter de ce mode de vie. Cela n'a pas changé bien sûr, car dans la majorité des cas, les étudiants disposent d'un budget limité et sont obligés de faire des économies où c'est possible. Le fait d'économiser de l'argent tout en ayant plus de luxe est bien sûr aussi la raison pour laquelle d'autres tranches d'âges optent pour la colocation : ce sont d'abord les jeunes exerçant une activité professionnelle et ne gagnant pas beaucoup en début de carrière qui y voient une vraie alternative aux loyers exorbitants, mais aussi les 35 à 49 ans en mal d'espace sont favorables à la communauté d'habitation. En outre, la colocation attire de plus en plus de personnes divorcées dont ce sont les mères surtout qui profitent du fait de partager un logement. Ainsi, elles ont la possibilité de s'aider mutuellement en se remplaçant quand il s'agit de s'occuper des enfants.

3. *Hinweis: Bei dieser Frage geht es darum, aus den verschiedensten Informationen aus dem Text über Wohngemeinschaften auf dem Immobilienmarkt eine logische und stringente Zusammenfassung ohne Nennung von zu vielen Details herzustellen.*

   Depuis quelques années, on peut constater qu'il y a beaucoup de grands appartements vides dans la capitale française et dans ses alentours. Ce phénomène s'explique d'un côté par les loyers hors de prix que beaucoup de familles ne peuvent plus s'offrir, mais de l'autre côté aussi par le fait que les propriétaires n'acceptent pas de louer leur bien sans avoir assez de garanties. Il en résulte que l'offre et la demande ne sont plus en équilibre. Alors, pour pouvoir récupérer de l'argent, les bailleurs se voient obligés – souvent à contrecœur – de louer leur propriété à plusieurs personnes offrant les garanties demandées. Les annonces innombrables sur Internet proposant une chambre en colocation font preuve que les propriétaires consentent à cette possibilité qui leur est souvent proposée par les agences immobilières. Par conséquent, non seulement les locataires bénéficiant des avantages de la vie en colocation sont contents, mais aussi les propriétaires y gagnent : comme des locataires vivant en colocation louent en général moins longtemps que des familles, les propriétaires ont la possibilité de relouer leur bien plus vite à d'autres locataires et ainsi d'augmenter le loyer en même temps.

Commentaire personnel / Rédaction

1. *Hinweis: Der Lösungsvorschlag ist dialektisch aufgebaut. Selbstverständlich wäre auch denkbar, nur Position für oder gegen das Leben in einer Wohngemeinschaft zu beziehen und die Argumentation somit linear aufzubauen.*

   Pour savoir si je pourrais vivre en colocation, il faut d'abord que je pèse le pour et le contre.
   Les avantages en sont clairs : comme les colocations se font dans des (grands) appartements, il y a plus de surface habitable que par exemple dans un studio. En général, ces appartements se composent de plusieurs pièces dont une sert de cuisine et souvent, ils disposent même d'une pièce en trop servant de salon, de sorte que l'on a une pièce pour les activités communes. En comparaison à un petit studio, on a donc plus d'espace. En outre, la colocation est un bon moyen d'économiser de l'argent. Tenant compte du fait que pour tout logement il faut payer des charges, celles-ci sont partagées dans une colocation par tous les locataires.
   Mais il faut voir aussi les côtés négatifs d'une vie en colocation. Tous les gens ne sont pas très fiables quand il s'agit de payer les factures. C'est pareil pour l'alimentation. Il existe des colocations où les locataires partagent aussi les denrées alimentaires et que certains ne font que profiter des autres en ne faisant jamais les courses ou en « oubliant » de participer aux frais. Mais le plus grand inconvénient, d'après moi, est le fait de devoir partager les tâches ménagères. Habitant avec des colocataires qui ont une autre conception de la propreté, l'on arrive vite à un point où l'on se sent mal chez soi à cause de la malpropreté des autres.
   En résumé, je dirais que je préfère vivre seul malgré tous les avantages qu'offre la vie en colocation.

2. Dans ce commentaire, il sera question de traiter le rôle que peut jouer la vie en colocation dans des étapes différentes de la vie. Tout d'abord, il faut dire que les personnes vivant les situations décrites dans la citation ont quelque chose en commun : elles viennent de terminer une étape de leur vie, soit qu'elles sortent d'une relation, soit qu'elles entrent dans la vie active, soit qu'elles déménagent dans une autre ville. Par conséquent, elles sont en quelque sorte obligées de commencer une nouvelle vie. Il est évident que cette décision entraîne un changement de logement dans la majorité des cas. Il se pose donc la question de savoir quel mode d'habitation convient le mieux à cette réorganisation de vie. À mes yeux, la vie en colocation est tout à fait appropriée pour refaire sa vie. Une raison en est que l'on n'est pas seul et que l'on a peut-être des colocataires vivant ou ayant vécu la même situation, donc on a la possibilité d'échanger des expériences et de se sentir mieux ainsi. En outre, il est possible de s'aider mutuellement à s'intégrer dans une nouvelle ville par exemple. Tout de même, je ne pense pas du tout que la colocation soit le seul moyen possible de traverser une étape de sa vie et je trouve que l'auteur exagère en avançant cette thèse. Il est tout à fait possible de faire face à de nouvelles situations, même difficiles, sans vivre en colocation et sans être soutenu par un ou plusieurs colocataires.

3. *Hinweis: Die Aufgabenstellung verlangt ausdrücklich keine detaillierte Beschreibung der Werbung, sondern nur eine Zusammenfassung deren Inhalts. Hier ist folglich darauf zu achten, nicht allzu viele Einzelheiten zu nennen (wie etwa das Datum oder die U-Bahn-Station), sondern vielmehr die Idee, die hinter der Werbung steckt, zu beleuchten und dazu Stellung zu beziehen.*

La publicité invite une fois par mois tous ceux qui recherchent, proposent ou veulent monter une colocation à venir prendre l'apéritif ensemble dans un bar parisien. C'est pour cela que l'on aperçoit à l'arrière-plan une chambre vide, prête à être aménagée. Le terme « État des lieux » s'emploie habituellement pour décrire un appartement dans le but de décider en quel état celui-ci se trouve. Dans le cadre de la publicité, ce terme est employé au sens figuré, c'est-à-dire que ce n'est pas l'appartement qui est examiné de près, mais ce sont les personnes s'intéressant à vivre en colocation qui sont « examinés ». Les gens ont ainsi la possiblité de faire connaissance avec leurs éventuels futurs colocataires. À mon avis, ce genre d'événement est une bonne occasion de créer des contacts personnels avec des personnes ayant le même objectif. En y allant, on évite le contact impersonnel et anonyme par téléphone ou par Internet auquel on est confronté souvent lorsque l'on répond à une annonce et on est encore moins à la merci des agences immobilières. Si l'on trouve une ou plusieurs personnes sympathiques, il est bien possible que l'on aille habiter en colocation ensemble. Sinon, on peut toujours rentrer en se disant peut-être que l'on a passé une soirée agréable.

Médiation

1. **Wohngemeinschaften jenseits der Stadtgrenze**

Anstatt in einem Dachboden zu verkümmern, wohnen die Pariser Studenten lieber in Wohngemeinschaften. Das wäre ja soweit nichts Neues. Aber von nun an flüchten sehr viele in Einfamilienhäuser in den Vororten. Größer, dafür weiter entfernt: diese Lösung kommt bei jungen Leuten, die sich sehnlichst mehr Platz wünschen, gut an.

Sie feiern spontan Partys ohne dabei Probleme mit der Nachbarschaft zu bekommen, proben für das Blasorchester, dem sie angehören: Charlotte, Maud und Estelle teilen sich ein kleines Haus in Saint-Ouen, das sie für 1 380 Euro im Monat mieten. „Seitdem wir hier wohnen, verbringen wir viel mehr Zeit zu Hause", merkt Maud an.

Das ist eine Lebensqualität, die (auch) Jim und seine vier Mitbewohner seit mittlerweile 10 Jahren zutiefst schätzen. Für nichts in der Welt würden sie ihre 250 qm große „Insel des Friedens" in Sevran (wieder) aufgeben.

Doch auch wenn manche Vermieter immer noch zögern, sind sie dennoch zunehmend damit einverstanden, ihr Eigentum Wohngemeinschaften zu überlassen. „Der Hausmarkt beginnt in den Vororten der Großstädte zu boomen", stellt Fréderic de Bourguet, der Gründer der Webseite *Colocation.fr* fest. „Die Vermieter bevorzugen diese Lösung sogar, denn so haben sie statt einer Sicherheit gleich mehrere." Derzeit machen Wohngemeinschaften in Häusern, die weit vom Zentrum entfernt sind, 8 % der Angebote auf dieser Webseite aus.

2.

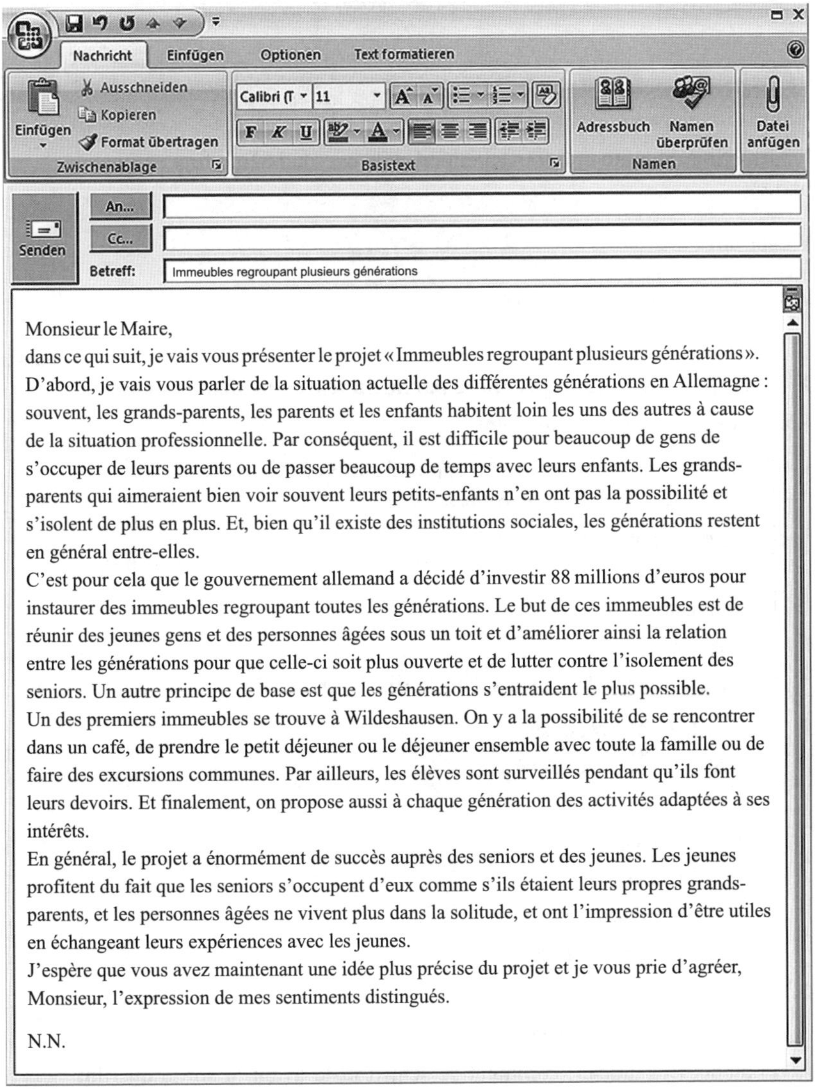

Monsieur le Maire,

dans ce qui suit, je vais vous présenter le projet « Immeubles regroupant plusieurs générations ». D'abord, je vais vous parler de la situation actuelle des différentes générations en Allemagne : souvent, les grands-parents, les parents et les enfants habitent loin les uns des autres à cause de la situation professionnelle. Par conséquent, il est difficile pour beaucoup de gens de s'occuper de leurs parents ou de passer beaucoup de temps avec leurs enfants. Les grands-parents qui aimeraient bien voir souvent leurs petits-enfants n'en ont pas la possibilité et s'isolent de plus en plus. Et, bien qu'il existe des institutions sociales, les générations restent en général entre-elles.

C'est pour cela que le gouvernement allemand a décidé d'investir 88 millions d'euros pour instaurer des immeubles regroupant toutes les générations. Le but de ces immeubles est de réunir des jeunes gens et des personnes âgées sous un toit et d'améliorer ainsi la relation entre les générations pour que celle-ci soit plus ouverte et de lutter contre l'isolement des seniors. Un autre principe de base est que les générations s'entraident le plus possible.

Un des premiers immeubles se trouve à Wildeshausen. On y a la possibilité de se rencontrer dans un café, de prendre le petit déjeuner ou le déjeuner ensemble avec toute la famille ou de faire des excursions communes. Par ailleurs, les élèves sont surveillés pendant qu'ils font leurs devoirs. Et finalement, on propose aussi à chaque génération des activités adaptées à ses intérêts.

En général, le projet a énormément de succès auprès des seniors et des jeunes. Les jeunes profitent du fait que les seniors s'occupent d'eux comme s'ils étaient leurs propres grands-parents, et les personnes âgées ne vivent plus dans la solitude, et ont l'impression d'être utiles en échangeant leurs expériences avec les jeunes.

J'espère que vous avez maintenant une idée plus précise du projet et je vous prie d'agréer, Monsieur, l'expression de mes sentiments distingués.

N.N.

Abitur Französisch (Bayern)
Übungsaufgabe 2

Compréhension orale

Présentation du texte une fois en entier, puis une deuxième fois en quatre parties

Vocabulaire

charrier qn	se moquer de qn
le chahut	*dt.* Unterrichtsstörung

Punkte: 20

1ÈRE PARTIE Écoutez la première partie du texte une deuxième fois

Répondez aux questions suivantes.

1. Cochez les informations qu'on apprend sur François Bégaudeau. Plusieurs réponses sont possibles. (2)

   François Bégaudeau est
   - ☐ écrivain.
   - ☐ réalisateur.
   - ☐ cameraman.
   - ☐ le professeur de français dans le film *Entre les murs*.

2. Cochez la bonne réponse. (2)

   a) *Entre les murs* a gagné
   - ☐ la Palme d'Or.
   - ☐ le César.
   - ☐ l'Oscar.

   b) *Entre les murs* est
   - ☐ un court métrage.
   - ☐ un documentaire.
   - ☐ un long métrage.

3. François Bégaudeau, comment se sent-il juste avant la sortie du film *Entre les murs* ? Écrivez une phrase complète. (1)

   - ______________________________

4. Corrigez les informations soulignées qui sont fausses. (4)

a) *Entre les murs* présente une classe de 3ème dans un collège sensible.	______
b) *Entre les murs* raconte l'histoire de 30 élèves.	______
c) L'histoire est une histoire réelle.	______
d) Le film dure 1h 30.	______

2ÈME PARTIE Écoutez la deuxième partie du texte une deuxième fois

Répondez aux questions suivantes.

5. Parmi qui est-ce que le film provoque des débats ? (2)

- ______
- ______

6. D'après François Bégaudeau, quelle est la qualité la plus importante d'un professeur ? (2)

- ______

7. Qu'est-ce que les enseignants reprochent à François Bégaudeau ? (2)

- ______

3ÈME PARTIE Écoutez la troisième partie du texte une deuxième fois

Répondez aux questions suivantes.

8. Cochez les deux bonnes réponses. (2)

Dans cette partie, François Bégaudeau dit sur lui-même qu'il était un professeur

- ☐ plein de tempérament.
- ☐ familier.
- ☐ drôle.
- ☐ sympa.

4ÈME PARTIE **Écoutez la quatrième partie du texte une deuxième fois)**

Répondez aux questions suivantes.

9. Vrai ou faux ? Si la phrase est fausse, corrigez-la. (3)

   a) La moitié des jeunes en difficulté ne comprend pas ce que le professeur dit pendant le cours.

   ☐ vrai ☐ faux : ____________________

   ____________________.

   b) François Bégaudeau trouve qu'en parlant de l'école, on oublie de parler des élèves qui se comportent correctement, mais qui ne comprennent rien.

   ☐ vrai ☐ faux : ____________________

   ____________________.

   c) François Bégaudeau n'est pas d'accord avec le système scolaire.

   ☐ vrai ☐ faux : ____________________

   ____________________.

Textaufgabe

La petite fille de Monsieur Linh

Chaque jour, Monsieur Linh retrouve Monsieur Bark. Lorsque le temps le permet, ils restent dehors, assis sur le banc. Quand il pleut, ils retournent au café et Monsieur Bark commande l'étrange boisson, qu'ils boivent en serrant les tasses entre leurs mains.

Désormais, le vieil homme dès qu'il se lève attend ce moment où il ira rejoindre son ami. Il se dit dans sa tête « son ami », car c'est bien de cela qu'il s'agit. Le gros homme est devenu son ami, même s'il ne parle pas sa langue, même s'il ne la comprend pas, même si le seul mot dont il se sert est « Bonjour ». Ce n'est pas important. D'ailleurs, le gros homme ne connaît lui-même qu'un seul mot de la langue de Monsieur Linh, et c'est le même mot.

Grâce à Monsieur Bark, le pays nouveau a un visage, une façon de marcher, un poids, une fatigue et un sourire, un parfum aussi, celui de la fumée des cigarettes. Le gros homme a donné tout cela à Monsieur Linh sans le savoir.

Sang diû s'est habituée à ces rencontres, au souffle chaud de Monsieur Bark, à ses mains puissantes striées de fissures, aux doigts larges et pleins de cals. Parfois, celui-ci la porte quand il sent que le vieil homme commence à fatiguer. La petite fille ne proteste pas. Cela fait tout drôle de la voir dans les bras du gros homme. Il est si grand et si puissant que rien ne peut arriver à l'enfant. Monsieur Linh est tranquille. Jamais un voleur d'enfants n'oserait s'attaquer à un homme aussi fort et aussi gros. [...]

Parfois, tous deux déambulent dans les rues. Non plus dans la rue, mais dans les rues, car Monsieur Bark promène Monsieur Linh dans la ville entière, lui fait découvrir d'autres quartiers, des places, des avenues, des ruelles, des endroits déserts, et d'autres pleins de magasins et de gens qui y entrent ou en sortent comme les abeilles d'une ruche.

Des yeux dévisagent ce curieux couple, le vieil homme, si petit, qui paraît tellement vulnérable, enrobé dans ses multiples couches de vêtements, et ce géant fumant comme une locomotive, et les yeux se posent ensuite sur *Sang diû*, la merveille de Monsieur Linh, qu'il garde dans ses bras à la façon d'un trésor.

Lorsque les regards se font un peu trop hostiles ou insistants, Monsieur Bark dévisage à son tour le curieux, fronce les sourcils, ferme ses traits. On pourrait le croire alors très méchant. Cela amuse Monsieur Linh. Le gêneur baisse la tête, passe son chemin. Monsieur Bark et Monsieur Linh rient de bon cœur.

Un jour, au café, [...] Monsieur Linh sort de sa poche la photographie, la seule qu'il ait jamais eue dans sa vie. Il l'a retirée le matin même de la valise, pour la montrer à son ami. Il la tend à Monsieur Bark. Celui-ci comprend que c'est important. Il prend avec beaucoup de délicatesse l'image entre ses doigts énormes. Il la regarde.

Au début, il ne voit rien, tant l'image s'est délavée, diluée, perdue dans les années et les rayons de soleil. Puis il finit par distinguer un homme jeune debout devant une curieuse maison, légère, aérienne, dressée sur des pattes de bois, et au côté de cet homme, une femme, plus jeune que l'homme sans doute, très belle, avec des cheveux amples ramenés en une longue tresse. L'homme et la femme fixent droit devant eux le photographe. Ils ne sourient pas, se tiennent un peu raides, comme s'ils avaient peur ou étaient impressionnés par le moment.

Lorsque Monsieur Bark se met à examiner plus attentivement le visage de l'homme, il constate à n'en pas douter qu'il s'agit de Monsieur Tao-laï, qui est assis en face de lui. C'est bien le même visage, les mêmes yeux, la même forme de la bouche, le même front, mais à trente ans, peut-être quarante ans de distance. En regardant de nouveau la femme, il comprend alors qu'il se trouve en présence de la femme de Monsieur Tao-laï, morte sans doute comme la sienne puisqu'il ne l'a jamais vue en sa compagnie. Alors Monsieur Bark contemple les traits de cette femme, jeune, si jeune, et belle d'une beauté tout à la fois lisse et mystérieuse, mystérieuse peut-être parce que lisse justement, sans apprêt, offerte dans une simplicité troublante et naïve.

Monsieur Bark pose avec délicatesse la photographie devant lui, fouille dans la poche intérieure de sa veste, saisit son portefeuille qu'il ouvre pour en retirer une image lui aussi, celle de sa propre femme, qui sourit tout en inclinant un peu la tête sur le côté gauche.

On ne voit rien d'autre que le visage, un visage plein, rond, une peau pâle, des lèvres dessinées de rouge, de grands yeux qui se plissent à cause du sourire et sans doute aussi en raison du soleil qui vient dans le regard. Derrière le visage, tout est vert. C'est peut-être du feuillage. Monsieur Linh essaie de reconnaître ces feuilles, de savoir de quel arbre il s'agit, mais il ne trouve pas. Il n'y a pas ce genre de feuilles au pays. La femme semble heureuse. Elle est grosse et heureuse. Ce doit être la femme du gros monsieur. Jamais le vieil homme ne l'a vue. Elle travaille sans cesse. Ou plutôt… oui, ce doit être plutôt cela, elle est morte. Elle est au pays des morts, comme sa femme à lui, et peut-être, se dit Monsieur Linh, peut-être que dans ce pays lointain sa femme à lui et la femme du gros homme se sont rencontrées comme eux-mêmes se sont rencontrés. Cette pensée l'émeut. Cette pensée lui fait plaisir. Il espère que cela s'est passé.

La petite fille dort sur la banquette. Monsieur Bark allume une nouvelle cigarette. Ses yeux sont très brillants. Monsieur Linh commence à fredonner la chanson. Ils restent ainsi tous les deux, un long moment, avec devant eux les photographies posées près des tasses vides.

Quand ils sortent du café, Monsieur Bark prend par l'épaule Monsieur Linh et le raccompagne jusqu'à la porte de l'immeuble où se situe le dortoir, comme il le fait tous les jours désormais. Et puis là, les deux hommes se disent longuement au revoir en se disant *bonjour*.

Philippe Claudel : « La petite fille de Monsieur Linh ». Paris : Editions Stock 2005, p. 83–89

Questions sur le texte

Punkte: 50

Répondez aux questions suivantes en utilisant autant que possible vos propres mots. Citez correctement.

1. Décrivez la relation entre Monsieur Linh et Monsieur Bark. (15)
2. Relevez, analysez et comparez les pensées et les émotions qu'ont les deux hommes en regardant les photos. (15)
3. Montrez par quels moyens stylistiques l'auteur réussit à donner l'impression au lecteur que les deux hommes sont très proches l'un de l'autre. (20)

Commentaire personnel/Rédaction

Punkte: 40

Exposez, en 200 à 250 mots environ, vos idées/arguments sur **l'un** des sujets suivants.

1. « Il faut parler la même langue pour se comprendre. » Commentez.
2. À votre avis, quels facteurs jouent un rôle décisif dans l'intégration ?
3. Décrivez brièvement la photo ci-dessous et établissez un rapport entre celle-ci et le roman *La petite fille de Monsieur Linh.*

picture-alliance/dpa

Médiation

Choisissez **l'un** des sujets suivants. **Punkte: 40**

1. Traduisez le texte ci-dessous en allemand.

Philippe Claudel, un enseignant de français atypique, a rencontré un grand succès [...] avec *Les Âmes grises*[1], un roman qui a été traduit dans vingt-trois langues et dont l'adaptation sur grand écran vient de sortir [...]. Aujourd'hui, avec *La Petite Fille de monsieur Linh*[1], il change de registre, et livre un conte sensible et touchant sur l'exil et l'amitié.

Dans un pays occidental (la France ?) échoue un vieil homme exilé avec sa petite fille, Sang Diû, son seul trésor. Monsieur Linh a perdu sa famille, son village et son pays (le Viêtnam ?). Il rencontre sur un banc, devant le parc, un gros homme, veuf depuis peu. Aucun ne parle la langue de l'autre, mais ces deux solitaires se lient peu à peu à travers égards, délicatesse, confiance et menus présents[2]. Ils deviennent de vrais amis.

La langue discrète et sensuelle, les personnages stylisés et les événements ritualisés créent un rythme qui permet au lecteur de s'installer dans le récit, de se réchauffer au soleil de cette amitié. La grande valeur du livre réside dans la narration d'une amitié entre hommes faite par un homme qui ne craint pas d'en dire la douceur : « Il veut revoir le gros homme, son ami, qui lui manque tant. [...] Il veut sentir sa présence, sa chaleur et sa force. » [...]

http://www.diplomatie.gouv.fr/fr/france_829/culture-medias-loisirs_19086/lettres_13694/actualites-livres_17105/actualite-livres-no-61-2006-br-em-petite-fille-monsieur-linh-em-philippe-claudel-br-passion-bouraoui-br-em-possibilite-une-ile-em-un-grand-livre-tout-simplement_52788.html#sommaire_1

Annotations

1 Die Titel der Romane werden nicht übersetzt.
2 un présent *ici :* un cadeau

2. Rédigez un e-mail en français d'environ 250 mots. Répondez concrètement aux questions de votre copine.

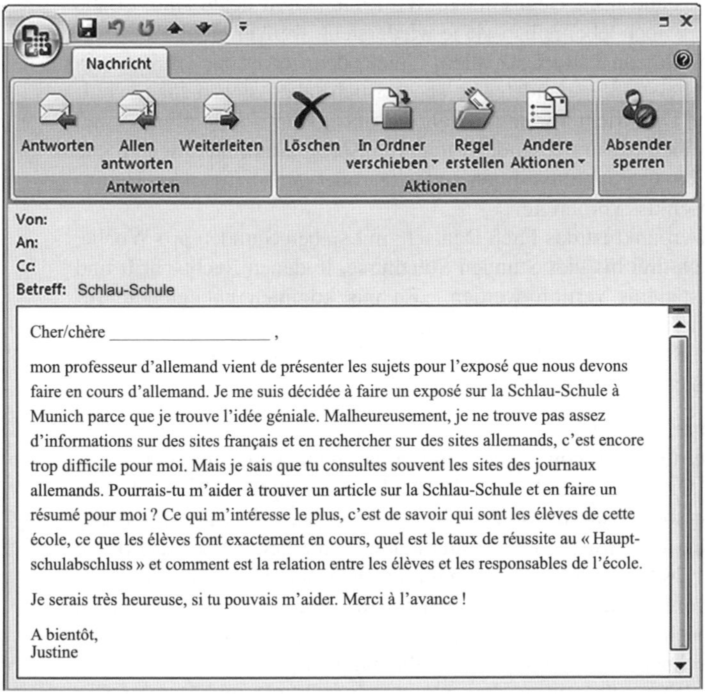

Von:
An:
Cc:
Betreff: Schlau-Schule

Cher/chère ________________ ,

mon professeur d'allemand vient de présenter les sujets pour l'exposé que nous devons faire en cours d'allemand. Je me suis décidée à faire un exposé sur la Schlau-Schule à Munich parce que je trouve l'idée géniale. Malheureusement, je ne trouve pas assez d'informations sur des sites français et en rechercher sur des sites allemands, c'est encore trop difficile pour moi. Mais je sais que tu consultes souvent les sites des journaux allemands. Pourrais-tu m'aider à trouver un article sur la Schlau-Schule et en faire un résumé pour moi ? Ce qui m'intéresse le plus, c'est de savoir qui sont les élèves de cette école, ce que les élèves font exactement en cours, quel est le taux de réussite au « Hauptschulabschluss » et comment est la relation entre les élèves et les responsables de l'école.

Je serais très heureuse, si tu pouvais m'aider. Merci à l'avance !

A bientôt,
Justine

Nachdem Sie die E-Mail erhalten haben, informieren Sie sich im Internet über die Schlau-Schule und finden den oben stehenden Text auf der Homepage der Süddeutschen Zeitung.

Hilfe in der Fremde

In der Schlau-Schule können minderjährige Asylbewerber den Hauptschulabschluss erwerben.

Der tägliche Unterricht ist für die jugendlichen Flüchtlinge ein Stück Normalität und hilft ihnen auch, ihre Traumata besser zu verarbeiten. Hassan […] und seine Mitschüler aus der achten Klasse bereiten sich derzeit auf den Quali vor.

Es ist das erste Mal in seinem Leben, dass der 18-jährige Hassan eine Schule besucht. Schulbildung war in seinem Land ein Privileg, nicht Pflicht. Deshalb ist er dankbar und stolz, in der Klasse von Lehrer Rudi Hillreiner, den hier alle nur Rudi nennen, sitzen und Mathe lernen zu dürfen.

In diesem Sommer will er den Quali schaffen und eine Lehre anfangen. Hassan kommt aus Afghanistan und gehört zur Volksgruppe der Hazara, die von den Taliban verfolgt wird. Seine Familie wurde in den Kriegswirren auseinandergerissen, mit 15 floh er in einem Lkw über Russland nach Deutschland. Wo seine Eltern heute sind, ob sie überhaupt noch leben, ob er sie je wiedersieht, weiß er nicht.

Doch Hassan hatte trotz allem Glück, denn er ist bei „Schlau" in der Schillerstraße gelandet. Die sechs Buchstaben stehen für „Schulanaloger Unterricht für minderjährige unbegleitete Flüchtlinge" und umschreiben ein umfassendes Integrationsprogramm, das Jugendliche in zwei bis drei Jahren auf den einfachen oder qualifizierenden Hauptschulabschluss vorbereitet.

Schwerpunkt ist das Fach Deutsch, mit sieben Stunden pro Woche, zusätzlich drei bis vier Stunden Stützkurse, in denen Rechtschrift und Textverständnis vertieft werden. „Zu uns kommen unbegleitete Jugendliche aus mittlerweile 15 Städten Deutschlands", erklärt Michael Stenger, Schulleiter und Gründer des Projekts. „Inzwischen haben wir Wartelisten."

Entwurzelte Seelen

Mit zwei Gruppen von je 15 Schülern hat Stenger im Jahr 2000 angefangen. Damals war er Lehrer, Geschäftsführer und Geldbeschaffer in einer Person. Heute unterstützt ihn ein Team aus 22 Lehrern und Sozialpädagogen sowie 14 Ehrenamtlichen. 140 jugendliche Flüchtlinge aus über 20 Ländern besuchen in diesem Jahr die Schlau-Schule.

Sie kommen aus unterschiedlichen Kulturen, aber ihre Biographien ähneln sich auf schreckliche Weise. Junge Frauen aus Afrika, die vor der Beschneidung geflohen sind, ehemalige Kindersoldaten, Jungen und Mädchen, die mit ansehen mussten, wie Eltern und Geschwister ermordet, gefoltert, verschleppt wurden, Kinder, die selbst misshandelt und missbraucht wurden. Sie haben sich ohne Eltern, unter lebensgefährlichen Bedingungen, und oft in monatelanger Flucht bis Deutschland durchgeschlagen. „Sie sind alle traumatisiert", sagt Stenger, „aber wir können nur den wenigsten einen Therapieplatz besorgen."

Deshalb ist Schlau auch viel mehr als „nur" Schule, die Mitarbeiter mehr als „nur" Lehrer. „Die Hälfte ist Unterricht, der Rest ist Betreuung, Selbstbewusstsein aufbauen, Motivation, tägliche Besprechungen in und ums Klassenzimmer, ein Berg an Bürokratie und der tägliche Kampf mit den Ämtern", zählt Stenger auf.

Doch einmal im Jahr würden alle für die harte Arbeit belohnt. Beim Sommerfest nämlich, wenn die Zeugnisse vergeben werden. „An diesem Tag bekommen wir alles zurück," sagt Stenger, „dann sind sie so stolz und selbstbewusst, auch weil sie die öffentliche Anerkennung bekommen". Fast alle Schlau-Prüflinge schaffen jedes Jahr den Hauptschulabschluss, den sie an einer Münchner Hauptschule ablegen. Viele von ihnen mit geradezu sensationell guten Noten, die deutlich über dem bayerischen Landesschnitt liegen. „Wir bekommen fast jeden in Ausbildung oder an eine weiterführende Regelschule", so Stenger.

Deutlich über dem Schnitt

Besonders stolz ist der Schulleiter auf seine „Highlights", wie er sie nennt. Einer studiert heute Informatik, ein anderer war im vergangenen Jahr Bundessieger unter den ausgezeichneten Reifentechnikern und in diesem Jahr wird wohl wieder eine Schülerin das Gymnasium schaffen. „Das zeigt auch, was man mit richtiger Förderung erreichen kann", sagt Stenger.

Und die endet bei Schlau nicht mit dem Schulabschluss. Bis heute hält Stenger Kontakt zu seinen Pionieren aus den ersten Kursen. Auch nach der Schule wird niemand allein gelassen. Jeder, der sie braucht, bekommt Unterstützung, sei es bei der Vermittlung von Berufspraktika, einer Lehrstelle oder beim Asylverfahren. „Der Supergau ist natürlich immer, wenn ein Asylantrag abgelehnt wird", sagt Stenger, „dann brechen sie zusammen."

Deshalb hat Stenger inzwischen drei Asylexperten im Team. „Sie haben die Kontakte und wissen, wie man am schnellsten reagiert, wenn die Abschiebung droht." So, wie bei einer seiner Schülerinnen, einer 15-jährigen Togolesin, die im Oktober 2007 abgeschoben werden sollte. Die Maschine war schon startklar, als Stenger über eine Petition im Landtag die Abschiebung in letzter Sekunde verhindern konnte.

Fragt man Stenger, warum Schlau bei all den Problemen so erfolgreich ist, muss er nicht lange überlegen. Man müsse den Jugendlichen immer wieder klar machen, dass sie wertvolle Menschen sind und an der Gesellschaft teilhaben können, dass sie Rechte, aber auch Pflichten haben „Das geht. Mit viel Liebe und Fürsorge, aber auch mit der nötigen Strenge und klaren Regeln. Und alle müssen an einem Strang ziehen."

Christa Eder, Hilfe in der Fremde, Süddeutsche Zeitung, 9. Februar 2009
http://www.sueddeutsche.de/muenchen/973/457631/text/

Lösungsvorschläge

Compréhension orale

Entre les murs – L'interview de François Bégaudeau (5'17'')

1ère PARTIE

MARC FAUVELLE : Du cinéma au menu ce matin avec vous, Florence Leroy. Bonjour et bienvenue, Florence !

FLORENCE LEROY : Bonjour Marc !

MARC FAUVELLE : Et bonjour à François Bégaudeau. Bienvenue également !

FRANÇOIS BÉGAUDEAU : Bonjour ! Merci !

MARC FAUVELLE : Auteur du roman *Entre les murs* qui a inspiré le film de Laurent Cantet. *Palme d'or* au dernier Festival de Cannes et qui sort donc aujourd'hui dans les salles. C'est vous qui jouez le rôle du professeur de français dans ce film… On a énormément parlé depuis la *Palme d'or* de ce long métrage. Est-ce que, finalement, le jour où il sort enfin dans les salles, c'est enfin l'heure de vérité ? Vous êtes soulagé de cette rencontre à venir avec le public ?

FRANÇOIS BÉGAUDEAU : Vous ne croyez pas si bien dire !

MARC FAUVELLE : C'est vrai, on dort mieux la nuit précédant la sortie ?

FRANÇOIS BÉGAUDEAU : Non, non, c'est pas en terme de tension puisque moi je suis tellement content de ce film et on s'est tellement amusés à le faire que, voilà, on est juste content maintenant de le montrer aux gens, voilà… Que les gens maintenant récupèrent le bébé et nous on va aller faire autre chose.

MARC FAUVELLE : Allez, quelques mots de présentation sur ce film avec vous, Florence.

FLORENCE LEROY : Alors, *Entre les murs*, on pourrait dire que c'est une sorte de photographie, un instantané de l'école aujourd'hui, mais à travers un cas particulier. C'est une classe de 4ème dans un collège sensible. Vingt-quatre élèves et donc leur professeur de français avec tous leur propre personnalité. Ces personnages, on les suit donc au quotidien pendant les cours – des cours d'ailleurs souvent très animés. Et si je parle de personnages, c'est bien qu'il s'agit d'une fiction, même si le film est très réaliste ; c'est un film qui a été écrit, répété, inspiré, donc, de votre roman, François Bégaudeau. C'était important qu'il s'agisse d'une fiction et c'est important de le repréciser ?

FRANÇOIS BÉGAUDEAU : Je pense qu'en fait, il y a fiction à partir du moment où on densifie le réel, tout simplement. Parce que tout ce qu'on voit dans ces deux heures-là, évidemment, n'arriverait pas dans deux heures de cours. Donc, on a ramassé des choses, on a créé un précipité de réalité et c'est ça qui s'appelle de la fiction. […]

2ème PARTIE

FLORENCE LEROY : Le film provoque déjà des débats avant même sa sortie et parmi les sujets de débat parmi les profs ou les parents d'élèves qui l'ont vu, il y a le prof justement, que vous incarnez, qui est un prof qui provoque, qui charrie ses élèves, comme ils le disent. [...] Pour vous, François Bégaudeau, aujourd'hui un prof, ça doit être aussi cela, une sorte de comédien sur scène, quelqu'un qui provoque les élèves, qui les charrie [...] ?

FRANÇOIS BÉGAUDEAU : Charrier, éventuellement. En tout cas, il me semble que la maîtresse qualité du prof, en tout cas c'est... qui est d'ailleurs en fait un prof particulièrement intéressant pour le cinéma, d'ailleurs, c'est la répartie, c'est la plasticité linguistique, c'est arriver à répondre à tout ce qui est dit par les élèves. Parce que, à partir du moment où on ouvre la parole des élèves, il faut bien pouvoir répondre et puis continuer à cadrer un peu cette espèce d'échange qu'on met en œuvre. Donc il faut aller très, très vite, quoi. Il faut aller très vite et puis bon, l'humour, l'ironie qui parfois effectivement tourne de façon excessive vers le charriage. C'est ça, ça déborde un peu, là. C'est risqué ! On est sur un fil, mais moi, c'est ce qui me paraît vraiment la qualité majeure du prof, ouais.

FLORENCE LEROY : Mais certains enseignants qui ont vu le film lui reprochent justement ça. Ils vous reprochent dans votre rôle d'être un prof qui se met trop au niveau des élèves. Vous comprenez ce débat-là ?

FRANÇOIS BÉGAUDEAU : Oui, non, mais encore une fois, ce prof, il me ressemble et puis voilà. Ça n'engage que moi, d'une certaine manière. Par ailleurs, je crois qu'encore une fois, ce prof est un bon prof de cinéma, je pense, ça c'est sûr. Parce que si vous voulez quelqu'un qui voudrait un prof très autoritaire et très surplombant et très dans le magistral... C'est sans doute une méthode pédagogique géniale, j'en sais rien. En tout cas, en termes de cinéma, ça ne donnerait absolument aucune scène ! Donc nous, on a eu tendance à forcer le côté de proximité de ce prof, parce que ça a crée davantage d'échanges et davantage de densité dans nos scènes. [...]

3ÈME PARTIE

FLORENCE LEROY : C'est une façon de dire aussi que l'école a changé, que les élèves ne sont plus les mêmes ?

FRANÇOIS BÉGAUDEAU : Ben, les élèves ne sont sûrement pas les mêmes, mais l'école a pas du tout changé la proportion des élèves et c'est bien son problème ! Et que je pense que, oui, on gagne toujours, à mon avis, à être un peu plus proche des élèves, mais enfin encore une fois, j'ai pas envie de polémiquer là-dessus, parce que chaque prof fait comme il l'entend, comme il peut, aussi. Moi, j'avais un tempérament, quand j'étais enseignant, qui me portait plutôt vers ce genre de stratégie avec les élèves, parce que je suis relativement familier, parce que je me suis jamais vécu moi-même comme un adulte, disons, très, très fini. Euh, voila, bon, alors après, d'autres profs seraient peut-être incapables de mener à bien cette méthode-là ou alors n'en auraient pas tout simplement le cœur. Je crois qu'on fait d'une problématique de tempérament une polémique pédagogique. Alors qu'en fait, c'est d'abord une histoire de tempérament, je pense. Et ce que j'ai envie de dire aux spectateurs de ce film, c'est : Avant de vous demandez si ce prof, il est bien pour vos enfants, demandez-vous si vous le trouvez drôle, sympa, intéressant comme personnage de cinéma. [...]

4ÈME PARTIE

FLORENCE LEROY : Vous venez de regretter que l'école n'ait pas changé. Marc, vous en avez parlé beaucoup sur cette antenne, ce matin. Un rapport vient de sortir sur l'échec scolaire.

MARC FAUVELLE : Enquête assez terrible sur l'échec scolaire. 20 % des jeunes en difficulté ne comprennent pas ce que dit le prof quand il fait cours.

FLORENCE LEROY : Et il y a une élève de ce type-là dans le film qui vient vous voir à la fin et qui vous dit : « Je n'ai rien compris de l'année ».

FRANÇOIS BÉGAUDEAU : Oui, parce qu'on focalise toujours sur le chahut en classe, le chahut, le bordel, les chieurs, ceux qui insultent leurs profs, etc. On focalise là-dessus. On oublie de montrer ce qui est le vrai phénomène majoritaire à l'école : c'est tous les enfants qui ne chahutent pas du tout, qui n'insultent jamais leurs profs, qui lui disent Bonjour en entrant mais qui comprennent rien. Et on n'en parle jamais puisque qu'on ne parle que des coups de poignard ou des trucs comme ça un peu saillants. Mais le vrai phénomène lourd sur l'école, c'est ça, c'est qu'on va à l'école, d'abord, et que globalement, un, on s'y ennuie, que deux, on ne comprend pas vraiment pourquoi on est en train de faire ce qu'on fait et trois, souvent, on ne comprend pas tout court ce qu'on fait. Donc je pense qu'il y a quand même beaucoup de choses à changer dans le système. [...]

L'interview de François Bégaudeau © France Info, http://www.france-info.com/chroniques-culture-et-medias-2008-09-24-entre-les-murs-enfin-en-salles-189595-81-336.html

1. *Hinweis: Beachten Sie, dass mehrere Antworten möglich sind. Aufgrund der Aussage, dass „Entre les murs" ein „film de Laurent Cantet" ist, kann ausgeschlossen werden, dass François Bégaudeau der Regisseur des Films ist.*

   François Bégaudeau est

   - [x] écrivain.
   - [ ] réalisateur.
   - [ ] cameraman.
   - [x] le professeur de français dans le film *Entre les murs*.

2. a) *Entre les murs* a gagné

   - [x] la Palme d'Or.
   - [ ] le César.
   - [ ] l'Oscar.

   b) *Entre les murs* est

   - [ ] un court métrage.
   - [ ] un documentaire.
   - [x] un long métrage.

3. *Hinweis: Beachten Sie die Aufgabenstellung: Es wird danach gefragt, wie sich François Bégaudeau kurz vor dem Filmstart fühlt. Zu erwähnen, dass er am Dreh viel Spaß hatte (« on s'est tellement amusés ») wäre an dieser Stelle falsch. Beachten Sie außerdem, dass die Ausformulierung eines vollständigen Satzes verlangt wird.*

   - **Avant que le film *Entre les murs* sorte, François Bégaudeau est soulagé/ content/heureux (de montrer le film aux spectateurs).**

4. *Hinweis: Bei d) dürfen nicht die Adjektive „réaliste" und „réel" verwechselt werden. Auch wenn „Entre les murs" ein „film très réaliste" ist, handelt es sich trotzdem um eine „fiction", wie im Text auch mehrfach betont wird.*

a) *Entre les murs* présente une classe de 3ème dans un collège sensible.	**4ème**
b) *Entre les murs* raconte l'histoire de 30 élèves.	**24**
c) L'histoire est une histoire réelle.	**fiction**
d) Le film dure 1h 30.	**2 heures**

5. *Hinweis: Es reicht aus, die Antworten in Stichpunkten anzugeben.*

   - **les professeurs**
   - **les parents (d'élèves)**

6. *Hinweis: Es reicht aus, die Antwort stichpunktartig anzugeben. Beachten Sie, dass auf diese Aufgabe 2 Punkte vergeben werden.*

   - **répondre à tout ce qui est dit par les élèves/pouvoir répondre aux élèves**

7. *Hinweis: Es reicht aus, die Antwort stichpunktartig anzugeben. Beachten Sie, dass auf diese Aufgabe 2 Punkte vergeben werden.*

   - **de se mettre trop au niveau des élèves**

8. Dans cette partie, François Bégaudeau dit sur lui-même qu'il était un professeur

   ☒ plein de tempérament.
   ☒ familier.
   ☐ drôle.
   ☐ sympa.

9. *Hinweis: Es wird pro Aufgabe maximal 1 Punkt vergeben. Bei a) nur anzukreuzen, dass die Aussage falsch ist, führt noch zu keiner Punktvergabe. Es reicht aus, die falschen Angaben zu verbessern (es wird kein vollständiger Satz verlangt).*

   a) La moitié des jeunes en difficulté ne comprend pas ce que le professeur dit pendant le cours.

   ☐ vrai ☒ faux : **20 %** des jeunes (en difficulté ne comprennent pas ce que le professeur dit pendant le cours.)

   b) *Hinweis: Im Text spricht François Bégaudeau von « les enfants qui ne chahutent pas du tout, qui n'insultent jamais leurs profs, qui lui disent Bonjour en entrant ». Da diese drei Verhaltensweisen als korrekt einzustufen sind, ist die Aussage richtig.*

   François Bégaudeau trouve qu'en parlant de l'école, on oublie de parler des élèves qui se comportent correctement, mais qui ne comprennent rien.

   ☒ vrai ☐ faux

   c) *Hinweis: François Bégaudeau ist der Meinung, dass viele Dinge verändert werden müssen (« il y a quand même beaucoup de choses à changer dans le système »).. Daraus kann geschlossen werden, dass er mit dem Schulsystem nicht zufrieden ist und die Aussage ist folglich richtig.*

   François Bégaudeau n'est pas d'accord avec le système scolaire.

   ☒ vrai ☐ faux

Textaufgabe

Questions sur le texte

1. Monsieur Bark et Monsieur Linh sont deux vieux hommes qui se rencontrent tous les jours pour s'asseoir sur un banc (s'il fait beau) ou pour prendre un verre dans un café (s'il pleut) et pour faire des promenades pendant lesquelles Monsieur Bark montre la ville à Monsieur Linh. Tous les soirs, ils terminent leur journée en se disant au revoir devant le dortoir où habite Monsieur Linh. Pendant tous les moments passés ensemble, ils n'ont pourtant pas la possibilité de communiquer parce qu'ils ne parlent pas la même langue. Mais pour eux, la communication orale n'a pas trop d'importance – ils se contentent d'utiliser un seul mot pour se dire bonjour et au revoir. Qu'ils ne se parlent pas ne veut pourtant pas dire qu'ils ne s'entendent pas. Au contraire : il leur arrive régulièrement de résister aux regards hostiles dans la rue en se moquant ensemble des passants les toisant d'un regard méprisant. Tout cela montre que Monsieur Bark est devenu un vrai ami de Monsieur Linh, voire son seul ami à qui ce dernier tient énormément parce qu'il est la seule personne qu'il connaisse dans son nouveau pays et qui prenne soin de lui. Ainsi, il consacre même sa première pensée matinale au rendez-vous quotidien tant attendu avec Monsieur Bark.

2. Tout d'abord, il faut constater que les deux hommes ont en quelque sorte les mêmes pensées en regardant la photo de l'autre. Après avoir examiné la photo devant eux avec beaucoup de soin, tous les deux essaient d'identifier les personnes photographiées. Alors que Monsieur Bark réussit à reconnaître son ami et son épouse sur la photo de Monsieur Linh, Monsieur Linh découvre seulement l'épouse de Monsieur Bark sur sa photo. Par ailleurs, les deux hommes ne cherchent pas seulement à comprendre qui est sur la photo, mais ils jugent aussi le physique de la femme de l'autre et se posent ensuite la question de savoir ce qui a pu lui arriver. Ils concluent tous les deux que la femme de l'autre doit être morte puisqu'ils ne l'ont jamais vue en présence de l'autre. En ce qui concerne les émotions qu'éprouvent les deux hommes, il faut constater que Monsieur Bark juge la photo plutôt avec objectivité, alors que son ami montre des sentiments forts à l'idée des deux femmes décédées. Ainsi, il espère que celles-ci se sont liées au pays des morts de la même amitié l'une avec l'autre qui unit aussi les deux hommes. Cette idée a l'air de bouleverser Monsieur Linh et de lui plaire en même temps.

3. L'auteur utilise à plusieurs reprises des figures de style pour donner l'impression au lecteur que les deux hommes sont très proches l'un de l'autre. Un exemple en sont les anaphores (l. 7/8 : même si…, même si…, même si…) qui soulignent que le fait que les deux hommes ne peuvent pas communiquer par le moyen de la langue ne les empêche pas d'être de vrais amis. À cela s'ajoutent des comparaisons concernant Monsieur Bark (l. 17/18 : il est si grand… si puissant/l. 19 : un homme aussi fort et aussi gros) qui montrent que Monsieur Bark est en quelque sorte le « protecteur » de Monsieur Linh. Et il protège non seulement celui-ci, mais aussi sa petite fille – ce que de longues énumérations utilisées (l. 14/15 : « Sang diû s'est habituée à ces rencontres, au souffle…, à ses mains, … aux doigts… ») confirment. À cette liste, on pourrait ajouter le double emploi du mot « désormais » qui encadre le chapitre (l. 5 et l. 78) : désormais, Monsieur Linh consacrera et sa première pensée matinale et sa dernière pensée vespérale à son ami. L'auteur veut ainsi préciser que l'amitié entre Monsieur Linh et Monsieur Bark vient d'être renforcée et que désormais, plus rien ne pourra les séparer. En outre, le fait que les deux hommes réagissent de la même manière à la photo fait preuve du respect qu'ils ont l'un pour l'autre. L'auteur soutient cette thèse en ayant structuré parallèlement le regard sur les photos : d'abord, les hommes sortent la photo de leur poche, puis, ils l'examinent et la décrivent, avant de conclure finalement que la femme de l'autre doit être morte.

Commentaire personnel / Rédaction

1. Communiquant tous les jours avec un tas de personnes différentes (les parents, les professeurs, les amis etc.), on a du mal à s'imaginer que l'on peut s'entendre avec quelqu'un d'autre sans maîtriser la même langue. Et pourtant, c'est possible. Pensons d'abord aux enfants qui viennent de pays différents et qui jouent ensemble. Chacun a beau utiliser sa langue, l'autre n'en comprend pas un mot et

pourtant, ils jouent paisiblement ensemble pendant des heures. Mais aussi les adultes parviennent à s'entendre sans parler la langue de leur vis-à-vis. Évidemment, il ne sera pas possible de mener des conversations complexes, voire philosophiques, mais en observant de la mimique et en entrant en contact avec quelqu'un par le regard, on réussit facilement à se faire comprendre. Un exemple en sont des personnes qui passent leurs vacances dans des pays dont ils ne parlent pas la langue et qui sont pourtant contents et y retournent. Et très rarement, il arrive aussi que des relations très profondes se créent entre deux personnes sans qu'ils comprennent ce que l'autre dit parce qu'ils éprouvent dans certaines situations les mêmes sentiments que l'autre ou parce qu'il y a des points communs qui les unissent.

2. *Hinweis: Bei diesem Commentaire geht es darum, den Hauptteil linear aufzubauen und somit die schlagkräftigsten Argumente am Schluss anzuführen.*

   De nos jours, notre société est de plus en plus multiculturelle, c'est-à-dire que des natifs et des étrangers venus de pays différents habitent les uns à côté des autres. Mais comment se fait-il qu'une partie des étrangers soit bien intégrée dans leur entourage alors que d'autres ne quittent jamais leur groupe ethnique ? Quels sont donc les facteurs qui jouent un rôle décisif dans l'intégration ?
   En premier lieu, l'État peut faciliter le processus d'intégration en aidant les immigrants le plus possible, par exemple en leur proposant des cours de langue. Deuxièmement, il est indispensable, pour pouvoir bien s'intégrer dans une société, de partager la vie quotidienne avec des natifs, c'est-à-dire d'aller à l'école ou de travailler avec eux. C'est ainsi que les étrangers peuvent se lier d'amitié avec les habitants du pays ou avec d'autres étrangers se trouvant dans la même situation qu'eux. Dès qu'ils auront trouvé des amis, ils se sentiront certainement moins isolés et gagneront de la confiance en eux. Mais toutes ces mesures ne serviront à rien, si la personne manque d'engagement personnel et ne réussit pas à faire des efforts sur elle-même.
   En conclusion, il faut alors constater qu'il y a bien sûr des facteurs extérieurs qui favorisent et accélèrent l'intégration, mais que finalement, toute intégration dépend de la personnalité de l'individu.

3. La photo représente un bateau qui est probablement en train d'arriver dans un port. Sur ce bateau, on reconnaît de nombreuses personnes noires de tout âge serrées comme des sardines. Il est vraisemblable que ce sont des réfugiés d'origine africaine qui se sont enfuis de leur pays dans le but de trouver refuge dans un pays occidental (la France, l'Italie, l'Espagne etc.). Tout le monde a l'air de se taire et d'attendre impatiemment l'arrivée au nouveau pays. Ils regardent tous dans la même direction, peut-être dans la direction du port avec ses activités, tout en donnant l'impression au spectateur d'avoir peur parce qu'ils ne savent pas ce qui les attend dans leur patrie d'adoption. Il est bien possible qu'un jour, Monsieur Linh ait vécu la même expérience que ces hommes-là. Ne parlant pas la langue de Monsieur Bark, ne connaissant pas du tout la ville et les habitudes de

ses habitants, n'ayant qu'un seul ami, devant s'occuper de sa petite fille et dormant dans un dortoir, on peut supposer que Monsieur Linh a été un jour également un de ces réfugiés qui arrivent dans un nouveau pays sans savoir s'ils y seront acceptés et s'ils réussiront à s'y intégrer.

Médiation

1. Philippe Claudel, ein untypischer Französischlehrer, verbuchte mit seinem Roman *Les Âmes grises*, der in 23 Sprachen übersetzt wurde und dessen Verfilmung gerade in die Kinosäle kam, einen großen Erfolg. Heute wechselt er mit *La Petite Fille de Monsieur Linh* den Ton und bietet eine sensible und bewegende Geschichte über Exil und Freundschaft.
   In einem westlichen Land (in Frankreich?) strandet ein ins Exil verbannter alter Mann mit seiner Enkelin Sang Diû, seinem einzigen Schatz. Monsieur Linh hat seine Familie, sein Dorf und sein Land (Vietnam?) verloren. Auf einer Bank vor dem Park begegnet er einem dicken Mann, der seit kurzem verwitwet ist. Keiner spricht die Sprache des anderen, doch die beiden allein stehenden Männer nähern sich nach und nach durch Achtung, Feingefühl, Vertrauen und kleine Geschenke an. Sie werden echte Freunde.
   Die diskrete und sinnliche Sprache, die stilisierten Personen und die ritualisierten Treffen schaffen einen Rhythmus, der dem Leser ermöglicht, in den Bericht hineinzutauchen und sich an der Sonne dieser Freundschaft zu wärmen. Der (große) Wert dieses Buches besteht darin, dass ein Mann eine Geschichte über eine Männerfreundschaft erzählt, der sich nicht scheut, über deren Zärtlichkeit zu sprechen: *„Er will den dicken Mann wiedersehen, seinen Freund, der ihm so sehr fehlt. Er will seine Gegenwart, seine Wärme und seine Kraft spüren."*

2.

Chère Justine,

Bien sûr que je peux t'aider. Je viens de trouver un article sur la Schlau-Schule dans un journal allemand et je vais essayer d'en faire un résumé pour toi.

Tu voulais savoir qui sont les élèves de cette école. Alors, le texte dit que les élèves sont tous des jeunes réfugiés qui viennent de pays différents. Tous ont vécu des choses terribles dans leur pays d'origine, c'est pourquoi ils s'enfuient sans leurs parents en Allemagne et en arrivant chez nous, parfois des mois plus tard, ils sont tous traumatisés. C'est pour cela que les cours à la Schlau-Schule ne sont pas des cours normaux. La moitié du temps est consacrée aux cours (surtout à des cours d'allemand où les élèves apprennent aussi l'orthographe et la compréhension écrite), pendant l'autre moitié du temps, des assistants sociaux s'occupent des élèves, essaient de les encourager, d'améliorer leur confiance en eux et de les aider à faire les démarches administratives.

L'auteur explique que ce système a l'air de très bien marcher. Tous les ans, presque tous les élèves réussissent au « Hauptschulabschluss » et beaucoup d'entre eux ont même de très bonnes notes qui dépassent la moyenne en Bavière ! Par conséquent, quasiment tous les élèves ont la possibilité de faire une formation ou de continuer leurs études dans une autre école. Quelques élèves font même des études supérieures. L'auteur constate donc que la relation entre les élèves et les responsables de l'école est très bonne. En outre, l'école reste en contact avec ses élèves même après que ceux-ci ont quitté l'établissement pour continuer à les soutenir s'ils ont besoin d'aide. Ainsi, l'école les aide par exemple à trouver des stages ou des formations ou à régler des questions concernant la demande d'asile.

Si tu as d'autres questions, n'hésite pas à me contacter !

À bientôt,

N.N.

Abitur Französisch (Bayern)
Übungsaufgabe 3

Compréhension orale

Présentation du texte une fois en entier, puis une deuxième fois en trois parties.

Vocabulaire

partir au pilon	*dt.* eingestampft werden
pilonner qc	*dt.* etwas einstampfen
la frénésie	*dt.* Begeisterung

Punkte: 20

1ÈRE PARTIE **Écoutez la première partie du texte une deuxième fois**

Répondez aux questions suivantes.

1. Cochez la bonne réponse. (3)

   a) Anna Gavalda écrit
   - ☐ des guides pratiques.
   - ☐ des romans.
   - ☐ des nouvelles.

   b) De son grand succès *Ensemble, c'est tout*, on a tiré
   - ☐ 2 millions d'exemplaires.
   - ☐ 300 000 exemplaires.
   - ☐ 100 000 exemplaires.

   c) Avant d'écrire son nouveau livre, Anna Gavalda a écrit
   - ☐ 2 livres.
   - ☐ 3 livres.
   - ☐ 4 livres.

2. Pourquoi Anna Gavalda n'aime-t-elle pas être célèbre ?
   Donnez <u>deux</u> raisons. (2)
   - ______________________________
   - ______________________________

3. Pourquoi y a-t-il une frénésie autour du nouveau livre d'Anna Gavalda ? Donnez <u>une</u> raison. Écrivez une phrase complète. (1)
   - ______________________________

4. Cochez la bonne réponse. (2)

   a) Anna Gavalda est devenue célèbre

      ☐ parce qu'elle a travaillé avec une grande maison d'édition.

      ☐ parce qu'elle a fait beaucoup de publicité à la télévision.

      ☐ parce que ses lecteurs ont recommandé ses livres à d'autres personnes.

   b) On peut lire des articles sur Anna Gavalda plutôt

      ☐ dans les pages littéraires des journaux.

      ☐ dans les pages de société des journaux.

      ☐ dans les deux.

2ÈME PARTIE Écoutez la deuxième partie du texte une deuxième fois

Répondez aux questions suivantes.

5. Anna Gavalda dit qu'il y a eu des problèmes pendant qu'elle écrivait son dernier livre. Citez-en <u>deux</u>. (2)

   - ______________________________

   - ______________________________

6. Corrigez les informations soulignées qui sont fausses. (2)

Le personnage du livre est <u>journaliste</u> et	______________
travaille en <u>Pologne</u>.	______________

7. Pourquoi Anna Gavalda était-elle très fatiguée pendant qu'elle écrivait le livre ? Écrivez une phrase complète. (1)

   - ______________________________

8. Cochez la bonne réponse. (2)

   a) Par quoi le titre *La consolante* a-t-il été inspiré ?

      ☐ par le sport

      ☐ par la musique

      ☐ par l'art

   b) Anna Gavalda écrit pour

      ☐ instruire les gens.

      ☐ s'amuser elle-même.

      ☐ amuser les gens.

9. Complétez la phrase suivante. (1)

Dans ses livres, Anna Gavalda parle beaucoup de ________________
parce que cela rend la vie plus intéressante.

3ème PARTIE Écoutez la troisième partie du texte une deuxième fois

Répondez aux questions suivantes.

10. Cochez la bonne réponse. (2)

a) La relation entre Anna Gavalda et ses lecteurs est

- ☐ bonne.
- ☐ mauvaise.
- ☐ ni bonne ni mauvaise.

b) Anna Gavalda répond aux lettres de ses lecteurs par e-mail.

- ☐ vrai
- ☐ faux
- ☐ pas dans le texte

11. Les lecteurs d'Anna Gavalda lui écrivent des lettres. De quoi y parlent-ils ? Écrivez une phrase complète. (1)

- ____

12. Avant quel événement, le nouveau livre d'Anna Gavalda est-il sorti ? (1)

- ____

Textaufgabe

Anna Gavalda : « Ensemble, c'est tout »

Introduction : Le texte suivant est l'incipit, donc le début du roman « Ensemble, c'est tout » d'Anna Gavalda, best-seller publié en 2004 et adapté pour le cinéma par Claude Berri en 2007.

1

Paulette Lestafier n'était pas si folle qu'on le disait. Bien sûr qu'elle reconnaissait les jours puisqu'elle n'avait plus que ça à faire désormais. Les compter, les attendre et les oublier. Elle savait très bien que c'était mercredi aujourd'hui. D'ailleurs elle était prête ! Elle avait mis son manteau, pris son panier et réuni ses coupons de réductions. Elle avait même entendu la voiture de la Yvonne au loin… Mais voilà, son chat était devant la porte, il avait faim et c'est en se penchant pour reposer son bol qu'elle était tombée en se cognant la tête contre la première marche de l'escalier.

Paulette Lestafier tombait souvent, mais c'était son secret. Il ne fallait pas en parler, à personne.

« À personne, tu m'entends ? » se menaçait-elle en silence. « Ni à Yvonne, ni au médecin et encore moins à ton garçon… »

Il fallait se relever lentement, attendre que les objets redeviennent normaux, se frictionner avec du Synthol[1] et cacher ces maudits bleus.

Les bleus de Paulette n'étaient jamais bleus. Ils étaient jaunes, verts ou violacés et restaient longtemps sur son corps. Bien trop longtemps. Plusieurs mois quelquefois… C'était difficile de les cacher. Les bonnes gens lui demandaient pourquoi elle s'habillait toujours comme en plein hiver, pourquoi elle portait des bas et ne quittait jamais son gilet.

Le petit, surtout, la tourmentait avec ça :

– Alors Mémé ? C'est quoi ce travail ? Enlève-moi tout ce bazar, tu vas crever de chaud !

Non, Paulette Lestafier n'était pas folle du tout. Elle savait que ses bleus énormes qui ne partaient jamais allaient lui causer bien des ennuis un jour…

Elle savait comment finissent les vieilles femmes inutiles comme elle. Celles qui laissent venir le chiendent dans leur potager et se tiennent aux meubles pour ne pas tomber. Les vieilles qui n'arrivent pas à passer un fil dans le chas d'une aiguille et ne se souviennent même plus de comment on monte le son du poste. Celles qui essayent tous les boutons de la télécommande et finissent par débrancher l'appareil en pleurant de rage.

Des larmes minuscules et amères.

La tête dans les mains devant une télé morte.

Alors quoi ? Plus rien ? Plus jamais de bruit dans cette maison ? Plus de voix ? Jamais ? Sous prétexte qu'on a oublié la couleur du bouton ? Il t'avait mis des gommettes pourtant, le petit… Il te les avait collées les gommettes ! Une pour les chaînes, une pour le son et une pour éteindre ! Allons, Paulette ! Cesse de pleurer comme ça et regarde donc les gommettes !

Arrêtez de me crier dessus vous autres... Elles sont parties depuis longtemps, les gommettes... Elles se sont décollées presque tout de suite... Ça fait des mois que je cherche le bouton, que j'entends plus rien, que je vois juste les images avec un tout petit murmure...

Criez donc pas comme ça, vous allez me rendre sourde encore en plus...

2

– Paulette ? Paulette, vous êtes là ?

Yvonne pestait. Elle avait froid, resserrait son châle contre sa poitrine et pestait de nouveau. Elle n'aimait pas l'idée d'arriver en retard au supermarché.

Ça non.

Elle retourna vers sa voiture en soupirant, coupa le contact et prit son bonnet.

La Paulette devait être au fond du jardin. La Paulette était toujours au fond de son jardin. Assise sur un banc près de ses clapiers vides. Elle se tenait là, des heures entières, du matin jusqu'au soir peut-être, droite, immobile, patiente, les mains posées sur les genoux et le regard absent.

La Paulette causait toute seule, interpellait les morts et priait les vivants.

Parlait aux fleurs, à ses pieds de salades, aux mésanges et à son ombre. La Paulette perdait la tête et ne reconnaissait plus les jours. Aujourd'hui, c'était mercredi et le mercredi c'était les courses. Yvonne, qui passait la prendre toutes les semaines depuis plus de dix ans, soulevait le loquet du portillon en gémissant : « Si c'est pas malheureux ça... »

Si c'est pas malheureux de vieillir, si c'est pas malheureux d'être si seule et si c'est pas malheureux d'arriver en retard à l'Inter[2] et de ne plus trouver de Caddies près des caisses...

Mais non. Le jardin était vide.

La mégère commençait à s'inquiéter. Elle alla derrière la maison et mit ses mains en œillères contre le carreau pour s'enquérir du silence.

« Doux Jésus ! » s'exclama-t-elle, en apercevant le corps de son amie étendu sur le carrelage de la cuisine.

Sous le coup de l'émotion, la bonne femme se signa n'importe comment, confondit le Fils avec le Saint-Esprit, jura aussi un peu et alla chercher un outil dans la remise. C'est avec une binette qu'elle brisa la vitre et au prix d'un effort magnifique qu'elle se hissa jusque sur le rebord de la fenêtre.

Elle eut du mal à traverser la pièce, s'agenouilla et souleva le visage de la vieille dame qui baignait dans une flaque rosé où le lait et le sang s'étaient déjà mélangés.

— Ho ! Paulette ! Vous êtes morte ? Vous êtes morte, là ?

Le chat lapait le sol en ronronnant, se moquant bien du drame, des convenances et des éclats de verre tout autour.

Anna Gavalda : Ensemble, c'est tout, © Le Dilettante, Paris 2004, p. 9–12

Annotations

1	Synthol	solution d'usage local qui calme les douleurs et qui désinfecte
2	Inter	abréviation d'Intermarché, chaîne de supermarchés ayant un réseau dense

Questions sur le texte

Punkte: 50

Répondez aux questions suivantes en utilisant autant que possible vos propres mots. Citez correctement.

1. Résumez ce qui se passe ce mercredi matin chez Paulette en respectant l'ordre chronologique des événements. (15)
2. Faites le portrait de Paulette Lestafier. (15)
3. Par quels moyens au début du texte Anna Gavalda laisse-t-elle le lecteur dans l'incertitude en ce qui concerne le sort de Paulette ? (20)

Commentaire personnel / Rédaction

Punkte: 40

Exposez, en 200 à 250 mots environ, vos idées/arguments sur **l'un** des sujets suivants.

1. Décrivez et commentez la capture d'écran (screenshot) qui montre Paulette et son petit-fils (Franck). Qu'est-ce qui se passe dans la tête de Paulette, à votre avis ?

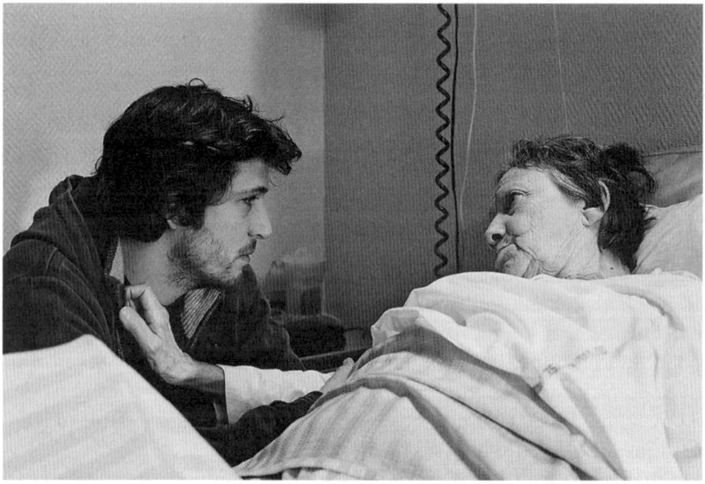

Prokino/Cinetext

2. Est-ce que cela vous intéresserait de lire le reste du roman *Ensemble, c'est tout* d'Anna Gavalda, maintenant que vous connaissez les deux premiers chapitres du livre et que vous avez vu l'affiche du film ? Donnez vos raisons.

Prokino/Cinetext

3. Le film *Welcome* du cinéaste français Philippe Lioret (sorti en 2009) raconte les ennuis que rencontre un Français nommé Vincent qui aide un immigré illégal kurde. Ce film a déclenché une polémique en France où ceux qui hébergent les sans-papiers risquent cinq ans de prison ; mais cette loi de 1945 n'est pas appliquée en réalité. Mettez-vous à la place de Philippe Lioret qui, dans une lettre ouverte, répond au ministre de l'immigration ; celui-ci a dit dans une interview en se référant au film *Welcome* : « Suggérer que la police française, c'est la police de Vichy, que les Afghans sont traqués, qu'ils sont l'objet de rafles… C'est insupportable. » (NICE-MATIN du 6 avril 2009)

Médiation

Choisissez **l'un** des sujets suivants. **Punkte: 40**

1. Traduisez le texte ci-dessous en allemand.

   Introduction : Après avoir vu le film « Ensemble, c'est tout », Sherazade a lu le livre du même nom d'Anna Gavalda. Pour amazon.fr elle a écrit le commentaire en ligne suivant :[1]

   Voilà bien longtemps qu'il m'attendait ce livre dont on a dit tant de bien, dont on a fait un film gentil qui m'avait beaucoup plu.

   J'ai donc retrouvé avec bonheur les quatre âmes en peine que sont Camille l'artiste, Franck le cuisinier, Philibert l'aristocrate et Paulette la fragile vieille dame que l'auteure Anna Gavalda décrit avec infiniment de tendresse et d'humour.

   Quelle détresse dans tous ces personnages tant qu'ils sont esseulés, mais quelle joie lorsque enfin ils résolvent leurs différends et s'acceptent tels qu'ils sont. Camille pourra enfin reprendre ses pinceaux, Franck s'intéressera à autre chose qu'aux blondasses idiotes et aux motos, Philibert – dit Philou – pourra enfin secouer ses timidités et Paulette retrouvera son cher jardin. En s'aimant tous ils s'aideront tous et ils pourront se mettre à vivre vraiment.

   Quel talent pour écrire de si jolies choses sur les humains avec leurs défauts et leurs qualités ; tout au début de ma lecture, il m'a été un peu difficile d'accepter le style du livre, avec son rythme paraissant un peu décousu, où il fallait reprendre le fil de chaque personnage, je préfère généralement une écriture plus fluide, des phrases moins « hâchées », moins de dialogues, mais après avoir dépassé cette première impression, je me suis laissé emporter par cette histoire aux personnages si attachants. Et je n'ai plus pu quitter ce livre que j'ai terminé en deux jours.

   http://www.livres-online.com/Ensemble-c-est-tout,2340.html (texte abrégé)

   Annotation

   1 ne pas traduire le texte de l'introduction

2. Rédigez un texte en français d'environ 250 mots en vous appuyant sur les information demandées.

   Sie nehmen am W-Seminar „Le roman français au début du XXIe siècle" teil. Jeder Schüler Ihres Kurses bekommt die Aufgabe, die Rezeption eines modernen französischen Romans in Deutschland anhand von in *amazon.de* eingestellten Rezensionen darzustellen.

Sie entscheiden sich für den folgenden Text. Fassen Sie für Ihre Mitschüler die wesentlichen Gedanken dieser Rezension zusammen, indem Sie

- die vom Verfasser/der Verfasserin genannten positiven Aspekte und Kritikpunkte einschließlich der hierfür gegebenen Gründe darlegen und
- noch kurz auf das abschließende Urteil des Verfassers/der Verfasserin eingehen.

Es ist niemandem zu verübeln, wenn er/sie nach dem Lesen dieses Romans so zwiegespalten zu sein scheint wie noch nie zuvor. Die dahinter stehende Frage: Typisch französische Manieriertheit oder genialisch-innovatives Erzählpotenzial? Nun, sowohl als auch trifft zu.

Der Roman erzählt von vier grundverschiedenen Charakteren (Gemeinsamkeit ist lediglich die gesellschaftlich isolierte Position), die auf ihre Arten und Weisen mit dem alltäglichen Leben zurecht kommen und im Laufe der Geschichte merken, dass es sich – wie der Titel ja bereits suggeriert – gemeinsam besser leben lässt. Und wenn sie nicht gestorben sind … (im Ernst, das alles klingt einfach viel zu sehr nach frisierter Foto-Love-Story).

Zu der Form dieses außergewöhnlichen Romans: Anders, als heutzutage gewohnt, wird dem Leser eine weniger handlungs- als vielmehr charakterbetonte Erzählung dargeboten. Anna Gavalda versteht es, ihren Figuren einen innovativen Touch zu geben, der jedoch in seiner Entwicklung nicht zur vollen Reife kommt. Das Gefühl kommt auf, als stagnierten die Personen ab einem bestimmten Stadium und fingen an, den Leser zu langweilen (bzw. zu nerven).

Das große Manko dieses französischen Romans ist jedoch nicht das Gefühl, als seien die letzten paar hundert Seiten überflüssig, sondern die Tatsache, dass sich im handlungsbetonten Raum so gut wie nichts abspielt. Alles wirkt wie ein mehr oder weniger freundliches Geplänkel, das die Autorin an einem warmen Frühlingstag bei einer Tasse Kaffee mit Freundinnen „erbrochen" hat.

Was man der Literaturexpertin Gavalda jedoch hoch anrechnen sollte (und muss!), ist ihr einzigartiger Schreibstil, der eine wirkliche Rarität in der Prosa-Landschaft darstellt. Sie schreibt so lebendig, so „echt", dass die fiktiven Figuren sich zu netten Bekannten entwickeln, die man seit einer Ewigkeit zu kennen glaubt. Voller Witz und direkter, dreister Ehrlichkeit konfrontiert Gavalda das Publikum mit dem kompletten Umfang des alltäglichen Geschehens (so trivial es manchmal auch sein möge) und scheint das Wort „tabu" definitiv überlesen zu haben. Doch dieser Schritt war entscheidend für den Erfolg dieses Romans. (Einzig verwirrend bleiben die Passagen wörtlicher Rede, die mitunter nicht eindeutig den Figuren zuzuordnen sind, und den Leser gehörig verwirren. Auch kommt gelegentlich das Gefühl auf, die Übersetzerin habe den Sinn an einigen Stellen verfälscht.)

Insgesamt eine nicht gute aber auch nicht schlechte Geschichte, die aber in jedem Fall eines ist: interessant. Und gerade deshalb lautet die Empfehlung zu einem Roman, der Stoff zur Diskussion oder allein schon zum Sinnieren bietet: lesen!

http://www.amazon.de/product-reviews/3596173035/ref=cm_cr_pr_hist_3?ie=UTF8&showViewpoints=0&filterBy=addThreeStar

Lösungsvorschläge

Compréhension orale

L'interview d'Anna Gavalda (5'56'')

1ère PARTIE

ANIMATEUR : Questions d'actu à Anna Gavalda. La romancière est généralement très discrète, elle accorde très peu d'interviews, à 37 ans elle sort un nouveau roman *La Consolante* aux éditions du Dilettante, tiré à 300 000 exemplaires, quatre ans après l'énorme succès de *Ensemble c'est tout*, presque 2 millions de livres vendus, c'est le nouveau et quatrième livre d'Anna Gavalda, sorti donc juste avant le Salon du livre, 300 000 exemplaires mais petit problème : 100 000 d'entre eux ont dû partir au pilon à cause d'une question d'impression. Grégory Phillips a rencontré tout à l'heure Anna Gavalda.

ANNA GAVALDA : C'est pas une volonté de discrétion, c'est un état de vie de discrétion, évidemment, si c'était vraiment à refaire toute cette aventure, je suis pas sûre de signer, moi, je… ça me per-… pas perturbe… mais ça m'embarrasse beaucoup cette espèce de… de célébrité. C'est absolument le contraire de moi. Et c'est affreux, parce qu'en fait plus on essaie de… c'est très paradoxal, plus on essaie de se retirer, plus on attise une certaine curiosité, peut-être à tout refaire, je devrais donner le plus d'intérêt possible, les gens seraient complètement écœurés. Mais là c'est vrai que cette frénésie, là autour de ce nouveau livre, parce que c'était… j'avais pas écrit depuis quatre ans, parce que *Ensemble c'est tout* avait d'abord été un succès en librairie et puis un film etc… J'avoue que là il y a eu autour de ma personne une frénésie qui m'embarrasse et qui me pèse parce qu'elle n'a absolument rien à voir avec la littérature. J'ai l'impression d'être un peu les quatre membres de Tokyo Hotel à moi toute seule, c'est lourd !

GRÉGORY PHILLIPS : Ça veut dire que sur les précédents livres, vous avez été embarrassée par ça ou surprise par ça ou embarrassée par ça ?

ANNA GAVALDA : Mais moi, ma chance, ma force, mon… ma… comment dire… même l'honneur que le public m'a fait, c'est que je suis un pur produit du bouche à oreille. Donc évidemment le *Je voudrais que quelqu'un m'attende quelque part* a été publié en septembre 1999 à 1999 exemplaires, et je me souviens qu'à l'époque, j'avais demandé à mon éditeur… j'étais un peu embarrassée à l'idée de lui faire perdre de l'argent, il m'avait dit « au bout du 900ème exemplaire vendu, je serai dans mes frais. » Donc, moi, j'en avais offert à personne, y compris pas même à ma mère ni à mes frères et sœurs, et donc c'est ça qui est mignon,… c'est que voilà je suis vraiment partie d'une maison d'édition, concrètement il y a trois personnes qui y travaillent. Vraiment une toute petite maison d'édition et qu'on a grandi ensemble, mais j'espère pas trop grossi ensemble, on n'a pas changé grand-chose et dans nos rapports et… à la fois on a pris de l'ampleur et puis j'espère on est toujours vraiment dans la littérature… D'où aussi mon problème aujourd'hui, ma défiance des journalistes, c'est que je suis sortie des pages littéraires des journaux pour entrer dans les pages société ou faits de société. Et je trouve ça très dommage, je pense que ça ne rend service à personne. […]

2ÈME PARTIE

GRÉGORY PHILLIPS : Dans quel état d'esprit vous êtes au moment où votre quatrième livre sort ?

ANNA GAVALDA : Maintenant ça va un peu mieux parce que j'ai eu un bon retour des libraires, de ceux qui l'ont lu. Et les retours sont bons, mais j'ai été très très angoissée. D'ailleurs, j'en suis à me dire est-ce que je recommence, quoi. Je suis pas sûre, je pense… je songe à une reconversion.

GRÉGORY PHILLIPS : C'est une blague ça ?

ANNA GAVALDA : Non, à moitié, à moitié… Il y a eu beaucoup de pression, beaucoup de pression, c'est un livre qui, pour moi, était un peu maudit depuis le départ. Je me suis fait voler mon ordinateur, après j'ai dû interviewer des tas d'architectes parce que mon personnage est architecte, et je suis même allée en Russie parce que mon personnage donc bâtit en Russie, et j'ai perdu mon carnet de notes en Russie. Et ensuite, moi, comme je suis maman le jour, je travaille la nuit, donc j'étais vraiment extrêmement extrêmement fatiguée. Et quand je crois enfin être sortie de tout ça, on m'annonce que les livres sont pilonnés, donc j'avoue que… *La Consolante*… je pense que le prochain s'appellera *La Battante*. S'il y en a un autre !

GRÉGORY PHILLIPS : *La Consolante*, qu'est-ce que ça veut dire ?

ANNA GAVALDA : C'est plutôt un terme sportif, « La Consolante ». La consolante, c'est quand la partie est finie, mais qu'on joue encore une dernière partie, sans enjeu, sans compétition, sans notion de gagner. Moi, c'est un terme que j'ai entendu en regardant des petits vieux jouer à la pétanque dans le sud de la France, à un moment y'en a un qui avait dit : « Bon allez, la consolante, et puis après on y va ! ». Et moi j'avais trouvé que c'était un très joli mot. Il se trouve aussi que c'est le thème de ce livre, mon personnage va commencer probablement la deuxième partie de sa vie et il se dit « Bon, et celle-ci comment faut-il la jouer ? », quoi. Moi, j'écris vraiment des histoires en espérant divertir les gens dans leur solitude, je ne suis pas là pour donner des clés ou des solutions, sinon j'écrirais des guides pratiques « comment vivre mieux ». Mais il se trouve que… on me parle toujours de mes bons sentiments, mais je… je pense que c'est un faux procès. Dans mes livres, il y a des sentiments, voilà donc après les gens en font ce qu'ils veulent. Mais l'idée c'est qu'avec sentiments la vie peut être plus… sûrement beaucoup plus compliquée, mais aussi plus intéressante.

3ÈME PARTIE

GRÉGORY PHILLIPS : Quelle relation vous avez avec les gens qui vous lisent ?

ANNA GAVALDA : Ben… ça a l'air très cucul, mais enfin bon, je ne crains plus rien aujourd'hui. J'ai une relation absolument fraternelle avec mes lecteurs… pour moi c'est … quand je les rencontre, je suis toujours frappée en me disant « Si je n'étais pas écrivain, s'il n'y avait pas ce livre entre nous, ce sont des gens qui seraient mes amis dans la vie. » Voilà. Et alors bon il se trouve qu'avec beaucoup d'entre eux, j'ai des relations beaucoup plus profondes parce que je reçois énormément de courrier auquel je réponds, bon avec beaucoup de retard souvent, mais auquel je réponds. Et les gens qui m'écrivent, c'est pas « Amicalement votre », ce sont des longues et belles lettres où ils me parlent d'eux. Et en ce sens, moi, je parle d'une fraternité, ils m'écrivent pas comme à une « people », dont ils ont vu la photo ou qu'ils ont entendue sur *France Info*, ils me parlent comme à quelqu'un qui comprendrait leur vie s'il la connaissait.

ANIMATEUR : Anna Gavalda, dont la parole est rare, ce qu'elle a reconnu au début de cet entretien. La romancière qui sort son nouveau roman *La Consolante* aux éditions du Dilettante, tiré à 300 000 exemplaires, mais on l'a compris 100 000 ont déjà dû partir au pilon à cause d'un problème d'impression. Vous pouvez, cela dit, trouver ce livre, à la veille de l'ouverture du Salon du Livre, *La Consolante* est sorti hier et Anna Gavalda répondait à Grégory Phillips.

Écouter Anna Gavalda © France Info, http://www.france-info.com/chroniques-question-d-actu-2008-03-12-anna-gavalda-la-consolante-108827-81-219.html

1. a) Anna Gavalda écrit

   ☐ des guides pratiques.
   ☒ des romans.
   ☐ des nouvelles.

   b) *Hinweis: Die Zahlen 300 000 und 100 000 fallen zwar auch, beziehen sich aber auf den neuen Roman (Auflage bzw. Zahl der eingestampften Bücher).*

   De son grand succès *Ensemble, c'est tout*, on a tiré

   ☒ 2 millions d'exemplaires.
   ☐ 300 000 exemplaires.
   ☐ 100 000 exemplaires.

   c) *Hinweis: Da „La Consolante" im Text als „quatrième livre" von Anna Gavalda bezeichnet wird, schrieb sie davor drei Bücher.*

   Avant d'écrire son nouveau livre, Anna Gavalda a écrit

   ☐ 2 livres. ☒ 3 livres. ☐ 4 livres.

2. *Hinweis: Es reicht aus, die Antworten in Stichpunkten anzugeben. Von den drei im Text genannten Gründen müssen nur zwei angeführt werden.*

   - **Sa célébrité est en contradiction avec sa personnalité.**
   - **Ça n'a rien à voir avec la littérature.**
   - **Ça ne rend service à personne.**

3. *Hinweis: Im Text werden zwei Gründe genannt, von denen nur einer anzuführen ist. Beachten Sie die Aufgabenstellung, die eindeutig die Ausformulierung eines vollständigen Satzes verlangt.*

- **Elle n'a pas écrit depuis quatre ans.**
- **Son dernier livre/« Ensemble c'est tout » a été un énorme succès.**

4. a) *Hinweis: Die Antwort ergibt sich aus der Aussage Anna Gavaldas « je suis un pur produit du bouche à oreille ».*

   Anna Gavalda est devenue célèbre

   ☐ parce qu'elle a travaillé avec une grande maison d'édition.
   ☐ parce qu'elle a fait beaucoup de publicité à la télévision.
   ☒ parce que ses lecteurs ont recommandé ses livres à d'autres personnes.

   b) *Hinweis: Anna Gavalda sagt « je suis sortie des pages littéraires des journaux », damit sind der erste und der dritte Vorschlag falsch.*

   On peut lire des articles sur Anna Gavalda plutôt

   ☐ dans les pages littéraires des journaux.
   ☒ dans les pages de société des journaux.
   ☐ dans les deux.

5. *Hinweis: Es reicht aus, die Antworten in Stichpunkten anzugeben. Von den drei im Text genannten Problemen müssen nur zwei genannt werden. Die Antwort, dass ein Teil der Bücher eingestampft wurde, ist falsch, da nach Problemen gefragt wird, die während des Schreibens auftraten. Auch die Antwort, dass Anna Gavalda viele Architekten interviewt hat und nach Russland gefahren ist, ist falsch, da es sich hierbei nicht um Probleme handelt.*

   - **On lui a volé son ordinateur./**
   - **Elle a perdu son carnet de notes./**
   - **Elle était très fatiguée en écrivant le livre.**

6. | | |
   |---|---|
   | Le personnage du livre est journaliste et travaille en Pologne. | **architecte** **Russie** |

7. *Hinweis: Beachten Sie die Aufgabenstellung, die eindeutig die Ausformulierung eines vollständigen Satzes verlangt. Hier reicht es aus, anzugeben, dass Anna Gavalda nachts arbeitete.*

   - **Elle a travaillé la nuit (parce que dans la journée, elle s'occupait de ses enfants).**

8. a) Par quoi le titre *La consolante* a-t-il été inspiré ?

   ☒ par le sport
   ☐ par la musique
   ☐ par l'art

b) Anna Gavalda écrit pour

☐ instruire les gens.
☐ s'amuser elle-même.
☒ amuser les gens.

9. Dans ses livres, Anna Gavalda parle beaucoup de **sentiments** parce que cela rend la vie plus intéressante.

10. a) *Hinweis: Anna Gavalda bezeichnet ihre Beziehung zu den Lesern als „fraternelle" und bringt im Anschluss Beispiele, die allesamt darauf hindeuten, dass die Beziehung gut ist.*

La relation entre Anna Gavalda et ses lecteurs est

☒ bonne.
☐ mauvaise.
☐ ni bonne ni mauvaise.

b) *Hinweis: Hier ist Vorsicht geboten: Anna Gavalda betont zwar zweimal, dass sie ihren Lesern antwortet, jedoch sagt sie nicht, dass sie das via E-mail tut.*

☐ vrai
☐ faux
☒ pas dans le texte

11. *Hinweis: Beachten Sie die Aufgabenstellung, die eindeutig die Ausformulierung eines vollständigen Satzes verlangt.*

- **Ils parlent d'eux-mêmes.**

12. *Hinweis: Es reicht aus, die Antwort als Stichpunkt anzugeben.*

- **le Salon du Livre**

Textaufgabe

Questions sur le texte

1. *Hinweis: Der Zusatz « Résumez […] en respectant l'ordre chronologique » dient als Hilfestellung und soll dafür sensibilisieren, dass das eigentliche Geschehen durch wiederholte Rückblicke unterbrochen wird. Verschaffen Sie sich also zunächst Klarheit darüber, was Teil der eigentlichen Handlung ist. Es empfiehlt sich beim Verfassen der Antwort entsprechend der Verwendung bei der Aufgabenstellung das historische Präsens zu benutzen; somit lassen sich Fehler im Gebrauch der Zeiten der Vergangenheit vermeiden.*

Ce mercredi matin, comme chaque mercredi, Paulette Lestafier s'était déjà préparée à faire les courses au supermarché avec une femme nommée Yvonne qu'elle entend arriver dans sa voiture. Comme son chat a faim, elle veut lui donner du lait à boire. Mais en faisant cela, elle tombe et se cogne la tête contre l'escalier et perd tout de suite connaissance.
Yvonne, qui, ce jour-là, est de mauvaise humeur, appelle Paulette ; mais celle-ci ne répond pas. Yvonne coupe le moteur et cherche Paulette en vain dans son jardin en pensant aux problèmes de démence de la vieille dame.
Yvonne est choquée quand elle découvre le corps de Paulette couché sur le carrelage de la cuisine. Elle casse la vitre de la fenêtre pour s'introduire dans la maison et elle prend la tête de Paulette qui est entourée de sang et de lait dans ses mains.

2. *Hinweis: Eine Person kann grundsätzlich auf zwei Arten charakterisiert werden: sie wird vom Erzähler oder einer weiteren Person direkt beschrieben („la caractérisation directe") oder der Leser gewinnt Einblicke über das Wesen einer Person über das, was sie sagt und tut oder wie sie lebt („la caractérisation indirecte").*

Paulette est une vieille femme qui vit seule dans sa maison ; elle a un chat et elle aime passer son temps dans son jardin où elle parle aux plantes et aux oiseaux – ce qui, de l'avis d'Yvonne, est symptôme de troubles mentaux graves. Devenue faible Paulette tombe souvent, bien qu'elle se tienne aux meubles ; mais elle n'en parle à personne – même pas à son médecin ni à son petit-fils – de peur qu'on la mette dans une maison de retraite et, pour cette raison, elle cache ses bleus sous des vêtements épais. Elle n'a plus l'énergie d'arracher les mauvaises herbes dans son jardin et elle n'est plus capable de passer le fil dans le trou d'une aiguille ; c'est pourquoi elle se considère comme une vieille femme inutile.
Sa mémoire la trahit souvent ; ainsi elle a oublié la fonction des boutons de sa télécommande de sorte qu'elle doit regarder la télévision sans le son.

3. *Hinweis: Die Beantwortung dieser Aufgabe setzt ein sicheres Textverständnis voraus. Während Aufgabe 1 der Klärung des Ablaufs der Handlung dient und es bei Aufgabe 2 um die Charakterisierung der Hautperson geht, betrifft Aufgabe 3 neben bereits erwähnten Fakten vor allem die Passagen, die bis jetzt belanglos erschienen. Die Fragestellung deutet bereits die Zielrichtung der Interpretation an: Wie schafft es Gavalda Spannung aufzubauen oder anders gesagt, was macht sie, um den Leser vom Gang der eigentlichen Handlung abzulenken und ihn bewusst in die Irre zu führen? Es kann hier auf der inhaltlichen Ebene gearbeitet werden, wobei hier natürlich Interpretationsarbeit zu leisten ist; es können aber auch literarische und sprachliche Gestaltungsmittel herangezogen werden.*

Au début du texte (l. 7), le lecteur apprend que Paulette s'est blessée en tombant, mais il n'attache que peu d'importance à cette chute. Il se rend compte de sa gravité à la fin du deuxième chapitre seulement. Pour atteindre ce but, Anna Gavalda a recours à plusieurs moyens.
Ce qui étonne le lecteur quand il lit les deux premiers chapitres du roman, c'est la rareté des verbes au passé simple bien qu'un incident assez grave se passe dans la

vie de Paulette. C'est pourtant le temps de la narration par excellence qui permet d'exprimer, dans un roman, les évènements essentiels. Il n'y en a aucun au premier chapitre et Gavalda utilise même le plus-que-parfait pour parler de la chute de la vieille dame. Au deuxième chapitre, les passés simples sont rares. Le temps préféré de Gavalda, c'est l'imparfait, temps qui donne des explications, des commentaires et qui explique les situations.
Au début de son roman, Gavalda commence à faire le portrait de Paulette en décrivant la situation précise dans laquelle elle se trouve en attendant Yvonne. C'est la raison pour laquelle Gavalda utilise l'imparfait. La chute de Paulette – en principe l'action principale – racontée au plus-que-parfait devient marginale pour le lecteur. Le récit est de plus interrompu d'abord par une liste précise des mesures qu'il faudrait prendre (« Il fallait se relever, [...] se frictionner avec du Synthol [...] » l. 12/13) et ensuite par un retour en arrière où Gavalda évoque les problèmes de Paulette (Paulette et ses tentatives de cacher ses bleus, Paulette qui néglige son potager, ses problèmes avec son téléviseur).
Au deuxième chapitre Anna Gavalda retarde de nouveau le rythme du récit : comme Paulette se fait attendre, Yvonne doit aller à sa voiture pour couper son moteur, par conséquent, ces quelques verbes sont au passé simple. Pendant ce temps, Yvonne doit penser aux problèmes de son amie. Gavalda décrit ses pensées à l'aide d'un monologue intérieur, ce qui explique que les verbes sont à l'imparfait et elle repousse ainsi l'évènement principal, la découverte du corps de Paulette, qui est racontée au passé simple.
Par ces digressions, Gavalda donne non seulement des informations importantes d'ordre psychologique sur Paulette, mais elle arrive en même temps à créer du suspense.

Commentaire personnel / Rédaction

Hinweis: Die angegebenen Lösungsvorschläge umfassen zwischen 250 und 310 Wörter; dies soll Sie in die Lage versetzen, sich noch mit einigen zusätzlichen Argumenten vertraut zu machen, auf die Sie möglicherweise nicht kommen.

1. *Hinweis: Die Erläuterung des Standbildes erfordert nicht unbedingt die Vertrautheit mit Fachbegriffen hinsichtlich seiner Analyse, doch erleichtert die Kenntnis einschlägiger Begriffe der Kameraeinstellung und deren Funktion die Bearbeitung der Frage. Zur Beantwortung des zweiten Teils der Frage sollten Sie sich in die Situation der alten Dame im Krankenbett hinversetzen; Sie könnten ihre Gedanken möglicherweise in Form eines „monologue intérieur" wiedergeben.*

   La scène se passe évidemment à l'hôpital après l'accident de Paulette ; au premier plan, on peut reconnaître Franck, son petit-fils qui lui rend visite : il est au chevet de la malade ; on peut voir une partie du lit et quant à Paulette et son petit-fils, cette scène ne montre guère plus que leur tête. Deux cordes, dont une est apparemment le câble téléphonique et dont l'autre permet d'appeler une infirmière, soulignent l'impression d'être dans un hôpital. À l'arrière-plan il n'y a que le mur nu, et un objet qui reste flou, peut-être la table de nuit. Pour montrer cette scène

le réalisateur a choisi le plan rapproché, procédé qui permet de saisir les expressions des visages et qui donne en même temps des informations sur la situation où les personnages se trouvent. Le plan rapproché permet en même temps de mettre en évidence les pensées des personnages : Paulette et Franck se regardent dans les yeux, Franck a l'air démonté et embarrassé face à sa grand-mère malade ; celle-ci semble lui en vouloir et être désespérée et le prend au col de son blouson par sa main.
Elle le regarde : Ce jeune ingrat, il ne vient que rarement me voir. Pourquoi ? Mais il est très occupé : il a son travail et ses loisirs. Sa vieille grand-mère, il s'en fout. Je le comprends. Je ne peux pas lui faire de reproches. Je ne suis qu'une vieille loque malade. Mais, quand même, il pourrait me ramener dans ma maison que j'aime tant. Je ne veux pas crever à l'hôpital.

2. *Hinweis: Bei dieser Aufgabe empfiehlt es sich, ausgehend vom abgedruckten Romanauszug nach Bezügen zum Filmplakat zu suchen.*

Le fait que, dans les deux premiers chapitres de son roman *Ensemble, c'est tout*, Anna Gavalda parle d'une vieille dame qui tombe de sorte qu'elle doit être hospitalisée, est, à première vue, un sujet qui n'intéresse pas les jeunes. Mais, comme on a vu, l'auteur arrive à surprendre le lecteur avec son art narratif ; la vieille dame a un petit-fils qui essaie de l'aider ; c'est peut-être la raison pour laquelle un jeune lecteur ou une jeune lectrice se rend compte du fait qu'il y a quelqu'un dans sa famille – le grand-père ou la grand-mère probablement – qui connaît ou a connu le même sort. Et ce fait pourrait éveiller à la fois sa sympathie et sa curiosité en même temps.
En regardant l'affiche de cinéma, on peut reconnaître la vieille dame en question. Elle se trouve à l'arrière-plan et l'actrice qui la joue, c'est Françoise Bertin ; la jeune femme au premier plan est Audrey Tatou, l'actrice qui est devenue célèbre en Allemagne grâce au film *Le fabuleux destin d'Amélie Poulain*. Mais il y a des questions qui se posent. Qui est la personne du roman que cette actrice représente dans le roman ? Lequel des deux jeunes hommes est le petit-fils de Paulette Lestafier ? Est-ce qu'il y a une relation entre tous ces personnages ? Et si oui, laquelle ? Quel est le sort de Paulette ?
Voilà les raisons qui éveillent mon intérêt et j'essaierai de lire le roman en version originale, en français, mais peut-être, vu la longueur du roman, j'utiliserai aussi la traduction allemande.

3. *Hinweis: Philippe Lioret sollte versuchen, in seiner Antwort gewisse Kompromisslinien aufzuzeigen, um den Streit mit Éric Besson, dem französischen Einwanderungsminister zu beenden. Grundkenntnisse zur Occupation und Collaboration, zur Rolle der deutschen SS und der französischen Polizei im Dienste des Vichy-Regimes und der Besatzer bei der Judenverfolgung während der deutschen Besatzung sind hilfreich. Die einschlägigen Höflichkeitsfloskeln für offizielle Briefe sind zu beachten.*

Monsieur le Ministre,

J'ai été très surpris de lire que vous mettiez sur le même plan les forces de l'ordre françaises de nos jours et la police française et les milices du temps de l'Occupation qui ont aidé les occupants à traquer les Juifs et à les emprisonner, par exemple, dans le camp d'internement de Drancy avant de les déporter dans les camps d'extermination de l'Europe de l'Est ; ces corps de police ont commis de nombreuses atrocités notamment contre les Juifs. Sachez que je ne mets pas en parallèle la traque des Juifs avec les persécutions dont les clandestins sont victimes. Vu le nombre des morts de l'holocauste, ce serait falsifier l'histoire presque à la manière des négationnistes et se moquer des victimes de la shoah si on comparait leur sort avec celui des sans-papiers qui courent le danger d'être expulsés. Ensuite, ces gens ne risquent généralement pas de perdre la vie s'ils sont expulsés, mais quand même, une fois rapatriés, ils mèneraient probablement une vie dure caractérisée par des privations dans leur pays natal – ne parlons pas des dissidents politiques qu'on pourrait faire passer devant le tribunal au service d'un régime totalitaire. Mais j'espère que cela n'arrivera jamais.
Mais, Monsieur le Ministre, sachez quand même que je trouve inadmissible qu'on expulse toujours des sans-papiers et que ceux qui, pour des raisons humanitaires, hébergent, à titre gratuit, des clandestins et les nourrissent, pour des jours et des mois, deviennent, à vos yeux, des criminels coupables du délit de solidarité et risquent cinq ans de prison et 30 000 euros d'amende. Monsieur le Ministre, abrogez cette loi barbare et régularisez les étrangers en situation irrégulière vivant chez nous. La France a toujours été une terre d'asile et elle peut être fière de ceux et de celles qui sont « coupables d'humanité ».
Veuillez agréer, Monsieur le Ministre, l'expression de mon profond respect.

Philippe Lioret

Médiation

1. Es ist schon sehr lange her, dass dieses Buch auf mich wartete[1], von dem man soviel Gutes gesagt hat, aus dem man einen ansprechenden Film gemacht hat, der mir sehr gefallen hatte.
   Ich habe also auf glückliche Weise die vier Menschen voller Sorgen vorgefunden, nämlich Camille, die Künstlerin, Franck, den Koch, Philbert, den Aristokraten, und Paulette, die gebrechliche alte Dame, welche die Autorin Anna Gavalda mit unendlich viel Liebe und Humor beschreibt.
   Was für eine Verzweiflung bei all diesen Personen, solange sie vereinsamt sind, aber was für eine Freude, als sie schließlich ihre Meinungsverschiedenheiten meistern und sich so annehmen, wie sie sind. Camille wird endlich wieder zu ihren Pinseln greifen können, Franck wird sich für anderes als für dümmliche Blondinen und Motorräder interessieren, Philibert – genannt Philou – wird endlich seine Gehemmtheit abschütteln können und Paulette wird wieder in ihren

geliebten Garten zurückkehren. Dadurch, dass sie sich alle mögen, werden sie sich alle helfen und wirklich zu leben anfangen können.
Was für eine Begabung, um so schöne Sachen über die Menschen mit ihren Fehlern und ihren Vorzügen[2] zu schreiben; ganz am Anfang meiner Lektüre war es für mich etwas schwierig, den Stil des Buches zu akzeptieren mit seinem Rhythmus, der ein wenig konfus wirkt, bei dem man den Faden für jede Person wieder aufnehmen musste; im Allgemeinen ziehe ich eine flüssigere Schreibweise vor, weniger „abgehackte“ Sätze, weniger Dialoge, aber nachdem ich diesen ersten Eindruck überwunden hatte, habe ich mich mitreißen lassen von dieser Geschichte mit solch fesselnden Personen. Und ich konnte dieses Buch nicht mehr weglegen, das ich in zwei Tagen zu Ende gelesen habe.

Anmerkungen

1 *„il m'attendait ce livre...“:* statt *Ce livre m'attendait. Il* ist hier ein „Scheinsubjekt“, das eigentlich Subjekt ist *ce livre*; mit diesem Verfahren wird das eigentliche Subjekt hervorgehoben. Die wörtliche Übersetzung lautet: „Es erwartet mich dieses Buch.“

2 *„leurs qualités“* wird hier mit *Vorzügen* und nicht mit *Eigenschaften* übersetzt aufgrund des Gegensatzes, den *qualités* zu *défauts* bildet

2. *Hinweise: Bei dem vorliegenden Text besteht die Aufgabe darin, den gesamten Text zu „sprachmitteln“. Dennoch wird der zielsprachige, französische Text deutlich kürzer sein als der deutsche Ausgangstext.*
Die zentrale Aussage des vorliegenden Textes lässt sich wie folgt zusammenfassen: „Ensemble, c'est tout“ ist ein Roman mit problematischen, aber auch sehr positiven Aspekten, wie es bereits die Überschrift andeutet. Dieses Grundschema muss bei der „sprachgemittelten“ Fassung noch mit Argumenten gefüllt werden.

Après avoir lu le roman, on est partagé entre deux avis : s'agit-il d'un roman écrit dans un style affecté typiquement français ou bien d'un art narratif digne d'un génie ? Les deux réponses sont justes.
Dans ce roman, il y a quatre personnages complètement différents qui n'ont en commun que leur position isolée dans la société ; chacun, à sa façon, doit se débrouiller dans la vie quotidienne et les quatre personnages se rendent compte qu'il est plus facile de vivre ensemble – comme dans un roman-photo d'amour. Le roman s'intéresse moins à l'action qu'aux personnages. Anna Gavalda sait leur donner une touche novatrice qui, cependant, ne peut pas se développer pleinement. Peu à peu, le lecteur a l'impression que les personnages n'évoluent plus et ils ennuient le lecteur. Plus que le caractère superflu des quelques cent dernières pages, le grand problème de ce roman, c'est le manque d'action.
Ce qui explique son succès, c'est le style exceptionnel d'Anna Gavalda. Grâce à sa façon d'écrire, les personnages de la fiction deviennent des amis sympathiques. À l'aide de son humour et de son honnêteté effrontée, Gavalda confronte ses lecteurs à tous les aspects de la vie quotidienne ; elle ne semble pas connaître le mot « tabou ». (Ce qui peut créer de la confusion, ce sont les discours directs dans lesquels on ne sait pas toujours qui parle. De plus, on a parfois l'impression que la traductrice a falsifié le sens de quelques passages.) En résumé, une histoire qui a des défauts et des qualités, mais qu'il faut lire.

Abitur Französisch (Bayern)
Übungsaufgabe 4

Compréhension orale

Présentation du texte une fois en entier, puis une deuxième fois en deux parties.

Punkte: 20

1ÈRE PARTIE   Écoutez la premiere partie du texte une deuxième fois

Répondez aux questions suivantes.

1. Vrai ou faux ? Cochez la bonne réponse. vrai faux (1)
   Actuellement, 60 000 jeunes Français cherchent du travail. ☐ ☐

2. Où les entreprises doivent-elles chercher des jeunes ?
   Donnez deux possibilités. (2)
   - ____
   - ____

3. De quel moyen traditionnel pour recruter des jeunes parle Célia Quilleret ? (1)
   - ____

4. Vrai ou faux ? Cochez la bonne réponse. vrai faux (1)
   De plus en plus d'agences se créent sur Internet. ☐ ☐

5. Pourquoi les jeunes n'acceptent-ils plus la candidature par e-mail ?
   Écrivez une phrase complète. (1)
   - ____

6. Vrai ou faux ? Cochez la bonne réponse. vrai faux (3)
   a) Olivier a trouvé un emploi après avoir contacté une entreprise sur Internet. ☐ ☐
   b) Les grandes entreprises n'ont pas besoin de recruter des apprentis. ☐ ☐
   c) Bernard Toulouse s'adresse aussi aux parents des jeunes. ☐ ☐

7. Cochez la bonne réponse. (1)

Chez Bernard Toulouse, les jeunes gagnent par mois

- ☐ 300 euros.
- ☐ 1 300 euros.
- ☐ 3 000 euros.

8. Complétez la phrase par l'information que Bernard Toulouse donne sur la formation dans son entreprise. (1)

« Les jeunes sont trois semaines en entreprise et ________________. »

2ÈME PARTIE **Écoutez la deuxième partie du texte une deuxième fois**

Répondez aux questions suivantes.

9. Vrai ou faux ? Cochez la bonne réponse. (2)

	vrai	faux
a) Bernard Toulouse a 82 employés.	☐	☐
b) Bernard Toulouse a eu deux C.V. sur quatre publications dans la presse.	☐	☐

10. Nommez <u>deux</u> possibilités que Bernard Toulouse utilise pour recruter des jeunes. (2)

- ________________________________
- ________________________________

11. Dans quel type d'école Bernard Toulouse cherche-t-il des apprentis ? (1)

____

12. Vrai ou faux ? Cochez la bonne réponse. (1)

	vrai	faux
Actuellement, Bernard Toulouse a 10 apprentis qui termineront leur formation en juin.	☐	☐

13. Quels avantages les jeunes ont-ils quand ils font une formation chez Bernard Toulouse ? Nommez-en <u>deux</u>. (2)

- ________________________________
- ________________________________

14. Vrai ou faux ? Cochez la bonne réponse. (1)

	vrai	faux
Bernard Toulouse trouve que les entreprises doivent faire des efforts en formant des jeunes même si ça coûte du temps et de l'argent.	☐	☐

Textaufgabe

Alcool : « Les jeunes boivent dès douze ans »

Interview – La ministre de la Santé Roselyne Bachelot lance aujourd'hui son plan pour lutter contre l'alcoolisation des jeunes. Un phénomène croissant que Patrick Fouilland, médecin spécialisé en alcoologie, décrypte pour Libération.fr.

Patrick Fouilland dirige le service d'alcoologie au CHU du Havre et préside la Fédération des acteurs de l'alcoologie et de l'adictologie.

Les jeunes consomment-ils de l'alcool de plus en plus tôt ?

En France, l'âge moyen des premières consommations a baissé et se situe aujourd'hui à 12 ans. Le deuxième phénomène alarmant, c'est l'évolution des modes de consommation. Chez les adolescents, la consommation n'est pas nécessairement régulière, les jeunes sont d'ailleurs rarement alcoolo-dépendants. Mais on constate un développement du « binge drinking », ou « biture express », qui consiste à boire beaucoup en un court laps de temps pour atteindre l'ivresse le plus rapidement possible. En général cela se passe en fin de semaine, à tel point que de plus en plus d'enseignants se plaignent de ne pas pouvoir faire cours normalement le samedi matin, lendemain de cuite pour certains élèves. Dans le cas du binge drinking, l'objectif est clairement de se défoncer. Il y a perte de contrôle, mais celle-ci est voulue, prévue à l'avance.

De ce point de vue, la France, jusqu'ici plutôt « dans la moyenne » s'agissant de la consommation d'alcool chez les jeunes, se rapproche de pays où ce phénomène est déjà bien installé comme l'Angleterre, l'Allemagne ou les Pays-Bas.

Est-ce un phénomène plutôt masculin ?

Oui, nettement. Mais de plus en plus de filles les rejoignent. Car ce qui sous-tend le binge drinking, c'est la volonté de s'intégrer au groupe. Et cela est valable pour les filles comme pour les garçons.

Quels sont les risques pour les jeunes ?

À court terme, le risque premier reste les accidents : accidents de la route ou liés à des violences. Ensuite, les comas éthyliques, de plus en plus fréquents en pédiatrie, c'est-à-dire chez les moins de quinze ans. Il y a aussi un risque de pratiques sexuelles non protégées ou non voulues.

À plus long terme, le risque de dépendance existe. Il n'est bien sûr pas inéluctable, mais plus on commence tôt, plus le risque de dépendance est élevé. Aujourd'hui en France on estime à entre 1,5 et 2 millions le nombre de personnes réellement dépendantes à l'alcool, et à 10 millions le nombre de personnes qui ont un problème avec l'alcool. La toxicité de l'alcool existe avant même l'apparition de la dépendance.

Que pensez-vous de la mesure phare du plan de la ministre de la Santé Roselyne Bachelot : l'interdiction totale de la vente d'alcool aux mineurs ?

Cela ne résoudra pas tout, mais c'est positif. C'est un signe fort, tout comme l'interdiction des open bars (alcool à volonté), dont se servent les grandes marques d'alcool pour faire des jeunes de futurs consommateurs réguliers. Au-delà de ces mesures, il me semble que la question est surtout de savoir pourquoi notre société fabrique de tels symptômes, quel est le terreau de cette « épidémie » ? Le binge drinking s'inscrit dans une société que l'on pourrait qualifier d'addictée, qui d'une manière générale survalorise les sensations intenses, le « toujours plus fort, toujours plus vite ». La question à se poser, c'est comment nous, adultes, pouvons-nous contrôler ça ? Il s'agit d'abord de permettre aux jeunes de grandir et de s'épanouir sans qu'ils éprouvent le besoin de se raccrocher à la chimie, qu'elle soit naturelle (l'alcool) ou artificielle (les drogues).

Que conseiller aux parents dont les adolescents boivent ?
Les parents peuvent placer des limites. Contrôler l'argent de poche, savoir dire « non » ou « je ne suis pas d'accord avec ta conduite » sans avoir peur de perdre le lien affectif avec son enfant. Il faut reprendre en main dès les premiers signes, avant que la dépendance ne s'installe. Cette tâche incombe aux parents mais aussi aux pouvoirs publics, aux enseignants, aux éducateurs… Les soignants sont là aussi pour aider les parents désemparés et pour recevoir en consultation le jeune qui va vraiment loin.

Cordélie Bonal, © Libération
http://www.liberation.fr/societe/010128494-alcool-les-jeunes-boivent-des-douze-ans

Questions sur le texte

Punkte: 50

Répondez aux questions suivantes en utilisant autant que possible vos propres mots. Citez correctement.

1. Décrivez le phénomène du « binge drinking » en France et présentez-en les causes et les objectifs. (15)
2. Relevez et analysez les dangers que ce phénomène entraîne. (15)
3. Analysez les mesures à prendre pour contrecarrer ce phénomène proposées par le médecin en impliquant aussi le plan de la ministre. (20)

Commentaire personnel / Rédaction **Punkte: 40**

Exposez, en 200 à 250 mots environ, vos idées/arguments sur **l'un** des sujets suivants.

1. Que pensez-vous sur la loi sur l'interdiction totale de la vente d'alcool aux mineurs ?
2. Votre meilleur(e) ami(e) veut assister à une fête intitulée « Biture express ». Vous aimez les fêtes, mais pas l'alcool et par conséquent vous détestez le « binge drinking ». Imaginez un dialogue où vous essayez de convaincre votre ami(e) de votre opinion.
3. Décrivez et commentez le dessin ci-dessous.

État de Genève et SFA/ISPA

Médiation

Choisissez **l'un** des sujets suivants. **Punkte: 40**

1. Traduisez le texte ci-dessous en allemand.

Cinq filles torturent un homme […]

Elles sont allées jusqu'à torturer un homme pour obtenir son code de carte bleue. Agées de 13 à 18 ans, ces cinq filles, dont quatre mineures, ont été mises en examen pour « extorsion de fonds[1] précédée, accompagnée ou suivie d'actes de barbarie ». Quatre d'entre elles ont été écrouées le week-end dernier.

Les adolescentes, déjà connues des services de police, qui venaient de fuguer d'un foyer où elles avaient été placées, se sont rendues au domicile de la victime à Saint-Amand-les-Eaux dans le Nord[2]. L'homme – qui vit seul et était en arrêt maladie – avait déjà accueilli pour une nuit la jeune majeure, le soir du 26 novembre.

Le lendemain, après qu'il leur eut donné de l'argent pour acheter des cigarettes et de l'alcool, les jeunes filles, en état d'ébriété, lui ont dérobé du liquide et sa carte bancaire. Pour en obtenir le code, elles l'ont attaché à son lit et torturé, notamment en lui donnant coups de poings et de pieds ou en lui faisant des estafilades sur le corps avec des tessons de verre, explique une source policière. L'homme a fini par leur communiquer de faux codes, que deux des jeunes filles sont allées essayer en ville. Les trois autres restées avec lui l'ont toutefois laissé, craignant, d'après leurs dires, qu'il ne décède.

Cinq filles torturent un homme pour obtenir son code de carte bleue,
Le Point.fr du 05/12/2008

Annotations

1 extorsion de fonds — *dt.* Erpressung von Geld
2 le Nord — département dans la Région Nord-Pas-de-Calais

2. Rédigez un discours en français d'environ 250 mots en vous appuyant sur les informations demandées.

An Ihrer Schule findet an einem Aktionstag im Rahmen des Schüleraustausches eine Präsentation zum Thema Alkohol statt, an dem mehrere Schüler als Referenten auftreten. Ihr(e) Französischlehrer(in) bittet Sie, als Einstieg in das Thema darzustellen, welche Rolle Alkohol bei den alten Germanen spielte. Als Quelle wird Ihnen folgender Text gegeben, den Sie für die Franzosen auf Französisch wiedergeben müssen.

Die Anweisungen Ihres Lehrers lauten:

- Fassen Sie den Text zusammen, wobei Sie auch erwähnen, dass es ein Buch zu dem Thema „Alkohol bei den Germanen“ gibt.
- Beschränken Sie sich auf die Abschnitte, die sich mit den Germanen beschäftigen.

Komasaufen hat in Deutschland Tradition

Schon die alten Germanen hatten einen ausgeprägten Hang zum Komasaufen. Die Schnuller ihrer schreienden Kinder tauchten sie in Bier, damit sie sich beruhigten. Das ist aber längst noch nicht alles, was man über die Geschichte des Alkohols erzählen kann – deswegen gibt es jetzt ein ganzes Buch darüber.

Alkohol ist eine ambivalente Angelegenheit. Davon weiß auch Herbert Grönemeyer ein Lied zu singen. Einerseits: „Alkohol ist dein Sanitäter in der Not, Alkohol ist dein Fallschirm und dein Rettungsboot.“ Andererseits: „Alkohol ist das Drahtseil, auf dem du stehst, Alkohol ist das Schiff, mit dem du untergehst.“ Mal wird er vergötzt, mal verteufelt, mal gilt er als therapeutische Verheißung, mal als Vehikel höllischer Abhängigkeit.

Dabei ist der Ruf von Alkohol seit jeher janusgesichtig. Schon in der Antike bildeten sich in unserem Kulturkreis zwei schwer zu versöhnende Haltungen heraus: „eine, die alkoholische Getränke als Ausdruck von Lebensfreude und Gesundheit verherrlicht, und eine andere, die sie wegen der Verursachung von Unheil und Krankheit verdammt“. Das schreiben die Suchtforscher Judith Rosta und Manfred V. Singer in einer kulturgeschichtlichen Studie, die, passend zum trunkenen Höhepunkt der närrischen Jahreszeit, dem Prinzip des Maßhaltens huldigt: „Über die Kunst des rechten Alkoholgenusses“ ist eine Aufklärungsschrift mit namhaften Gewährsleuten: So wie der heidnische Chefgott Odin seinem Gefolge laut Hávamál, einer Strophensammlung aus der Edda, „klebt nicht am Becher, trinkt Bier mit Maß“ predigte, sorgten sich auch irdische Machthaber zu allen Zeiten um die Balance ihrer Schutzbefohlenen zwischen sanftem Rausch und totalem Kontrollverlust: „In allen Dingen soll man doch Maß halten“ heißt es in einer Rede, die der norwegische König Sverrir im 12. Jahrhundert vor Kölner Kaufleuten hielt.

Diese Haltung gemahnt an das antike Ideal des rechten Maßes; zugleich antizipiert sie das Problembewusstsein der heutigen Schulmedizin, die wie die Toten Hosen weiß, dass kein Alkohol auch keine Lösung ist: „Less is better“, weniger ist besser, lautet ein aktueller Slogan der Weltgesundheitsorganisation.

Dass in deutschen Landen auch jenseits sakraler und profaner Feste der Met in Strömen und ohne jegliches Maß floss, ist mehr als bloß ein süffiges Stereotyp: Gesellige Gelage sonder Zahl überliefert beispielsweise Tacitus in „Germania“, das um 98 nach Christus entstand.

Und auch wenn der Chronist bisweilen übertreiben mag, so ist es doch nahe einer vorstellbaren Realität, dass die Germanen schon von Kindesbeinen an auf Alkohol-Abusus getrimmt wurden, wenn Mütter ihre schreienden Säuglinge durch in Bier getauchte Schnuller zu beruhigen suchten. Was Hänschen niemals lernen durfte, das bleibt später naturgemäß auch Hans wesensfremd: eine dosierende Zurückhaltung im Umgang mit flüssigen Rauschmitteln.

Das lag freilich auch an der sozialen Funktion des Trinkens. Solch einen eminent hohen Symbolwert besaß in der germanischen Gesellschaft das gemeinschaftliche Bechern, berichten Rosta und Singer, „dass die Ablehnung einer Trinkaufforderung einen Affront gegen die soziale Ordnung darstellte und gleichzeitig ein Anzeichen für eine unvermeidliche Feindschaft und einen kommenden Kampf bedeutete“.

Im Jenseits sollte es Bier und Wein geben

Dabei war den alten Germanen trotz ihres Faibles für Komasaufen durchaus bewusst, dass Alkohol ihre Wahrnehmung der Wirklichkeit drastisch trübte: Tacitus erzählt, dass Beschlüsse, die von einer Versammlung gefasst werden sollten, gleich zweimal besprochen und angenommen werden mussten: einmal im angetrunkenen, einmal im nüchternen Zustand. Nur wenn die Initiative beide Male Zustimmung fand, wurde sie umgesetzt.

Auch im privaten Bereich kam Alkohol eine wichtige, Gemeinschaft stiftende Funktion zu. Gastlichkeit, diese altgermanische Tugend, die schon Tacitus rühmte, fand ihren Niederschlag auch in der reichlichen Darbietung von Essen und Trinken. Zu den Üblichkeiten, von denen beispielsweise das Nibelungenlied und das Beowulf-Epos berichten, zählte unter anderem ein Willkommenstrunk, den der Gastgeber dem Neuankömmling bereits auf der Schwelle servierte. So ergab in der Regel ein Horn das nächste.

Das sollte sich nach dem Willen der Germanen auch nach ihrem Ableben nicht ändern: Ihre trunkene Jenseits-Utopie sah vor, dass sie in Walhall beim Gastmahl sitzen und aus den Händen der Walküren randvolle Becher mit Bier oder Wein empfangen. Dabei galt dort wie auch auf Erden das ungeschriebene Gesetz, dass jedes Gelage im Vollrausch aller Beteiligten zu enden habe, da es ein unentschuldbarer Regelbruch war, wenn ein Mitglied der Trinkgemeinschaft vorzeitig kapitulierte. Ein ähnliches Tabu war und blieb in Deutschland die Verweigerung eines angebotenen Getränks, die mit Ächtung oder gar dem Ausschluss aus der Gemeinschaft sanktioniert wurde. [...]

Hendrik Werner, Komasaufen hat in Deutschland Tradition, Welt online, 22. Februar 2009
http://www.welt.de/kultur/article3243084/Komasaufen-hat-in-Deutschland-Tradition.html

Compréhension orale

Entreprises cherchent jeunes désespérément (5'12'')

1ÈRE PARTIE

ANIMATEUR : Ils sont un peu moins de 600 000 actuellement à chercher du travail, 600 000 jeunes âgés de 18 à 25 ans auxquels *France Info* consacre une journée spéciale aujourd'hui : Comment mettre fin au chômage de masse chez les jeunes ? Nicolas Sarkozy doit annoncer une batterie de mesures à ce sujet à la fin de la semaine. Bonjour Célia Quilleret.

CÉLIA QUILLERET : Bonjour.

ANIMATEUR : Derrière ces chiffres, il y a aussi une autre réalité qui est un peu différente, c'est que certaines entreprises qui souhaitent embaucher des jeunes aujourd'hui ne parviennent pas à le faire. Pourquoi ?

CÉLIA QUILLERET : Oui et parfois, elles sont même obligées de « draguer » les jeunes, d'aller les chercher à l'école, ou de les repérer sur les réseaux sociaux d'Internet comme Facebook ou Twitter™, les annonces traditionnelles, ça ne suffit plus. L'exemple, un peu tendance, ce sont les agences web qui développent des outils marketing pour de grands groupes. Manuel Diaz a 30 ans, il est le directeur général de l'agence *Reflect* à Paris, en plein cœur du Marais. Il innove pour recruter.

MANUEL DIAZ : Un mail, ça suffit plus, c'est comme un C.V. papier, surtout dans nos métiers, cette génération qui arrive sur le marché du travail aujourd'hui, c'est une génération de l'instantanéité. Pour elle, l'e-mail est un outil de vieux, on l'envoie, on attend une réponse, c'est pas instantané. Les entreprises doivent aussi entendre ce message et se rendre sexy et attirantes et montrer qu'elles ont compris cette culture.

CÉLIA QUILLERET : Donc, vous, si vous voulez recruter des jeunes, vous en passez par là ?

MANUEL DIAZ : Exactement. On a un Twitter™ officiel sur l'agence, on a une page dans *Facebook*, une page dans *Wikipédia*, on essaie d'être le plus alertes et le plus disponibles possible.

CÉLIA QUILLERET : Et ça a marché avec Olivier, 23 ans, l'agence l'a recruté dans son école.

OLIVIER : L'entreprise est venue, elle nous a séduits sur le moment, mais après je suis allé chercher de moi-même des informations, les blogs des collaborateurs. Je me rappelle d'une autre entreprise pour laquelle j'ai passé un entretien, où j'ai contacté directement par *Facebook* les dirigeants et j'ai eu un entretien et une proposition comme ça. Sur le domaine Internet, les entreprises essaient de nous attirer parce qu'il y a une carence de formations à ce niveau-là.

ANIMATEUR : Au-delà de cet exemple, Célia, il y a également de grandes entreprises qui recrutent.

CÉLIA QUILLERET : Oui, on peut citer *AREVA*, *Total*, *EDF*, les banques de détail, la grande distribution qui recrutent par milliers. Il y a quelques jours, *Auchan* a même lancé une campagne de recrutement sans C.V. Il y a aussi des bureaux d'étude qui manquent d'ingénieurs. Mais ceux qui galèrent le plus, ce sont les entrepreneurs de la restauration, ou du bâtiment. Bernard Toulouse dirige deux entreprises à Cerny dans l'Essone, il a 42 salariés mais il manque de jeunes capables de réaliser, par exemple, des plans de charpente métallique et il est obligé d'aller à la pêche dans les lycées professionnels pour séduire les jeunes et également leurs parents.

BERNARD TOULOUSE : Aujourd'hui, effectivement, il faut aussi nous, chefs d'entreprise, vendre notre entreprise même avec les gens qu'on recrute. Pour le dernier qu'on a pris en bureau d'étude, je l'ai rencontré au sein de l'école. C'est celui que j'avais, moi, présélectionné, mais d'autres entreprises également. Je l'ai fait venir à l'entreprise, je l'ai fait visiter, il est venu avec ses parents, je lui ai présenté ce qu'il allait faire, le lieu. On travaille dans des lieux qui sont en fait agréables et clairs. Et il est rentré avec un salaire, je crois, de 1 300 euros net par mois alors qu'il est trois semaines en entreprise et une semaine à l'école. Mais même avec tout ça, c'est difficile quand même.

2ÈME PARTIE

BERNARD TOULOUSE : Aujourd'hui, j'ai donc 42 personnes, et les difficultés qu'on a pour recruter, c'est que… toutes les filières classiques que l'on peut avoir au travers de *Pôle Emploi* ou… on n'a aucune réponse. Même si on paie des annonces dans les journaux, dans la presse aujourd'hui, on doit avoir quatre publications en cours et on a eu un C.V. qui est même pas recevable, quoi. Et bien par rapport à ça, on essaie effectivement au travers de notre personnel, de les éveiller en disant : « Voilà, on a besoin de quelqu'un, est-ce que vous dans votre entourage, vous connaissez quelqu'un ? » On fait également appel aux fournisseurs, parce que les fournisseurs tournent chez l'ensemble effectivement et il y a des gens qui, de temps en temps, ont envie de changer ou d'aller voir ailleurs sur d'autres structures, et on arrive aussi à avoir des pistes comme ça. Mais c'est très diffcile.

CÉLIA QUILLERET : Et qu'est-ce que vous avez fait alors avec les lycées professionnels ? Vous avez essayé de créer un partenariat, ou… ?

BERNARD TOULOUSE : Oui, tout à fait. On a mis en place une formation donc avec la fédération du bâtiment Île-de-France, et un partenariat avec les lycées, ce qui fait qu'on a pu prendre dix jeunes en alternance pour faire de la formation bureau d'études. Et donc là, ils vont passer leur examen au mois de juin. Malheureusement, aujourd'hui, on serait en renouvellement effectivement de cette formation professionnelle et on n'arrive pas à trouver de jeunes qui veulent rentrer. Alors que vraiment, c'est un métier qui leur plaît, ils ont fini leurs études, c'est une partie informatique avec du terrain, enfin quelque chose qui est vraiment très intéressant et technique. Ils auront tout de suite du travail à la sortie et on n'arrive pas à remplir la filière.

Mais nous, on attend que… on ait un petit peu une remise en cause du fait que le bac, c'est bien, mais il n'y a pas que le bac. Aujourd'hui effectivement, on peut par une filière de formation professionnelle, arriver à avoir un vrai métier, et sur lequel on a tout de suite du travail, dès qu'on sera sorti de l'école. C'est clair que pour une entreprise, c'est une charge au départ, mais c'est un retour. Et si jamais on veut avoir des gens de compétence, il faut forcément les former et donc à nous aussi faire un petit peu d'efforts et d'intégrer ces jeunes en sachant qu'au début, ça nous coûtera du temps et de l'argent, mais que c'est un retour et que si on veut avoir des jeunes dans nos structures, et ben forcément il faut les aider à venir chez nous.

Entreprises cherchent jeunes déséspérément © France Info, http://www.france-info.com/chroniques-le-plus-france-info-2009-04-20-entreprises-cherchent-jeunes-desesperement-281025-81-184.html

1. Vrai ou faux ?

	vrai	faux
Actuellement, 60 000 jeunes Français cherchent du travail.	☐	☒

2. *Hinweis: Es reicht aus, die Antworten in Stichpunkten zu geben. Bei dieser Frage geht es darum, herauszufinden, wo die Unternehmen neuerdings ihre Auszubildenden suchen müssen und nicht wie sie es bisher taten, nämlich mittels Zeitungsanzeigen. Da im Text eindeutig von den „réseaux sociaux d'Internet" gesprochen wird, reicht die Angabe eines Beispiels (Facebook, Twitter, Wikipédia) hier nicht aus.*

   - **dans les écoles**
   - **sur Internet**

3. *Hinweis: Es reicht aus, die Antwort als Stichpunkt zu geben. Der Text spricht zwar auch davon, dass der Weg der E-mail veraltet ist, dennoch kann eine E-Mail noch nicht als „moyen traditionnel" bezeichnet werden. Daher bleibt als einzig richtige Antwort die Zeitungsannonce.*

   - **l'annonce dans un journal**

4. Vrai ou faux ?

	vrai	faux
De plus en plus d'agences se créent sur Internet.	☒	☐

5. *Hinweis: Beachten Sie die Aufgabenstellung, die eindeutig die Ausformulierung eines vollständigen Satzes verlangt.*

   - **Les jeunes n'ont pas envie d'attendre la réponse./L'e-mail n'est pas instantané./Ce n'est pas attirant.**

6. Vrai ou faux ?

	vrai	faux
a) Olivier a eu un entretien après avoir contacté une entreprise sur Internet.	☒	☐
b) Les grandes entreprises n'ont pas besoin de recruter des apprentis.	☐	☒
c) Bernard Toulouse s'adresse aussi aux parents des jeunes.	☒	☐

7. Chez Bernard Toulouse, les jeunes gagnent par mois

☐ 300 euros.

☒ 1 300 euros.

☐ 3 000 euros.

8. « Les jeunes sont trois semaines en entreprise et **une semaine à l'école**. »

9. Vrai ou faux ?

	vrai	faux
a) Bernard Toulouse a 82 employés.	☐	☒
b) Bernard Toulouse a eu deux C.V. sur quatre publications dans la presse.	☐	☒

10. *Hinweis: Es reicht aus, die Antworten in Stichpunkten anzugeben. Bernard Toulouse nennt im Text drei Möglichkeiten, von denen nur zwei anzuführen sind.*
    - **payer des annonces dans les journaux**
    - **s'adresser aux propres employés et demander s'ils connaissent quelqu'un dans leur entourage**
    - **s'adresser aux fournisseurs**

11. *Hinweis: Es reicht aus, die Antwort als Stichpunkt anzugeben.*
    - **dans des lycées professionnels**

12. Vrai ou faux ?

	vrai	faux
Actuellement, Bernard Toulouse a 10 apprentis qui termineront leur formation en juin.	☒	☐

13. *Hinweis: Es reicht aus, die Antworten in Stichpunkten anzugeben. Beachten Sie, dass beide im Text angegebenen Vorteile zu nennen sind.*
    - **c'est un métier intéressant et technique/il y a une partie informatique**
    - **les jeunes ont un vrai métier et trouvent du travail tout de suite après la formation**

14. Vrai ou faux ?

	vrai	faux
Bernard Toulouse trouve que les entreprises doivent faire des efforts en formant des jeunes même si ça coûte du temps et de l'argent.	☒	☐

Textaufgabe

Questions sur le texte

1. Ce qu'on appelle « binge drinking » où « biture express » est le phénomène que des jeunes, même les moins de 15 ans, boivent des quantités énormes d'alcool en très peu de temps lors d'une soirée. Ils pratiquent ce genre d'arrosage pour arriver aussi vite que possible à l'état d'ivresse pour s'adonner complètement à des « sensations intenses ». Le « toujours plus fort, toujours plus vite » est une valeur chez les adolescents qui les amène à boire jusqu'à la perte de contrôle et ce, souvent, pour la simple raison de faire partie d'un groupe.

2. Ce phénomène est très dangereux pour deux raisons : Premièrement, il y a les risques à court terme. Ce sont les accidents de circulation pour ceux ayant déjà leur permis de conduire, ou bien tout simplement les accidents dus à des actes de violence. Pour les moins jeunes (12–15 ans), une « biture express » se termine souvent dans un coma éthylique. Par ailleurs, dans cet état d'ébriété, les jeunes se donnent à des relations sexuelles qu'ils ne pratiqueraient sans doute pas étant sobres. Il va de soi que dans de tels cas, ils ne pensent pas à des contraceptifs, ce qui peut entraîner des conséquences à long terme, comme par exemple la contamination par le virus du SIDA ou bien une grossesse. Deuxièmement, il y a le risque à long terme qui est la dépendance de l'alcool.

3. La ministre de la Santé veut une interdiction totale de la vente d'alcool à des mineurs, ce qui est – aux yeux du médecin – un aspect positif (l. 34) et donc un moyen à prendre parmi d'autres. Mais le problème est que cela ne fera pas forcément en sorte que les jeunes arrêtent de boire, puisqu'ils trouveront sûrement d'autres sources pour s'approvisionner en alcool, comme par exemple des amis majeurs. Il faut donc s'attaquer à l'origine de cette volonté de boire jusqu'à tomber dans le coma.
   Dans un premier temps, ce sont tout d'abord les parents des adolescents qui doivent agir en mettant des limites et en contrôlant les dépenses de leurs enfants (l. 46). Ils ne doivent pas non plus hésiter à se montrer autoritaires au risque de nuire aux rapports affectifs avec leurs enfants (l. 47/48).
   Dans un second temps, les pouvoirs publics ainsi que les enseignants doivent intervenir auprès des jeunes (l. 50). Ces derniers doivent thématiser l'abus de l'alcool en cours et en démontrer les inconvénients tout en mettant en relief que le fait de boire de l'alcool ne fait pas partie des étapes de la vie adulte. Les pouvoirs

publics doivent intervenir de façon plus stricte en contrôlant mieux l'application des nouvelles lois.

Commentaire personnel / Rédaction

1. *Hinweis: Diese Frage ist fast identisch mit einer Frage aus dem Text, die bereits Patrick Fouilland beantwortet. Hier soll folglich nicht der Arzt zitiert, sondern eine wirklich eigene Meinung wiedergegeben werden. Vergessen werden darf auch nicht – und hier bietet der Text Ideen – dass der Staat nicht in allen Bereichen die Aufgaben der Eltern übernehmen kann.*

   Tout d'abord, je pense que la vente de l'alcool doit être réglée par l'État. On ne peut pas accepter que des jeunes de 12 ans aillent dans un magasin quelconque pour acheter des boissons alcoolisées qu'ils consommeront à l'insu de leurs parents. Mais d'après la loi actuelle en Allemagne, ce ne serait pas possible non plus, l'âge légal pour acheter de l'alcool étant 16 ans. En plus, il est interdit de vendre des boissons contenant un fort pourcentage d'alcool aux adolescents de 16 et 17 ans. Mais cela n'empêchera pas du tout les jeunes d'accéder à l'alcool car la plupart d'entre eux ont sûrement des amis adultes, des frères ou sœurs adultes à qui ils peuvent demander de leur acheter de l'alcool. Et quand ils sont invités à des fêtes où il y a aussi des jeunes de plus de 18 ans, la question ne se pose même plus.
   En outre, je pense que le problème du « binge drinking » n'est pas seulement le problème de l'État mais aussi celui des parents. C'est à eux que revient l'éducation des enfants et donc à eux de veiller à ce que les jeunes comprennent les dangers de l'abus d'alcool – indépendamment d'une loi interdisant la vente de l'alcool aux mineurs.

2. AMI : Salut, mon pote. Demain, Claude organise une boum chez lui à la cave. Il y aura tous les copains de la classe et surtout plein de filles. Ça te dit d'y aller ?
   MOI : Une boum. Tu es sûr qu'il s'agit vraiment d'une « boum » ou est-ce que c'est plutôt une « biture express » comme la dernière fois ?
   AMI : Eh ben, oui, tu as raison. Claude l'a intitulée ainsi.
   MOI : Je m'en doutais. Tu sais très bien que j'adore les fêtes où l'on peut danser et rencontrer plein de gens. Mais je n'aime pas du tout l'alcool. Et en plus, je trouve absolument nul de se soûler au point de presque perdre conscience.
   AMI : Ce n'est pas si grave que tu penses. Et en plus, on éprouve des sensations extraordinaires. Ça me donne déjà des frissons quand j'y pense.
   MOI : Quel genre de frissons ? Des frissons parce que tu risques de tomber dans le coma ?
   AMI : Mais non, je tiens bien l'alcool. Ça me plait quand tout le monde est hyper cool parce que plus personne n'est timide. Et surtout les filles qui sont prêtes à tout !
   MOI : Ah bon, ça te fera plaisir de coucher avec une fille qui ne sait plus son propre nom tellement elle est ivre ?
   AMI : Mais, qu'est-ce que tu es trouble-fête !

MOI : Non, je ne suis pas trouble-fête, je veux juste m'amuser tout en vivant des émotions que je n'aurai pas oubliées dès le lendemain à cause d'une cuite. Toi, par exemple, tu te souviens de tous les gens avec qui tu as parlé samedi dernier ?

AMI : Non, tu sais bien qu'au bout d'une heure, j'étais tellement soûl que j'ai perdu le souvenir de tout ce qui s'est passé après.

3. *Hinweis: Der „arrière-plan" ist hier nicht wichtig für die zentrale Aussage der Zeichnung und seine Beschreibung hätte folglich auch unterlassen werden können.*

   Au centre de ce dessin, on voit un garçon et une fille assis sur un banc dans un parc. Tous les deux ont posé leur cartable à côté du banc et le garçon a une bouteille à la main. À l'arrière-plan, derrière les arbres, on voit l'ombre de grands immeubles, ce qui laisserait croire que la scène se passe dans une grande ville. L'essentiel du dessin, ce sont les propos dans la bulle qui fait dire au garçon : « Je bois pour oublier que mes parents m'oublient ».

   La caricature traite donc du problème de l'alcoolisme des jeunes, causé, en l'occurrence, par l'indifférence des parents à l'égard de leur fils. C'est ainsi que l'auteur critique les parents qui ne s'occupent pas assez de leurs rejetons. Par la phrase énoncée du jeune homme, l'auteur ne présente pas seulement le problème que trop de jeunes s'adonnent régulièrement à l'alcool, mais il invite en même temps à réfléchir aux origines de ce problème.

   À mon avis, ce dessin démontre bien que, souvent, les jeunes ne commencent pas à boire par simple intérêt pour l'alcool, mais parce qu'ils se sentent délaissés, délaissés par les parents qui devraient être présents quand leurs enfants ont des problèmes.

Médiation

1. **Fünf Mädchen foltern einen Mann**

   Sie sind so weit gegangen, einen Mann zu foltern, um den PIN-Code seiner EC-Karte zu erhalten. Gegen diese fünf Mädchen im Alter von 13 bis 18 Jahren, von denen vier noch minderjährig sind, wird wegen „Erpressung von Geld mit vorangehenden, gleichzeitigen oder nachfolgenden unmenschlichen Taten" ermittelt. Vier von ihnen wurden letztes Wochenende eingesperrt.

   Die bereits bei der Polizei bekannten jungen Mädchen, die kurz zuvor aus einem Heim, in dem sie untergebracht worden waren, ausgerissen waren, begaben sich zum Wohnsitz des Opfers in Saint-Amand-les-Eaux im Département Nord. Der Mann – der allein lebt und sich im Krankenstand befand – hatte am Abend des 26. November die junge Volljährige schon (einmal) für eine Nacht untergebracht. Am folgenden Tag, nachdem er ihnen Geld für Zigaretten und Alkohol gegeben hatte, stahlen ihm die jungen Mädchen, die sich im betrunkenen Zustand befanden, Bargeld und seine EC-Karte. Um an deren PIN-Code zu kommen, fesselten sie ihn laut Polizeiangaben an sein Bett und misshandelten ihn, vor allem indem sie ihm Faustschläge und Fußtritte versetzten und ihm mit Glasscherben Schnittwunden am Körper zufügten. Der Mann gab ihnen schließlich falsche PIN-Codes, die zwei der jungen Mädchen in der Stadt ausprobieren gingen. Die drei anderen Mädchen, die bei ihm geblieben waren, ließen ihn jedoch liegen, ihren eigenen Aussagen nach aus Angst, dass er sterbe.

2. Deux chercheurs allemands ont écrit un livre sur la consommation d'alcool chez les Germains. C'est dans des ouvrages des auteurs latins comme Tacite qu'on trouve des informations sur les Germains et leurs habitudes. Selon ces sources, nos ancêtres auraient donc donné à leurs enfants des tétines trempées dans de la bière pour les calmer. Habitués ainsi à l'alcool, les Germains auraient plus tard, à l'âge adulte, attribué à l'alcool – la bière, le vin et l'hydromel – aussi une fonction sociale. Lors des festivités, l'alcool faisait partie intégrante ainsi que les repas et celui-là était servi dès l'arrivée des invités pour les accueillir comme on peut lire aussi dans des épopées comme « La chanson des Nibelungen ». Ceux qui ne voulaient pas boire avec les autres risquaient de les offenser, ce qui se terminait souvent par une lutte ou par l'exclusion de la société. Il était donc interdit de refuser une boisson alcoolisée pour faire preuve d'amitié.
   Malgré ce comportement abusif, les Germains savaient très bien que l'alcool influençait leur conscience si bien que pour des résolutions politiques à prendre, ils prenaient les décisions deux fois : une fois en état de sobriété et une fois en état d'ivresse.
   Enfin, les vieux Germains croyaient aussi qu'après leur mort, ils seraient accueillis au Walhalla par des Walkyries avec de la bière ou du vin qu'il fallait bien sûr accepter et boire jusqu'à ce que tout se termine dans une beuverie.

Abitur Französisch (Bayern)
2011

Compréhension orale

Le camping

Vous avez **cinq** minutes pour lire les questions. Ensuite, vous allez entendre un document **trois fois**. Vous aurez **trois** minutes de pause entre les écoutes. À la fin, **trois** minutes seront à votre disposition pour compléter vos réponses.

Pendant les écoutes, l'utilisation du dictionnaire n'est pas autorisée. Dans le cas où le candidat aura coché plus de réponses que le nombre demandé explicitement dans la consigne, aucun point ne pourra lui être attribué.

Punkte: 20

1. Cochez la bonne réponse. (1)

   Le présentateur commence par

   ☐ une interrogation.
   ☐ une négation.
   ☐ une exclamation.

2. Complétez. (1)

   Ce qui s'appelait autrefois « camping », est aujourd'hui nommé

   ____

   ____

3. Complétez le texte ci-dessous. (2)

   « Et ce nouveau ________________ du camping cache plusieurs autres tendances ou sous-tendances, alors il y a la ________________ d'un certain confort haut de gamme […] »

4. Vrai ou faux ? Cochez les bonnes réponses. (4)

   Les nouveaux campeurs s'attendent à un certain confort. Quels sont les exemples mentionnés dans l'émission ?

	vrai	faux
la possibilité de se baigner	☐	☐
une boîte de nuit	☐	☐

	vrai	faux
un terrain de foot	☐	☐
des magasins	☐	☐

5. Cochez les deux bonnes réponses. (2)

   Les ordinateurs ont remplacé des passe-temps qu'on privilégiait autrefois. Lesquels ?

   ☐ le jeu de cartes
   ☐ le portable
   ☐ les mots-fléchés
   ☐ le jeu de fléchettes
   ☐ la pétanque

6. Cochez les deux bonnes réponses. (2)

   ☎ Le professeur Rafael Matos décrit la chaîne UTOPIA. Selon lui, quelles sont les caractéristiques de cette chaîne ?

   ☐ Elle offre un équipement simple et traditionnel.
   ☐ Elle propose des prix intéressants.
   ☐ C'est une entreprise suisse.
   ☐ Elle s'adresse à des propriétaires de terrains de camping.
   ☐ Elle attire des adultes qui veulent faire du camping avec leurs enfants.

7. Complétez. (2)

   En parlant des désirs des campeurs, les présentateurs utilisent le mot 'paradoxe' parce qu'on peut constater deux tendances contradictoires. Lesquelles ?

   ______________________ ⟺ ______________________
   ______________________   ______________________

8. Vrai ou faux ? Cochez les bonnes réponses. (3)

   Que dit le présentateur sur le troisième groupe de campeurs qu'on appelle les 'résidants' ?

	vrai	faux
Dans les villes, certains d'entre eux n'ont pas trouvé de logement.	☐	☐
Ce sont surtout des étrangers qui vivent dans les campings.	☐	☐
Ils habitent tous dans des tentes.	☐	☐

9. Répondez à la question suivante. (1)

☎ Le professeur Rafael Matos parle de problèmes qui pourraient se créer sur un terrain de camping. Quelle en est la cause ?

____

____

10. Cochez les deux bonnes réponses. (2)

☐ Les présentateurs ont déjà fait une émission sur les résidants.

☐ Ce n'est pas sûr que résider dans un camping en permanence soit légal.

☐ La distribution du courrier a toujours été assurée.

☐ C'était la dernière émission à ce sujet.

Textaufgabe

Der Prüfling hat eine Textaufgabe seiner Wahl zu bearbeiten.

Textaufgabe I

À l'heure d'Internet, l'amitié a-t-elle changé ?

Un ami, c'est quelqu'un qui vous fait du bien. En est-il de même avec des amis rencontrés sur Internet ? Un ami sur la Toile et un ami dans la vraie vie, est-ce la même chose ? Peut-on appliquer aux rencontres du Web le terme d'amis, comme les réseaux sociaux nous y incitent ? Les chercheurs s'intéressent de près à ces questions.

Sur Facebook, toutes les connaissances ajoutées à notre carnet d'adresses deviennent d'emblée des « amis ». Le chiffre peut vite grimper. D'après les statistiques, un utilisateur a en moyenne 120 amis. Parmi les amis rencontrés sur Facebook se trouvent l'ami d'enfance, un cousin, un collègue de travail et l'ami d'un ami, qui peut être un parfait inconnu ! Le terme « ami » est donc abusif. Mais les internautes ne sont pas dupes. Ils ciblent leurs interlocuteurs, et ne privilégient pas la quantité à la qualité. C'est en simples spectateurs qu'ils suivent la vie de leurs prétendus « amis ».

Rester derrière l'ordinateur a tendance à frustrer, et se rencontrer physiquement reste un passage quasi obligé. « La rencontre dans le réel est souvent enrichissante et permet de relancer la rencontre virtuelle », indique Olivier Le Deuff, chercheur à l'université Lyon 3. Encore faut-il franchir le pas : se montrer tel que l'on est après s'être présenté parfois différemment via Internet. D'autant que « sur le Net, on peut se créer plusieurs identités numériques, on n'apparaît pas toujours sous son vrai nom », précise-t-il. Nous nous donnons un genre qui ne correspond pas forcément à notre personnalité.

Alors, qu'est-ce qu'un ami aujourd'hui ? Selon Danièle Brun, psychanalyste, quatre ingrédients sont essentiels : la confiance, l'appartenance à un groupe restreint d'amis, un intérêt partagé, comme le sport, les enfants, les voyages, le travail, etc. Et un vécu commun, que l'on peut entretenir ensuite via Internet. Claire Bidart, sociologue, considère que « la confiance va de pair avec la franchise, la sincérité, le désintéressement et l'absence de jalousie ».

La confiance semble être le critère central de l'amitié, présent dans toutes les cultures et tranches sociales.

En revanche, la proximité géographique et les visites fréquentes ne sont pas indispensables. « Les grandes amitiés de l'enfance défient le temps et l'espace : on n'a pas besoin de se voir tout le temps pour entretenir une relation », précise Danièle Brun.

À quoi ça sert un ami ? À nous renvoyer une image de nous-même, propose le professeur Brun : « L'ami contribue à nous donner une image positive. Mais il a aussi une liberté de parole. En amitié, on peut se juger, dire ce qu'on pense de l'autre, critiquer les parents, les autres, le monde. » Voilà pourquoi il est si difficile de vivre sans amis : d'une manière ou d'une autre, on cherche toujours à s'en créer. Mais peut-on se passer de rencontrer l'autre « pour de vrai » ?

Selon Danièle Brun, la présence physique de l'autre est primordiale. « Pour les ados, Internet est un nouvel intermédiaire. Il permet de récolter des informations sur un ami potentiel, en passant par les copains et les copines, avant de le sonder directement. Mais ensuite, on doit rencontrer la personne pour lui transmettre un message plus explicite. »

Avant, être loin des yeux, c'était souvent être loin du cœur. Plus aujourd'hui, grâce à Internet. On peut avoir une relation très intense avec un ami en l'absence de proximité géographique. On peut se parler, s'émouvoir, avoir des sensations par webcam interposée. Et cela ne pose pas de problèmes ! Internet permet aussi de retrouver des relations perdues de vue. Il suffit de taper un nom puis de cliquer, et hop, c'est trouvé !

L'internaute s'intéresse la plupart du temps à ce qui se passe dans son entourage géographique proche. Le covoiturage via Internet peut par exemple donner naissance à une amitié. Ou après un déménagement, on se connecte pour repérer des relations dans son nouveau quartier et se faire d'éventuels amis. La démarche est souvent la même : on amorce le lien en ligne par des discussions courtes, on récolte des informations, puis on se rencontre. C'est ainsi qu'Internet réduit l'investissement en temps et en énergie pour tester une personne dont on espère qu'elle nous donnera en retour des bénéfices dans le futur. On diminue le risque de se tromper « en vrai ».

Même si nos relations sur Facebook entrent toutes dans la case « amis », seuls quelques-uns ont la faveur de discussions privées que l'on continue… dans la vraie vie.

Questions sur le texte **Punkte: 50**

Répondez aux questions suivantes en utilisant autant que possible vos propres mots. Citez correctement.

1. Comparez ce qui caractérise « un ami » dans les réseaux sociaux et un ami « classique » selon les experts cités dans le texte. Référez-vous aux lignes 5 à 25. (20)
2. Expliquez pourquoi, selon l'auteur, une rencontre virtuelle ne suffit pas. (10)
3. Analysez dans quelle mesure l'Internet peut faciliter les relations amicales. (20)

Commentaire personnel / Rédaction

Punkte: 40

Exposez, en 200 à 250 mots environ, vos idées / arguments sur **l'un** des sujets suivants.

1. Un an sans Internet, qu'en pensez-vous ?
2. « Un ami, c'est quelqu'un qui vous connaît bien et qui vous aime quand même. » Commentez cette citation.
3. Caractérisez la notion de l'amitié dans une œuvre littéraire francophone de votre choix.
4. Décrivez et commentez le dessin humoristique ci-dessous :

Nicole et Pierre pendant leur premier rendez-vous dans le réel.

T. McCracken, www.mchumor.com

Textaufgabe II

Le test de maths

La vie ou la survie tiennent à des détails imprévisibles, à la grippe par exemple. En cet hiver sinistre, l'abominable virus a frappé. Pas moi. J'aurais préféré, mais il m'a épargné. Nicolas, qui affichait une santé de fer et n'avait pas été malade un seul jour depuis la onzième, l'a attrapé. Comme des millions d'autres. Nicolas absent, c'était la porte ouverte à la catastrophe. Sans lui, j'étais perdu. Lachaume, notre prof de maths qu'on appelait Rabougri, [...] a échappé a l'épidémie.

Je suis passé voir Nicolas qui a été touché de mon attention et que je m'inquiète de sa santé. Je n'ai pas osé lui parler de cette échéance fatidique qui approchait [...]: la compo[1] de maths. J'étais en suspension au-dessus du gouffre et la terre entière s'en foutait. [...] J'ai apporté à Nicolas un assortiment de friandises dont il raffolait: un énorme paquet de rouleaux de réglisse, carambars, [...] oursons et cigarettes en chocolat. [...] J'espérais que ça contribuerait à son rétablissement rapide. Il a eu une crise de foie. [...]

J'ai travaillé comme un fou mais plus je bossais, moins je comprenais. J'ai dû affronter seul et sans filet l'épreuve de maths. Pour nous, Français, Berezina[2] et Waterloo[3] sont synonymes de défaites cuisantes et amères. Au moins, il y a eu bataille. Nous avons été écrasés. Mais nous nous sommes battus avec vaillance ou désespoir et nos adversaires, même anglais, ont reconnu notre courage. Là, c'était au-delà de la honte. J'ai déchiffré l'énoncé comme si c'était du chinois. [...] J'ai vu mes camarades qui turbinaient, tête baissée, sans états d'âme. Je suis resté durant une heure à fixer le vide infini de ma nullité. L'agneau qui arrive à l'abattoir doit être dans cet état d'esprit. [...] J'ai rendu copie blanche, immaculée de tout raisonnement mathématique. [...]

Le soir, pendant le dîner, j'attendais avec appréhension la question fatale. [...]

– Au fait, Michel, comment s'est passée cette compo de maths ? a demandé ma mère en servant le potage aux légumes.

Elle prévoyait la réponse traditionnelle: « Pas mauvaise impression, faut attendre. » Ne pas crier victoire et rester modeste : deux qualités ancrées dans notre famille.

– Ça a été… un désastre.

– Pourquoi ?

J'avais préparé un topo[4] où il était question [...] de grands hommes, cancres avérés qui avaient fait le désespoir de leurs parents, obtenu le prix Nobel et fini au Panthéon. [...] J'ai eu un blanc. Pas d'excuses. La vérité. Le jugement de Dieu.

– Einstein… dans sa jeunesse… [...] Churchill aussi… comme Nicolas… Ce n'est pas grave, une mauvaise grippe… Ça fait des années que je copie sur lui.

Ma mère a laissé tomber la louche dans la soupière. La nappe a été maculée de soupe. Elle me dévisageait bouche ouverte, pétrifiée, ne sachant pas si j'étais sérieux ou si j'avais osé une blague aussi stupide que moi.

– J'ai rendu copie blanche. Je n'ai même pas compris l'énoncé.

– Pour Nicolas, tu plaisantes ?

– Je triche depuis des années. J'en ai assez de mentir.

Je lui aurais annoncé que je posais des bombes, [...] ça ne lui aurait pas fait plus d'effet. Elle a contourné la table, s'est approchée de moi, rouge de colère. J'ai vu sa main droite se dresser. Je n'ai pas bougé, pas cherché à éviter ou à me protéger. [...]

– Hélène ! Ça suffit ! a hurlé mon père qui s'est précipité. [...] Ce n'est pas une raison pour le frapper. [...]

– Ton fils avoue qu'il est un menteur et un tricheur et tu trouves ça normal ! [...] Il va avoir droit à des félicitations peut-être ?

– Je n'ai jamais frappé mes enfants et ce n'est pas aujourd'hui que je vais commencer. [...]

Elle est sortie en claquant la porte de la salle à manger. Mon père s'est assis à côté de moi, m'a mis la main sur l'épaule.

– Ne t'inquiète pas, grand, elle s'énerve. Elle va se calmer. [...] Que se passe-t-il au bahut ?

– C'est les maths. Je suis archinul.

– Avant, tu avais de bons résultats.

– Mes bonnes notes, c'était grâce a Nicolas.

– C'est bizarre. J'aurais cru que... Ce n'est pas grave. Dans la vie, quand on sait lire, écrire et compter, ça suffit. [...] Moi, j'ai mon certificat d'études. À l'école, j'étais au fond de la classe. Toujours dernier, sauf en gym. Est-ce que j'ai eu besoin de diplômes pour réussir ?

Jean-Michel Guenassia, Le Club des Incorrigibles Optimistes, Paris : © Albin Michel 2009, p. 250–255

Explications :

1	la compo de maths	*ici :* test de maths
2	Berezina	fleuve en Russie, symbole de la tragique retraite de Napoléon (1812) et de la débâcle que fut la campagne de Russie
3	Waterloo	commune en Belgique, lieu de la défaite définitive de Napoléon (1815)
4	le topo	*ici :* un exposé

Questions sur le texte **Punkte: 50**

Répondez aux questions suivantes en utilisant autant que possible vos propres mots. Citez correctement.

1. Décrivez l'effet du test de maths sur le protagoniste avant et pendant l'épreuve. (20)
2. Étudiez la façon dont se comportent la mère et son fils pendant le dîner. Référez-vous aux lignes 24 à 42. (10)
3. Analysez les réactions des parents aux propos de leur fils et comparez-les. (20)

Commentaire personnel / Rédaction **Punkte: 40**

Exposez, en 200 à 250 mots environ, vos idées / arguments sur **l'un** des sujets suivants.

1. Faut-il être diplômé pour réussir dans la vie ? Discutez.
2. « La publicité est un domaine qui vit du mensonge. » Partagez-vous cet avis ?
3. Caractérisez l'image de l'école dans une œuvre littéraire ou cinématographique francophone de votre choix.
4. Décrivez et commentez l'image ci-dessous :

http://www.benedicte-illustration.net/

Médiation

Choisissez **l'un** des sujets suivants. **Punkte: 40**

1. Traduisez le texte ci-dessous en allemand.

Astérix fête ses 50 ans

Albert Uderzo (A.U.) : Comme j'aimerais que cet anniversaire soit le mien ! Mais passons, c'est celui d'Astérix. Ce cap du demi-siècle, René Goscinny et moi-même étions loin de l'envisager quand nous avons créé ce petit personnage dans l'urgence pour le journal *Pilote*[1].

Le Figaro Magazine (F.M.) : En quoi vos personnages ont-ils changé depuis cinquante ans ?

A.U. : Astérix et Obélix ont fatalement changé sur le plan graphique parce qu'ils sont nés dans la précipitation. Je n'avais pas eu le temps de travailler comme je l'entendais les traits de ces personnages. D'où ce petit côté brouillon de mes Gaulois au début de l'aventure. Sinon, moralement et psychologiquement, Astérix et Obélix n'ont pas changé. Les lecteurs ne le supporteraient pas.
Chacun a son rôle et doit y rester, même si certains personnages ont pris avec le temps une importance, une consistance, que nous n'envisagions pas. Pas plus que nous n'envisagions d'avoir le moindre succès à l'étranger, puisque nous avions créé des héros à destination d'un public exclusivement français.

F.M. : L'esprit d'insolence d'Asterix est-il encore envisageable aujourd'hui ?

A.U. : Évidemment non ! Le politiquement correct soumet à rude épreuve ma créativité aujourd'hui, me bride dans mes scénarios. J'aurais rêvé de faire voyager nos Gaulois en Afrique noire. Mais je sais qu'immanquablement viendraient les accusations de racisme.

Raphaël Stainville, « Albert Uderzo : 'Comme j'aimerais avoir 50 ans !' »
LE FIGARO MAGAZINE, 23/10/2009
(Die Quellenangabe ist nicht zu übersetzen)

Annotation :

1 Ne pas traduire

2. Rédigez un texte français d'environ 250 mots en vous appuyant sur les informations demandées.

Yasmina, die französische Freundin Ihrer Mutter, stammt aus Algerien und unterrichtet an einem Lycée Technique in der Pariser Banlieue. Sie bittet Sie, über die Situation der Lehrkräfte mit Migrationshintergrund an deutschen Schulen zu recherchieren.

In der Zeitschrift *Focus-Schule* stoßen Sie auf den Artikel „Vielfalt lehren". Geben Sie in einer E-Mail an Yasmina die Aussagen des Textes zu folgenden Fragestellungen wieder:

- Inwiefern ist der Einsatz von Lehrkräften mit Migrationshintergrund ein Gewinn für Schule und Gesellschaft?
- Welche Rahmenbedingungen müssen dafür erfüllt sein?

Vielfalt lehren

Nur ein Prozent der Lehrer an deutschen Schulen ist ausländischer Abstammung. Das soll sich ändern, denn sie sind die beste Garantie für gelungene Integration.

Als Schülerin war Mengü Özhan die einzige Ausländerin in ihrer Klasse an einem Berliner Gymnasium. Mittlerweile ist die 42-Jährige Lehrerin für Biologie, Chemie und Ethik und gehört wieder einer winzigen Minderheit im Bildungssystem an. Nur circa ein Prozent der Lehrer an deutschen Schulen ist ausländischer Abstammung. Bei den Schülern hingegen sieht es ganz anders aus: Ungefähr 25 Prozent von ihnen haben mindestens einen Elternteil mit ausländischem Pass. Genaue Zahlen gibt es nicht.

Mehr Lehrer mit Migrationshintergrund fordern deshalb jetzt Bildungspolitiker. Pädagogen nicht deutscher Herkunft sollen die interkulturelle Bildung an Schulen voranbringen, kulturell begründete Konflikte entschärfen helfen, Ansprechpartner für Schüler und Lehrer sein und als Vorbilder dienen.

„Allerdings sind Lehrer mit Migrationshintergrund kein Allheilmittel. Allein können sie diese Aufgaben nicht bewältigen", dämpft die Erziehungswissenschaftlerin Viola B. Georgi überzogene Erwartungen. Die Lehrer brauchten die Unterstützung ihrer Schulleitungen und Kollegen, die sich in interkulturellen Fragen weiterbilden wollen. Gleichzeitig betont die Berlinerin: „Für die Gestaltung von Einwanderergesellschaften ist es wichtig, dass die eingewanderten Minderheiten auch Schlüsselpositionen in der Gesellschaft besetzen." Also zum Beispiel Lehrer werden wollen. Tatsächlich schreiben sich Bildungsaufsteiger mit ausländischen Wurzeln aber eher in prestigeträchtigere Studiengänge wie Jura und Medizin ein.

Ein „Netzwerk für Lehrkräfte mit Migrationshintergrund" baut deshalb Mengü Özhan in Berlin auf. Sie will Schüler für den Lehrerberuf begeistern, „weil ich mir mehr von uns wünsche und auch, dass die Lehrerzimmer ein reales Abbild der Gesellschaft sind“, erklärt Özhan ihr Engagement.

Für die überwiegende Mehrheit der betroffenen Schüler ist die Herkunft des Lehrers von großer Bedeutung. Das bestätigt Forscherin Georgi in ihrer aktuellen Studie. Danach nehmen 71 Prozent der befragten Pädagogen mit Migrationshintergrund besondere Rücksicht auf Schüler mit ebenfalls nicht deutscher Herkunft. 78 Prozent der Lehrer sind überzeugt, dass sie das Selbstbewusstsein der jungen Migranten stärken.

Mit seiner deutsch-kroatischen Familiengeschichte geht Berufsschullehrer Matthias Cosic im Unterricht offen um. Wenn er sich am Anfang des Schuljahres vorstellt, erkennen viele Schüler schon an seinem Nachnamen, wo seine Wurzeln liegen. Dann erzählt er, dass sein Vater als Gastarbeiter nach Deutschland kam. „Ich mache darum kein Brimborium. Oder vermittle den Eindruck, dass das negativ behaftet ist. Das Wort Migrationshintergrund fällt bei mir nicht.“

Der positive Effekt: Viele seiner Schüler erkennen sich in seiner Geschichte wieder. „Da taucht dann. sofort Sympathie auf, weil man aus dem gleichen Stall kommt. Das vermittelt den Schülern Sicherheit“, sagt Cosic. Eine wichtige Voraussetzung für eine gute Atmosphäre im Unterricht, vor allem weil seine Berufsschüler mit sogenanntem besonderem Förderbedarf oft schon viele negative Erfahrungen in Schulen hinnehmen mussten.

Ihren Schülern Mut machen, das können die Lehrer durch ihren eigenen Bildungserfolg. Sie haben Schule, Universität und Ausbildung in Deutschland geschafft und leben vor, dass das möglich ist. So sind sie das beste Beispiel dafür, dass Herkunft als Ausrede für schlechte Noten nicht gelten muss. Für die. Jugendlichen können sie Vorbilder und Orientierungshilfen sein, die Verständnis und Unterstützung bieten. Aus eigener Erfahrung wissen sie, welche Hürden ihre Schüler im Schulalltag überwinden müssen – innerhalb der Klasse, im Konflikt mit anderen Schülern, mit den eigenen Eltern oder mit sich selbst.

„Schüler mit Migrationshintergrund sind Mosaik-Menschen, die in zwei Kulturen aufwachsen, während sie ihre eigene Identität finden müssen. Wir Lehrer sind ja nicht nur Wissensvermittler, sondern auch Pädagogen“, definiert Mengü Özhan ihre Rolle. „Dieser Erziehungsauftrag ist wichtig, um den jungen Menschen zu helfen, sich in ihrem Leben zu orientieren, Entscheidungen zu treffen und für sich den richtigen Weg zu finden.

Simone Scheufler, „Vielfalt lehren“, FOCUS SCHULE Nr. 6/2010, S. 30 f.

Compréhension orale

Le camping

ANIMATEUR : Le camping c'est chic ! Longtemps il a été réservé à une clientèle dite populaire et ce mode d'hébergement s'embourgeoise un peu maintenant. Le camping devient « tendance » auprès d'une nouvelle clientèle, elle est assez exigeante et parfois assez fortunée même, Xavier Bloch.

XAVIER BLOCH : Oui, oui, d'ailleurs dans les milieux branchés figurez-vous qu'on ne dit plus « terrain de camping », on parle de « village » ou de « camp nature » …

ANIMATEUR : C'est tellement plus chic !

XAVIER BLOCH : Mais voilà… et ce nouveau visage du camping cache plusieurs autres tendances ou sous-tendances, alors il y a la recherche d'un certain confort haut de gamme, confort haut de gamme à ciel ouvert, le développement assez fulgurant du camping-car et puis un désir de se rapprocher de la nature également.

ANIMATEUR : Alors, on va prendre ces tendances dans l'ordre, si vous êtes d'accord ?

XAVIER BLOCH : Bien sûr.

ANIMATEUR : D'abord le confort : le camping devient un cinq étoiles ?

XAVIER BLOCH : Oui, à peu de choses près, certains campings sont de véritables cinq étoiles à ciel ouvert, on y trouve un espace aquatique, autrefois on disait la piscine…

ANIMATEUR : Ouais, et c'est beaucoup plus chic aussi !

XAVIER BLOCH : Une disco… on y trouve oui une disco, une piste de danse, de nombreuses boutiques, une quantité de services devenus maintenant indispensables au confort des campeurs exigeants.
Alors le camping, quand on y réfléchit, devient une petite ville, une ville dans la ville avec évidemment ses réseaux de distribution, il faut amener l'eau, le gaz, le téléréseau et le Wifi. « Avez-vous un réseau wifi ? » et bien c'est paraît-il l'une des premières questions que posent les campeurs au moment de réserver leur emplacement.

ANIMATEUR : C'est tellement plus agréable de pouvoir consulter ses mails professionnels pendant les vacances, je trouve !

XAVIER BLOCH : Imaginez un jour comme aujourd'hui au camping, qu'est-ce qu'on fait ?

ANIMATEUR : Ah oui évidemment, quand un orage s'abat sur le campagne… euh sur le camping, ça doit bouchonner d'ailleurs sur le wifi !

XAVIER BLOCH : Sous l'auvent de la caravane ou du mobil-home il y a bien évidemment longtemps que l'ordinateur, l'ordinateur portable a remplacé le jeu de cartes, le transistor et bien sûr les mots fléchés. Et puis les nouveaux adeptes des campings ont des moyens, certains campeurs roulent sur l'or, ils roulent donc en camping-car et on leur déroule le tapis rouge. Rafael Matos enseigne l'économie et le tourisme à l'HES de Sierre.

RAFAEL MATOS : Du côté de la France, vous avez une chaîne qui s'appelle UTOPIA, et qui essaie de se baser, de baser son succès sur ces valeurs retrouvées là, le camping, le camping traditionnel pur et dur, donc très simple, très proche de la nature, mais quand même avec un minimum de qualités, donc de propreté, un minimum de services qui sont proposés. Il n'y a pas d'exubérance, donc vraiment des choses très très simples. Ça s'adresse aux familles, ça s'adresse aux gens qui veulent retrouver un certain contact à la nature en quelque sorte.

ANIMATEUR : Vous le disiez tout à l'heure, Xavier Bloch, le petit monde du camping balance entre plusieurs tendances. On peut même parler de paradoxe parce que d'un côté, on recherche le confort absolu, et puis de l'autre on veut un certain retour à la nature.

XAVIER BLOCH : Oui, c'est paraît-il pas incompatible. Camping, c'est un… donc un univers complexe en pleine réorganisation. Alors d'un côté, vous avez les campeurs, on pourrait presque les appeler les campeurs Bobo, effectivement qui apprécient le luxe de cette hôtellerie de plein air et puis de l'autre côté il y a effectivement ces amateurs de nature, peut-être l'esprit plus jeune, plus attaché à une certaine simplicité, authenticité. Et puis ça se complique parce qu'entre ces deux groupes, il faut encore mentionner une troisième population de campeurs qui a toujours existé, mais qui s'étoffe, ce sont les résidants. En raison de la crise immobilière, du manque de logement, de nombreux Suisses vivent maintenant au camping, par nécessité, par choix aussi, sous une tente ou pour les plus fortunés dans de cossus bungalows. C'est notamment le cas à Genève puis aussi en Valais central, où certains campings commencent à développer cette formule d'habitat. Différentes populations qui cohabitent sur le même terrain, il faut donc réorganiser l'espace de ces campings, on organise cet espace en « quartiers ». Écoutez les explications de Rafael Matos.

RAFAEL MATOS : Tel mini-quartier, c'est pour les permanents, et tel autre pour ceux qui passent une ou deux semaines par année, encore d'autres parties pour ceux qui possèdent une espèce de résidence secondaire sous forme de bungalow ou autre dans le camping etc. Donc vraiment, il y a une multiplication des types de populations qui habitent ou qui sont attirés par les campings et voilà et ça crée d'éventuels problèmes.

ANIMATEUR : Oui, il y aurait peut-être un sujet à faire justement sur les résidants permanents dans les campings. Je crois que l'on avait traité de cela, mais il y a quelques années maintenant où il était question de la légalité en fait de rester dans un camping en permanence. On n'était pas toujours très sûrs que ce soit légal et ça dépendait beaucoup des cantons, il y avait certains campings qui parfois aussi étaient plus permissifs que d'autres, ça posait des problèmes de boîtes aux lettres. Ça serait intéressant d'y revenir…

XAVIER BLOCH : J'y retournerai.

ANIMATEUR : Oui, mais pourquoi pas, parce que la crise économique étant passée par-là, peut-être qu'il y a plus de souplesse même au niveau des lois, je ne sais pas. À voir… Donc à la rencontre des nouvelles tendances en matière de camping, c'était le thème de votre chronique.

« Le camping c'est chic », Radio Suisse romande, On en parle, 17/06/2010

Hinweis: In der Regel werden Rechtschreib- und Grammatikfehler nur dann gewertet, wenn sie den Sinn der Aussage entstellen. Ebenso ist darauf zu achten, dass die Reihenfolge der Fragen nicht unbedingt der Abfolge des Hörtextes entspricht.

1. *Hinweis: Achten Sie hier wirklich nur auf den allerersten Satz des Moderators.*

   Le présentateur commence par

   ☐ une interrogation.
   ☐ une négation.
   ☒ une exclamation.

2. *Hinweis: Beachten Sie, dass exakt die im Text genannten Wörter zitiert werden müssen.*

   Ce qui s'appelait autrefois « camping », est aujourd'hui nommé **village** <u>ou</u> **camp nature**.

3. *Hinweis: Beachten Sie, dass exakt die im Text genannten Wörter zitiert werden müssen.*

   « Et ce nouveau **visage** du camping cache plusieurs autres tendances ou sous-tendances, alors il y a la **recherche** d'un certain confort haut de gamme […] »

4. *Hinweis: Achten Sie im Hörtext auf Synonyme der vorgeschlagenen Ausdrücke und Wörter. So wird statt von einer „possibilité de se baigner" von einer „espace aquatique" bzw. einer „piscine", statt von einer „boîte de nuit" von „disco" bzw. „piste de danse" und statt von „magasins" von „boutiques" gesprochen.*

	vrai	faux
la possibilité de se baigner	☒	☐
une boîte de nuit	☒	☐
un terrain de foot	☐	☒
des magasins	☒	☐

5. *Hinweis: Beachten Sie, dass hier zwei Lösungen angekreuzt werden müssen.*

   ☒ le jeu de cartes
   ☐ le portable
   ☒ les mots-fléchés
   ☐ le jeu de fléchettes
   ☐ la pétanque

6. *Hinweis: Beachten Sie, dass hier zwei Lösungen angekreuzt werden müssen. Das Symbol für das Telefon gibt Ihnen klar einen Hinweis, ab wann Sie im Hörtext die Antworten heraushören können. Während Rafael Matos die Stichwörter „traditionnel" et „simple" der ersten richtigen Antwort wörtlich nennt, muss die zweite richtige Antwort seiner Aussage, dass UTOPIA Familien anzieht, die ja in der Regel auch Kinder haben, entnommen werden.*

   ☒ Elle offre un équipement simple et traditionnel.
   ☐ Elle propose des prix intéressants.
   ☐ C'est une entreprise suisse.
   ☐ Elle s'adresse à des propriétaires de terrains de camping.
   ☒ Elle attire des adultes qui veulent faire du camping avec leurs enfants.

7. *Hinweis: Da die Aufgabenstellung nichts Konkretes vorgibt, werden hier sowohl wörtliche Übernahmen aus dem Text als auch stichpunktartige Lösungen und natürlich auch ganze Sätze akzeptiert. Beachten Sie außerdem, dass die dritte genannte Gruppe, die „résidants", erst in Frage 8 angesprochen werden und somit hier nicht genannt werden müssen.*

   En parlant des désirs des campeurs, les présentateurs utilisent le mot 'paradoxe' parce qu'on peut constater deux tendances contradictoires. Lesquelles ?

Certains campeurs cherchent le confort absolu/le luxe.	⟺	D'autres campeurs préfèrent le retour à la nature.

8. *Hinweis: Beachten Sie, dass im Text zwar von „Suisses" gesprochen wird, diese jedoch nicht als „étrangers" bezeichnet werden dürfen, da der Moderator von Campingplätzen in der Schweiz spricht. Die zweite Aussage ist also falsch.*

	vrai	faux
Dans les villes, certains d'entre eux n'ont pas trouvé de logement.	☒	☐
Ce sont surtout des étrangers qui vivent dans les campings.	☐	☒
Ils habitent tous dans des tentes.	☐	☒

9. *Hinweis: Das Symbol für das Telefon gibt Ihnen wieder klar einen Hinweis, ab wann Sie im Hörtext die Antwort heraushören können. Da die Aufgabenstellung nichts Konkretes vorgibt, wird hier sowohl eine wörtliche Übernahme aus dem Text als auch eine stichpunktartige Lösung und natürlich auch ein ganzer Satz akzeptiert.*

   La raison d'éventuels problèmes est le fait que plusieurs types de campeurs cohabitent dans un camping.

10. *Hinweis: Beachten Sie, dass hier zwei Lösungen angekreuzt werden müssen.*

- [x] Les présentateurs ont déjà fait une émission sur les résidants.
- [x] Ce n'est pas sûr que résider dans un camping en permanence soit légal.
- [ ] La distribution du courrier a toujours été assurée.
- [ ] C'était la derniére émission à ce sujet.

Textaufgabe

Textaufgabe I

Questions sur le texte

1. *Hinweis: Die Frage bezieht sich ausschließlich auf die Zeilen 5 bis 25. Inhaltlich sollte hervorgehoben werden, dass Vertrauen die wichtigste Voraussetzung für eine Freundschaft ist.*

   D'après les experts, dans les réseaux sociaux comme Facebook un ami est toute personne ajoutée au carnet d'adresses, c'est-à-dire qu'on ne fait pas de différence entre un ami véritable (qu'on fréquente dans la vie réelle) et une personne qu'on connaît ou qu'on a connu (cela peut être un ancien camarade de classe, un parent, un collègue ou même une personne qu'on n'a jamais vue). Par conséquent, le terme « ami » a été élargi et la plupart des gens ont beaucoup plus d'amis dans leur carnet d'adresses qu'ils en ont en vérité. La qualité la plus importante d'un ami « classique », comparé aux amis « virtuels », c'est qu'on peut lui faire confiance. À part cela, c'est quelqu'un qui fait partie du même cercle d'amis et qui a non seulement les mêmes intérêts, mais avec qui on peut également parler du passé et des choses vécus ensemble. En plus, un véritable ami est sincère envers l'autre, s'intéresse vraiment à l'autre et n'est pas jaloux.

2. *Hinweis: Bei dieser Aufgabe ist zu beachten, dass zwar nur nach der Meinung des Verfassers des Textes gefragt wird, dass aber – um die Frage ausführlich beantworten zu können – die Meinungen der zitierten Autoren durchaus auch in die Antwort mit einfließen müssen.*

   Tout d'abord, l'auteur pense que le fait de ne pas se rencontrer personnellement ne satisfait pas à la longue les utilisateurs des réseaux sociaux (l. 12). Une rencontre dans la vie réelle en revanche a beaucoup d'avantages : premièrement, elle permet aux amis de montrer leur vrai visage à l'autre (l. 15–18) alors que certains ont tendance à se faire passer pour une autre personne sur la Toile. Deuxièmement, le fait de se voir en chair et en os leur donne l'occasion d'approfondir l'amitié virtuelle (l. 13/14). Et finalement, la présence physique est même nécessaire pour qu'on puisse créer une véritable amitié : sur Internet, on a beau récolter des informations sur une personne (c'est donc un bon moyen pour les jeunes de faire connaissance avec d'autres, l. 38/39), mais ce n'est qu'en se parlant en tête à tête qu'on devient de bons amis (l. 40/41).

3. *Hinweis: Die Antworten auf diese Frage finden sich vor allem am Ende des Textes (ab Zeile 37). Beachtet werden muss ebenso, dass es sich um eine Analyse handelt, d. h., dass aus den gefundenen Argumenten Schlüsse gezogen werden müssen.*

Internet peut faciliter les relations amicales pour plusieurs raisons. En premier lieu, il permet à l'utilisateur de se renseigner – grâce également à de petites conversations – sur un éventuel ami avant de se lier d'amitié avec lui (l. 37–40 et 51–53). Ensuite, des sites Internet peuvent aider à connaître des personnes vivant dans le même quartier ou la même ville, après un déménagement par exemple (l. 50/51). Enfin Internet peut aussi servir d'intermédiaire: d'abord, on cherche quelqu'un pour une raison quelconque et il en résulte une amitié. En même temps, il est possible de garder le contact avec des gens, même s'ils habitent à l'autre bout du monde (l. 42–45). Grâce aux logiciels de vidéotéléphonie, il ne faut même pas renoncer à voir ses amis. Et à ceux qui ont perdu des amis, Internet offre la possibilité de les retrouver et d'approfondir de nouveau la relation (l. 45–47). En somme, il faut dire que d'un côté, Internet aide à créer de nouveaux contacts sans risques et de l'autre côté, il nous fait gagner du temps.

Commentaire personnel / Rédaction

1. *Hinweis: Bei diesem Thema haben Sie die Wahl zwischen einer linearen Erörterung (Sie entscheiden sich klar dafür oder dagegen, ein Jahr ohne Internet auszukommen) oder einer dialektischen Erörterung, bei der Sie Argumente dafür und dagegen nennen und zu einer Synthese kommen. Die Musterlösung entspricht letzterem Typ.*

Internet, le Web, la Toile… Quelque soit le nom qu'on choisisse, Internet est devenu omniprésent dans notre vie. Utilisé pour le travail, pour des recherches, pour des achats en ligne, pour garder le contact avec des amis par des réseaux sociaux, on se sert si souvent du Net qu'on peut se demander si l'on serait encore capable de vivre un an sans.

D'une part, je pense que c'est absolument possible de renoncer au Web pendant un an. Il suffit de penser à la génération de nos parents qui n'ont eu ni Internet ni e-mails. Certes, sans Internet, il faudrait s'adapter au fait que c'est plus difficile de communiquer ou de trouver des informations. Ajouté à cela, il faut avoir plus de temps. Par exemple quand on cherche les horaires d'ouvertures d'un musée, il faut d'abord trouver le numéro de téléphone dans les pages jaunes, puis l'appeler. Tout de même, je trouve aussi important de savoir comment était la vie d'autrefois ou comment est celle des gens dans le monde qui n'ont pas le même niveau de vie que nous. Je suis sûr(e) qu'ils mènent une vie moins rapide et moins stressante.

D'autre part, j'imagine mal que les gens puissent se priver d'Internet pendant un an sans interruption. Pensons par exemple au monde du travail dans lequel la Toile est devenue le moyen par excellence de communiquer. De plus, je pense que les gens ont tellement pris l'habitude de se servir de ce media vraiment utile qu'ils auraient du mal à tenir le coup pendant une si longue période.
En résumé, je constate qu'il est possible de renoncer à Internet dans la vie privée et que cela nous ferait même du bien. Dans la vie professionnelle en revanche, l'utilisation du Web me semble être tout à fait indispensable. *(319 mots)*

2. *Hinweis: Bei dieser Aufgabenstellung geht es darum, das Zitat ganz genau zu lesen. In diesem Fall sind besonders die letzten beiden Wörter („quand même") ausschlaggebend für die richtige Interpretation.*

Des amis, tout le monde prétend en avoir. Mais quelle est la définition d'un ami ? Est-ce quelqu'un qu'on connaît depuis toujours, depuis longtemps, depuis peu de temps ? Quelqu'un qu'on fréquente souvent, de temps en temps, rarement ? La définition « C'est quelqu'un qui vous connaît bien et qui vous aime quand même » me semble être la définition parfaite d'un ami. D'après elle, un ami est alors quelqu'un qui nous connaît personnellement, c'est-à-dire une personne avec qui on parle de sa vie, de ses problèmes et avec qui on a vécu des expériences communes. Mais le mot le plus important dans cette citation est le « quand même » à la fin. Un ami ne nous connaît pas seulement bien, mais il nous aime bien qu'il connaisse nos éventuels défauts, nos traits de caractère négatifs, nos humeurs peut-être. Seule une personne qui est prête à nous accepter et nous apprécier comme nous sommes, et à entretenir l'amitié tout de même, est considérée comme un véritable ami. Ici, il s'agit également d'une amitié profonde qui s'est développée et pas d'une amitié superficielle qu'on entretient avec des soi-disant amis trouvés sur des réseaux sociaux comme Facebook. Enfin, cette citation veut aussi dire que l'amitié parfaite n'existe pas. C'est tout à fait normal qu'il y ait des problèmes et des divergences d'opinion entre amis. Ceux-ci approfondissent la relation et nous font aimer nos (vrais) amis quand même. *(252 mots)*

3. *Hinweis: Dieses Thema eignet sich nur, wenn Sie fundierte Kenntnisse über ein literarisches Werk besitzen und diese gut strukturieren können. Beachten Sie, dass hier für Inhalt und Sprache jeweils fünf Punkte vorgesehen sind und nicht wie üblich vier für den Inhalt und sechs für die Sprache.*

L'amitié joue un rôle important dans beaucoup d'œuvres littéraires, entre autre dans le roman « Monsieur Ibrahim et les fleurs du Coran » d'Éric-Emmanuel Schmitt. Le thème central est la relation entre les protagonistes, Monsieur Ibrahim, un vieil homme musulman, et Momo, un jeune garçon juif, qui vivent dans le même quartier. Cette amitié très particulière naît lorsque Momo vole des conserves dans l'épicerie de Monsieur Ibrahim. Malgré ce « crime », Monsieur Ibrahim ne punit pas Momo, mais se rapproche de lui. Au début, ils n'échangent qu'une phrase ou une question par jour, mais peu à peu, ils se font confiance, se respectent et deviennent de vrais amis. En dépit de leur différence d'âge et de leur religion différente, ils sont très proches et se comblent mutuellement d'amour et de joie. Bien sûr, Momo a plus besoin de cette amitié parce que sa mère est partie et que sa relation avec son père est difficile. Monsieur Ibrahim l'aide alors à vivre en société, à s'épanouir et à découvrir le monde. Il s'intéresse toujours aux besoins de Momo, le console quand c'est nécessaire et l'adopte après la mort de son père. Monsieur Ibrahim, de son côté, n'a pas cherché d'ami, mais l'amitié avec Momo le rend également très heureux parce qu'il peut faire du bien à Momo et lui transmettre son savoir. Même après la mort de Monsieur Ibrahim, Momo profitera de cette amitié : en quelque sorte, Monsieur Ibrahim lui a sauvé la vie et lui a appris à avoir un esprit plus ouvert et positif. *(269 mots)*

4. Le dessin humoristique montre une scène dans un restaurant. Partout, on voit des tables décorées de nappes et de bougies et au plafond, il y a des lustres. Il s'agit donc probablement d'un restaurant chic. Au centre, un homme (Pierre) et une femme (Nicole) sont assis à table : la légende nous laisse savoir que c'est leur premier rendez-vous dans la vie réelle après s'être probablement connus sur Internet. Ce qui est frappant sur cette image c'est que Nicole et Pierre communiquent à l'aide de leurs ordinateurs portables au lieu de se parler. Le serveur qui est venu leur présenter la carte ne semble pas comprendre la situation et a l'air ébahi. À mon avis, l'illustrateur veut exprimer que beaucoup de personnes font connaissance de quelqu'un sur Internet, mais que c'est difficile de poursuivre cette relation, jusque-là virtuelle, dans le réel. En regardant cette image, j'ai l'impression que les gens ne sont plus capables de communiquer de façon classique, c'est-à-dire de se parler et de se regarder dans les yeux. D'un côté, je les comprends, car c'est plus facile de communiquer en ligne surtout quand on est timide. De l'autre côté, il est impossible de montrer ses sentiments, qui sont la base de toute relation humaine, quand on se parle seulement via Internet. En outre, je trouve triste que Nicole et Pierre ne se regardent pas, ce qui est un signe de politesse et de respect. Finalement, la caricature me fait penser que les gens deviennent de plus en plus dépendants de l'ordinateur. Pour conclure, je dois dire que le dessin est tout de même exagéré parce que j'imagine mal qu'une telle scène ait vraiment lieu dans le réel. *(297 mots)*

Textaufgabe II

Questions sur le texte

1. *Hinweis: Diese Aufgabenstellung setzt voraus, dass der ganze Text unter die Lupe genommen wird, und zwar genau an den Stellen, an denen etwas über den Gefühlszustand des Protagonisten in Bezug auf die Klassenarbeit ausgesagt wird.*

   Avant le test, le protagoniste est désespéré parce que son voisin Nicolas, ayant la grippe, ne pourra pas le laisser copier sur sa feuille pendant le prochain test de maths. Sachant qu'il sera complètement perdu sans l'aide de Nicolas et ayant très peur de devoir passer le test seul, le protagoniste tente de guérir son camarade en lui apportant des sucreries. Lorsqu'il se rend compte que Nicolas sera finalement absent le jour du test de maths, le protagoniste se met à travailler « comme un fou » pour l'interrogation, mais plus il travaille, moins il comprend. Il participe à l'épreuve tout de même pendant laquelle il se compare aux soldats de Napoléon : alors que ceux-ci se sont au moins battus avant leur défaite, il ne peut même pas lutter parce qu'il ne comprend pas les questions du test et il en éprouve de la honte. Finalement, il se compare à « l'agneau qui arrive à l'abattoir », il réalise donc qu'il va échouer au test et n'est finalement pas capable d'écrire un seul mot.

2. *Hinweis: Die Aufgabe bezieht sich explizit nur auf die Zeilen 24 bis 42, von daher darf die körperliche Reaktion der Mutter (ab Zeile 44) auf keinen Fall mit hineingenommen werden.*

Pendant le dîner, le fils appréhende que sa mère l'interroge sur le test de maths (l. 24). Quand elle pose finalement la question, il décide de lui dire la vérité (« Ça a été… un désastre », l. 30) et de laisser tomber l'exposé qu'il a préparé exprès pour la calmer (l. 32–34). Il va même jusqu'à faire table rase en avouant que ça fait des années qu'il copie sur son voisin (l. 36, 42) et qu'il a rendu une copie blanche parce qu'il n'avait rien compris (l. 40).
La mère ne s'y attendant pas (l. 27–29), est d'abord très surprise de l'échec de son fils et veut en connaître les raisons (l. 31). Quand celui-ci lui parle de sa tricherie, elle est sous le choc (« Elle me dévisageait bouche ouverte, pétrifiée », l. 38), mais elle n'est pas sûre au début si son fils dit la vérité ou s'il fait une blague.

3. Les réactions des parents aux propos de leur fils sont très différentes : alors que le père est compréhensif, la mère est beaucoup plus sévère.
Celle-ci se fâche très fort après l'aveu de son fils (l. 44) et se montre même prête à punir son fils physiquement (« J'ai vu sa main droite se dresser », l. 44/45) parce qu'elle pense qu'il mérite une punition (l. 48/49). Quand son mari l'en empêche, elle ne se calme pas et quitte la salle à manger en claquant la porte (l. 52).
Le père ayant toujours refusé la punition corporelle pour ses enfants (l. 50/51) reste et parle tranquillement à son fils pour savoir ce qui s'est vraiment passé à l'école (l. 52–55). Et même quand le fils avoue avoir copié sur Nicolas, le père est étonné, mais il reste calme, console et rassure son enfant : d'un côté, il lui fait comprendre qu'il ne faut pas avoir obligatoirement des diplômes pour avoir du succès dans la vie (comme c'est le cas pour lui), de l'autre côté, il reconnaît ne pas avoir été le meilleur à l'école non plus (l. 59–62).

Commentaire personnel / Rédaction

1. *Hinweis: Bei diesem Thema ist eine lineare (Sie entscheiden sich klar, ob Sie der Aussage zustimmen oder sie ablehnen) oder dialektische Argumentation (Sie wägen Für und Wider der Aussage ab und kommen zu einer Synthese) möglich. Bei der Musterlösung wurde die dialektische Argumentation gewählt, die zum Schluss kommt, dass Erfolg im Leben vom Glück und der Leistung einer Person abhängt.*

Mit „être diplômé" ist im Übrigen die Tatsache gemeint, überhaupt einen zertifizierten Abschluss zu besitzen, also nicht unbedingt einen Studienabschluss.

En étudiant les annonces d'offre d'emploi, on a l'impression qu'un diplôme est indispensable pour trouver du travail. Mais faut-il être diplômé pour réussir dans la vie ? Beaucoup de jeunes se posent cette question avant d'entrer dans la vie active.

D'abord, il faut constater qu'un diplôme – à condition qu'il soit bon – est essentiel pour trouver un poste ou changer d'emploi, car il est très rare qu'une entreprise emploie une personne sans diplôme. Ensuite, cela dépend de la qualité du travail de l'employé s'il fait carrière ou non, car un diplômé ne maîtrise pas automatiquement son travail. Il ne faut pas sous-estimer non plus que les personnes qui ont fait des études ont de l'expérience et ont élargi leur horizon, ce qui les fait parfois réussir plus facilement dans la vie.

Tout de même, on entend souvent parler de personnes sans diplôme qui réussissent dans la vie. Comment est-ce possible ? À mon avis, ils ont eu beaucoup de chance ou beaucoup de courage. Souvent, ce sont des personnes qui poursuivent le travail de leurs parents, qui trouvent du travail à cause de leurs bonnes relations ou qui décident de fonder leur propre entreprise. Ils peuvent ainsi acquérir une expérience professionnelle qui leur permet de réussir mieux qu'une personne diplômée.

En somme, tout dépend donc de la chance et de la qualité du travail de la personne. Mais ce qui est sûr, c'est que le fait d'être diplômé augmente fortement les chances de réussir dans la vie. *(260 mots)*

2. *Hinweis: Bei diesem Thema ist eine lineare (Sie entscheiden sich klar, ob Sie der Aussage zustimmen oder sie ablehnen) oder dialektische Argumentation (Sie wägen Für und Wider der Aussage ab und kommen zu einer Synthese) möglich. Bei der Musterlösung wurde die lineare Argumentation gewählt, die der These beipflichtet, dass Werbung von Lügen lebt.*

La publicité, on la rencontre partout : à la radio, la télévision, dans les journaux, sur Internet, dans les rues… Elle est devenue un élément central dans l'économie de la libre concurrence : presque chaque entreprise en fait pour surpasser ses concurrents. Examinant ces publicités, on constate qu'elles font toujours des promesses aux clients. Mais ces promesses, peuvent-elles être vraiment tenues ou la publicité, est-ce un domaine qui vit du mensonge ?

Premièrement, je trouve que la publicité use souvent de mensonges, surtout en ce qui concerne les produits de beauté. Certes, les entreprises ont fait des études et obtenu des résultats en mesure de convaincre le consommateur, mais ce n'est pas sûr que le produit ait le même effet chez toutes les personnes. Un deuxième exemple sont les produits de nettoyage : alors qu'à la télévision l'effet du produit est toujours immédiat et impeccable, la réalité à la maison peut être tout autre. Troisièmement, les prix données dans les publicités sont liés à certaines conditions : pensons à un voyage en avion par exemple. Le prix reste bas tant qu'on ne change ni l'aéroport ni la date du voyage (toujours en dehors des vacances sco-

laires) ni la catégorie de chambre (par exemple quand on souhaite une chambre avec vue sur la mer).
Tout compte fait, je suis sûr(e) qu'il existe des produits sur lesquels la publicité dit la vérité, mais je suis convaincu(e) que dans la majorité des cas, la publicité embellit les données, voire use du mensonge pour améliorer la vente des produits.

(258 mots)

3. *Hinweis: Dieses Thema eignet sich nur, wenn Sie fundierte Kenntnisse über ein literarisches Werk oder einen Film besitzen und diese auch gut strukturieren können. Beachten Sie, dass hier für Inhalt und Sprache jeweils fünf Punkte vorgesehen sind und nicht wie üblich vier für den Inhalt und sechs für die Sprache.*

L'image de l'école est non seulement un sujet omniprésent dans les médias français, mais il est exploité de plus en plus aussi dans la littérature ou le cinéma. Le roman « Entre les murs » de François Bégaudeau qui a également été adapté à l'écran en est un exemple parfait. Il montre une année scolaire d'une quatrième et son professeur de français dans un collège d'un quartier difficile. Premièrement, l'image de l'école dans le roman est négative parce que la plupart du temps, les élèves ne sont ni disciplinés ni motivés. Cela mis à part, la majorité des élèves a de grandes difficultés à suivre les cours et ne respecte ni ses camarades ni ses professeurs. Ceux-ci, de leur côté, sont souvent désespérés et n'aiment plus exercer leur métier. Seul le protagoniste, le professeur de français de la classe, tente de sympathiser avec les élèves, mais il montre trop de zèle à être bon copain avec eux. Ainsi, il n'améliore pas la situation, mais crée d'autres problèmes. Deuxièmement, le roman montre d'une façon très réaliste les problèmes dans les Z. E. P. et la lutte inlassable des professeurs contre l'échec de leurs élèves dont la plupart est d'origine étrangère. En dernier, il faut dire que l'image de l'école transmise par le roman est aussi très triste : bien que le professeur s'engage énormément pour la réussite de ses élèves, il ne parvient pas à leur faire comprendre le sens de l'école. En fin de compte, il faut dire que l'histoire montre à quel point la cohabitation d'un professeur et de ses élèves peut être difficile. *(279 mots)*

4. *Hinweis: Die Karikatur ist nicht einfach zu deuten. Im Hinblick auf den Inhalt der Textaufgabe „Le test de maths" scheint es sich bei dem Außerirdischen um einen pubertierenden Jugendlichen und bei dem Pärchen um dessen Eltern zu handeln, die sein Verhalten nicht verstehen.*

La caricature montre trois personnes. À droite, il y a un couple enlacé, de dos. L'homme porte des lunettes et une moustache, la femme une jupe et des chaussures à talons hauts. L'illustration me laisse penser que le couple a déjà un certain âge. En face d'eux se trouve un extraterrestre. Il porte une casquette au bord de laquelle on aperçoit des antennes. Ses yeux sont extraordinairement grands et sa bouche est pointue. Il parle dans une langue incompréhensible, au regard des signes bizarres dans la bulle devant sa tête. Derrière lui, on distingue par terre un ovni. Ses vêtements ressemblent en revanche beaucoup au look des adolescents : il porte un sweat-shirt imprimé d'un smiley, un pantalon large (comme en portent les skateboardeurs) et des baskets. C'est pour cette raison que je pense que l'illustrateur ne voulait pas représenter un extraterrestre, mais un adolescent en pleine puberté. Par conséquent, le couple devrait représenter les parents du jeune homme. Pour ma part, le dessinateur a choisi cette apparence bizarre du jeune pour montrer que certains jeunes se comportent de façon bizarre pendant leur adolescence pour trouver leur identité. À mon avis, c'est aussi la raison pour laquelle le jeune parle une langue inintelligible. Pendant cette phase difficile, les parents font preuve d'incompréhension face à leur enfant adolescent et il faut qu'ils se soutiennent mutuellement pour surmonter cette période. Je pense que c'est pour cette raison qu'ils s'enlacent sur l'image. La caricature me fait rire parce qu'elle montre bien la distance qu'il peut y avoir entre les adolescents et leurs parents. Néanmoins, la situation est exagérée à mes yeux, car la plupart des jeunes s'entendent bien avec leurs parents même s'il peut y avoir parfois des divergences d'opinions et des situations d'incompréhension mutuelle. *(310 mots)*

Médiation

1. *Hinweis:*
   - *Der dritte Satz der Version wurde komplett umgestellt.*
   - *Im Text tritt an zwei Stellen das Verb „envisager" (Z. 3 bzw. 14/15) auf, das in beiden Fällen freier übersetzt wurde.*
   - *Die Übersetzung von „journal" (Z. 4) mit „Zeitung" im Zusammenhang mit „Pilote" wäre falsch, da es sich um eine von 1959 bis 1989 wöchentlich erschienene Comiczeitschrift handelt.*
   - *„Entendre" (Z. 9) ist wie „vouloir" zu übersetzen.*
   - *Mit „traits" (Z. 9) könnte zwar auch die Art und Weise gemeint sein, wie die Figuren gezeichnet sind, da jedoch das Gesicht den zentralen Punkt einer Person darstellt, wurde hier mit „Gesichtszüge" übersetzt.*
   - *„L'aventure" (Z. 10) sollte im Deutschen eher mit dem Plural wiedergegeben werden, da man zwar alle Geschichten von Asterix und Obelix als ein großes Abenteuer sehen könnte, jedoch hier wohl eher der Anfang ihrer Abenteuer generell gemeint sein dürfte.*

Asterix feiert seinen 50. Geburtstag

A.U.: Wie sehr wünschte ich mir, dies sei mein eigener Geburtstag! Aber keine langen Reden, es ist der Geburtstag von Asterix. Als wir damals in aller Eile diese kleine Figur für die Zeitschrift *Pilote* erfunden haben, hätten René Goscinny und auch ich selbst uns niemals träumen lassen, dass sie einmal älter als 50 Jahre werden würde.
F.M.: Inwiefern haben sich Ihre Figuren in den letzten 50 Jahren verändert?
A.U.: Asterix und Obelix haben sich unweigerlich in ihrer grafischen Darstellung verändert, weil sie überstürzt entstanden sind. Ich hatte keine Zeit gehabt, an den Zügen dieser Figuren so zu arbeiten, wie ich es gerne wollte. Daher kommt es,

dass meine beiden Gallier zu Beginn ihrer Abenteuer ein wenig unfertig aussahen. Aber ansonsten, was ihre Einstellungen und ihren Charakter angeht, haben sich Asterix und Obelix nicht verändert. Das würden die Leser nicht ertragen. Jeder spielt seine Rolle und muss sie weiterspielen, auch wenn manche Figuren im Laufe der Zeit mehr an Bedeutung und Substanz gewonnen haben, als wir es geahnt hätten. Ebenso wenig hatten wir vor, im Ausland auch nur den geringsten Erfolg zu haben, da wir ja unsere Helden nun einmal ausschließlich für das französische Zielpublikum geschaffen haben.
F.M.: Ist eigentlich Asterix freche Art heute noch denkbar?
A.U.: Selbstverständlich nicht! Heutzutage stellt die Voraussetzung, sich politisch korrekt verhalten zu müssen, meine Kreativität auf eine harte Probe und engt mich bei der Entstehung der Geschichten ein. Beispielsweise hätte ich davon geträumt, unsere Gallier einmal nach Schwarzafrika reisen zu lassen. Aber ich bin mir dessen bewusst, dass dies sicherlich zu Rassismusvorwürfen führen würde.

2. *Hinweis: Zu beachten ist, dass der Text nicht komplett zusammengefasst werden muss, sondern dass nach zwei Leitfragen vorgegangen werden soll. Dies bedeutet, dass der erste und der letzte Paragraph des Artikels für die Lösung der Aufgabe irrelevant sind. Wichtig ist außerdem, dass die Aufgabenstellung erfüllt wird und die E-Mail neben Anrede und Schlussformel auch einen Bezug zum Adressaten (der französischen Freundin der Mutter, die um Auskunft gebeten hat) beinhalten muss.*

Chère Yasmina,

Ça va? Tu m'as demandé de faire des recherches sur la situation des professeurs immigrés en Allemagne. J'ai trouvé un article intéressant dans le magazine « Focus Schule ». Dans ce qui suit, je te donne les arguments les plus intéressants de cet article.
Il y a beaucoup d'avantages à recruter des professeurs d'origine étrangère. Premièrement, ils peuvent mieux résoudre les problèmes ou les conflits interculturels parce qu'ils connaissent les différences entre les cultures et les difficultés qui en résultent. Ils peuvent ainsi servir de médiateurs et veiller aux besoins particuliers des élèves immigrés. Deuxièmement, les élèves étrangers sympathisent souvent avec les professeurs issus d'une autre culture. La raison est simple : connaissant la situation et ayant fait des expériences comparables, les professeurs immigrés comprennent mieux les élèves et sont capables de leur communiquer un sentiment de sécurité. Par conséquent, les élèves feront confiance aux professeurs. Troisièmement, les professeurs servent de modèle parce qu'ils ont fait leurs études dans un pays étranger et prouvent ainsi qu'il est tout à fait possible de réussir. Finalement, ils encouragent les jeunes qui ont déjà souvent fait de mauvaises expériences, à ne pas se décourager. En somme, il faut dire que l'intégration réussit mieux lorsqu'on envoie des professeurs immigrés dans les écoles parce que le corps professoral devrait également donner une image authentique de la société.

Tout de même, certaines conditions doivent être remplies : d'un côté, le professeur doit être soutenu par le proviseur et par ses collègues. De l'autre côté, il faudrait que les immigrés soient prêts à occuper des postes à haute responsabilité au lieu de choisir des métiers plutôt prestigieux.

N'hésite pas à me contacter si tu as encore des questions.

À bientôt,
N.N. *(294 mots)*

Abitur Französisch (Bayern)
2012

Compréhension orale

Paris by night

Vous avez **cinq** minutes pour lire les questions. Ensuite, vous allez entendre un document **trois fois**. Vous aurez **trois** minutes de pause entre les écoutes. À la fin, **trois** minutes seront à votre disposition pour compléter vos réponses.

Pendant les écoutes, l'utilisation du dictionnaire n'est pas autorisée. Dans le cas où le candidat aura coché plus de réponses que le nombre demandé explicitement dans la consigne, aucun point ne pourra lui être attribué.

Punkte: 20

1. Cochez les deux informations qui sont correctes. (2)

   ☐ Le bus part à 20 h 00.
   ☐ Dans ce bus, les passagers n'ont pas besoin de ticket.
   ☐ Il s'agit d'un bus de ligne de la RATP.
   ☐ Emmanuel est un jeune investisseur.
   ☐ Il a réuni à peu près 60 personnes.

2. Répondez à la question suivante. (1)

   Qu'est-ce qu'Emmanuel fête ce soir-là ?

   ____

3. Cochez les trois éléments mentionnés dans le document sonore. (3)

   La présentatrice décrit l'équipement du bus : à l'intérieur, on trouve…

   ☐ une table de mixage
   ☐ un réseau Wifi
   ☐ une cuisine
   ☐ des caméras vidéo
   ☐ des spots multicolores
   ☐ des rideaux en velours
   ☐ un vestiaire

4. Complétez le texte ci-dessous. (3)

   « C'est à bord de ce bus que ces visiteurs du soir ________________ Paris. On est loin des bus proposant des visites guidées avec casque sur les oreilles. Nos ________________, eux, veulent avant tout faire la fête. Et une fois pris dans l'ambiance ______________, est-ce qu'on regarde vraiment Paris ? »

5. En Amérique Latine, on loue aussi des bus pour faire la fête. Citez une occasion typique. (1)

6. Le trajet du bus (4)
   a) Indiquez le point du départ du bus (D) et l'endroit de la pause à mi-chemin (M) dans les cercles correspondants.
   b) Cochez deux autres monuments mentionnés dans le reportage (✗).

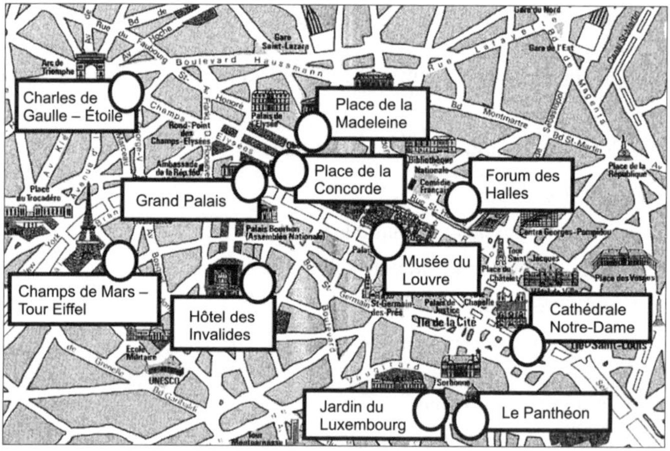

7. Répondez à la question suivante. (4)
   Quelle est la position de l'organisateur Nicolas d'Issernio sur la consommation d'alcool à bord de ces bus (deux aspects) ?

8. Cochez les deux bonnes informations. (2)
   La présentatrice dit…
   - ☐ que les soirées-bus ont lieu douze mois sur douze.
   - ☐ que le bus fait un parcours de 20 km.
   - ☐ que Monique est une conductrice retraitée.
   - ☐ que ce tour dure jusqu'à 23 h 15 et coûte 13 €.

Textaufgabe

Der Prüfling hat eine Textaufgabe seiner Wahl zu bearbeiten.

Textaufgabe I

Guadeloupe, l'école de la malbouffe

Au collège de Pointe-Noire (Guadeloupe), la grande récré du matin sonne à 9 h 55. Aussitôt, les élèves dévalent les escaliers quatre à quatre pour se ruer vers… la roulotte d'un marchand de restauration rapide stationnée dans la cour ! C'est à celui qui arrivera le premier pour s'approvisionner en sandwichs, pizzas, chips, boissons sucrées ou barres chocolatées. Puis les élèves réintègrent la classe tandis que le commerçant fait des maths appliquées en calculant son chiffre d'affaires.

Un snack ambulant dans l'enceinte d'une école de la République ? À l'heure où la société française prend conscience des ravages du surpoids sur la santé, la vision de certaines cours de récréation guadeloupéennes paraît surréaliste. D'autant que la roulotte du collège de Pointe-Noire n'est pas unique en son genre. Le rectorat[1] de la Guadeloupe le déplore mais l'admet : au moins la moitié des 68 établissements du second degré (collèges et lycées) accueillent depuis plusieurs années de tels garde-manger. Or leur présence contredit totalement les préconisations du ministère de l'Éducation nationale, qui recommande aux établissements « d'apprendre aux élèves les règles d'un bon comportement alimentaire » et « de leur faire connaître les effets de l'alimentation sur la santé », notamment « en veillant à la régularité des repas ». C'est d'ailleurs en vertu de ce principe que, depuis 2005, les distributeurs automatiques de boissons et de produits alimentaires payants sont interdits.

Dès lors, les camionnettes-snacks sont-elles illégales ? Le cas n'est pas prévu par les circulaires du ministère de l'Éducation nationale, ni au chapitre « santé des élèves », ni à celui de « la restauration scolaire ».

Aux yeux des professionnels de santé, en Guadeloupe et en France métropolitaine, la situation est insensée. Avec la Martinique, la Guadeloupe est en effet le département français où le problème du surpoids et de l'obésité est le plus aigu. Les raisons ? Un changement de mode de vie marqué par la « culture de la bagnole », la sédentarité et la présence écrasante des hypermarchés, vecteur de « malbouffe ». Selon une étude récente, plus de 1 Guadeloupéen sur 2 (55 %) a un poids supérieur à la norme. Plus grave : près de 1 Guadeloupéen sur 4 (et 1 enfant sur 10) est considéré comme obèse. Une proportion deux fois plus élevée qu'en métropole. Résultat, les maladies cardio-vasculaires, les cas de diabète et certains cancers explosent. « Si nous ne changeons pas nos habitudes alimentaires, notre société ressemblera un jour aux États-Unis », s'alarme le Dr André Atallah[2].

Mais le chemin sera long. Car l'acculturation[3] est en marche. Lorsqu'on les invite à citer le nom d'un fruit, les enfants guadeloupéens répondent fréquemment « la pomme ». Comme on sait, celle-ci ne pousse pas dans les bananeraies. Malgré la menace des kilos en trop, les parents d'élèves sont plutôt favorables au statu quo.

Leur raisonnement – qui désespère les nutritionnistes – se résume ainsi : certains élèves se réveillant à 5 heures du matin afin de rejoindre, en car et le ventre vide, leur lycée, parfois situé loin de leur domicile, à l'autre bout de l'île, il est normal de leur vendre des en-cas au milieu de la matinée. « L'ennui, objecte le Pr Serge Hercberg[4] – qui recommande de manger cinq fruits et légumes par jour –, c'est qu'à cette heure-là, il est déjà trop tard pour remplacer le petit déjeuner. Et qu'en outre les aliments proposés dans de tels endroits ne répondent pas aux besoins nutritionnels. » Seule solution : renouer avec le petit déjeuner, fût-ce à 5 heures du matin.

« Nous pourrions supprimer les voitures-boutiques, explique Odile Derussy, du rectorat de la Guadeloupe. Mais, en pratique, cela soulèverait un tollé auprès des parents, des élèves et, même, d'une partie du personnel. » Pragmatique, le rectorat préfère mobiliser son énergie à améliorer la qualité des produits. « Ces dernières années, nous avons obtenu la suppression de la mayonnaise, des poulets grillés, des viennoiseries, des barres chocolatées, des chips et des sodas. » En principe, seuls les sandwichs non cuits, l'eau, les fruits et les yaourts sont autorisés. En principe…

Quoi qu'il en soit, les pouvoirs publics prennent peu à peu conscience des spécificités de l'Outre-mer. La troisième phase du *Programme national nutrition santé* prêtera une attention particulière aux départements ultramarins[5], assure le Pr Serge Hercberg. « Il faut faire attention aux symboles et délivrer des messages cohérents, martèle-t-il. On ne peut pas exiger des ados qu'ils cessent de grignoter et, en même temps, leur proposer une offre alimentaire pendant les interclasses. Posons au moins un principe : le système éducatif ne doit pas cautionner ce qui nuit à la santé des enfants. » C'est en effet la moindre des choses.

Explications :

1	un rectorat	autorité publique chargée de l'administration scolaire
2	Dr André Atallah	chef du service de cardiologie du centre hospitalier de Basse-Terre (Guadeloupe) et coordinateur de l'étude
3	l'acculturation	*ici :* adaptation des jeunes Guadeloupéens aux habitudes alimentaires de l'Europe et des États-Unis
4	Pr(ofesseur) Serge Hercberg	responsable du *Programme national nutrition santé*
5	ultramarin	d'outre-mer

Questions sur le texte

Punkte: 50

Répondez aux questions suivantes en utilisant autant que possible vos propres mots. Citez correctement.

1. Relevez dans le texte ce que l'auteur reproche aux établissements scolaires et aux autorités publiques en ce qui concerne l'alimentation des jeunes. (20)
2. Analysez les raisons pour lesquelles l'obésité atteint des proportions alarmantes en Guadeloupe et décrivez les mesures évoquées dans le texte pour améliorer la situation. (20)
3. Caractérisez le style du texte. Relevez au moins deux moyens stylistiques et étudiez leur fonction. (10)

Commentaire personnel / Rédaction

Punkte: 40

Exposez, en 200 à 250 mots environ, vos idées / arguments sur **l'un** des sujets suivants.

1. Dans le monde d'aujourd'hui, on a les mêmes problèmes, même si on est loin les uns des autres. – Discutez.
2. Sur tous les paquets de cigarettes figure obligatoirement un avertissement. Faut-il prendre exemple sur ce modèle pour informer le consommateur sur les risques que présentent certains produits alimentaires ? – Discutez.

   Mal manger peut tuer

3. Le sport – exercice physique ou spectacle commercial ?
4. Décrivez et commentez le dessin humoristique ci-dessous :

C'est à qui d'éduquer les enfants?

Francisco Graells

Safia Serpent

Safia est une petite fille qui vit au sein d'une famille nombreuse dans les bidonvilles de Djibouti[1]. L'entrée à l'école lui ouvre de nouveaux horizons…

Tous les matins, ma mère m'accompagnait. Le trajet était long, nous n'avions que rarement de quoi prendre le bus et nous marchions près d'une heure.

Sous les escaliers où nous passions chaque jour vivaient des enfants qui avaient moins de chance que moi, ceux que l'école avait rejetés ou qui n'y avaient même jamais mis les pieds. Ils se rassemblaient là pour sniffer de la colle et partager l'argent qu'ils avaient mendié le plus souvent sur le terre-plein central de la large et commerçante avenue 19.

L'école primaire était située à proximité de la très grande église, pas très loin du Prisunic[2], le magasin des merveilles à mes yeux. Arrivée devant les portes de l'établissement, ma mère faisait demi-tour simplement et s'éloignait. Elle n'avait jamais un geste de tendresse. Ce n'était pas sa façon d'exprimer l'amour qu'elle avait pour ses enfants. Elle nous nourrissait, et nous poussait, à sa façon un peu brutale, vers ce qu'elle pensait être le meilleur pour nous.

C'est durant ma seconde année, quand elle a décidé que j'étais assez grande pour faire seule le chemin, que j'ai gagné le surnom qui allait me suivre jusqu'à mon départ pour Dakar[3]. Pour gagner du temps et pouvoir dormir un peu plus le matin, j'ai commencé à aller à l'école en courant. Comme j'étais très maigre et que je courais légèrement en zigzag, mes camarades qui me voyaient arriver chaque jour en riant m'ont donné le sobriquet de Serpent.

À la maison, on me traitait de paresseuse car j'aimais traîner au lit le plus longtemps possible, malgré les inconvénients évidents d'être la dernière à se lever : mes sœurs et moi partagions tout, notre chambre, nos affaires, notre lit, nos repas… la dernière à sortir de ses rêves était donc la dernière à se servir dans la vieille valise métallique qui renfermait nos vêtements… Je m'étais ainsi résolue à être la plus mal habillée, invariablement vêtue d'un vieux short et d'un T-shirt trop grand. J'étais aussi la dernière à passer à table, et les grandes crêpes accompagnées de sucre et de beurre n'étaient pas toujours en nombre suffisant pour toutes les bouches de la maison.

Ma fameuse « paresse » m'a pourtant procuré un avantage évident : un entraînement de fer. Je courais chaque jour près de dix kilomètres – mes chaussures à la main pour ne pas les user –, dans la poussière, la chaleur, la pollution. Cela forme un athlète plus sûrement qu'aucune salle de sport sophistiquée… Aux cours d'éducation physique, je suis rapidement devenue la meilleure et cela allait me servir bien plus que je ne le pensais.

À l'école du Plateau, les enfants parlaient tous couramment français. Qu'ils soient fils de politiques, de diplomates, de coopérants, de commerçants ou de professeurs, le français était leur langue maternelle. Rapidement, à leur contact, je l'ai maîtrisé parfaitement et j'ai pu commencer à apprécier la classe. Les instituteurs étaient bons pédagogues, j'apprenais énormément, avec assez de facilité. Mes nouveaux amis me plaisaient aussi.

Le soir, quand je repartais vers chez moi, seule à aller dans cette direction, aussitôt que je posais le pied sur la première marche qui mène au bas de la ville, j'oubliais tout ce que j'avais vu dans la journée, je faisais le vide dans ma tête. Je redevenais Safia, petite fille des quartiers, débrouillarde et dégourdie. J'oubliais le français et ne parlais plus que le somalien, éventuellement le djiboutien. J'avais une existence schizophrène. Dans un réflexe de survie, j'avais décidé de ne pas mélanger ces deux mondes.

Pourquoi parler à mes frères et sœurs de choses dont ils ne profiteraient jamais et dont je venais d'être gavée tout le jour ? Et pourquoi raconter à mes camarades du Plateau une vie qu'ils ne comprendraient pas et qui les choquerait ? Je zigzaguais ainsi entre deux univers comme un serpent.

J'adorais l'école. Tout m'y paraissait merveilleux, fait pour moi. Je n'avais pas besoin de me battre, l'école s'offrait à moi. J'avais ma petite table, elle était mienne, dans le casier étaient rangées mes affaires que je me gardais bien de rapporter à la maison, de crainte qu'on ne me les abîme. Les professeurs étaient là pour moi, pour m'aider à apprendre, pour m'offrir leur savoir. J'aimais les cours de français, d'histoire, et de sport. Je suivais assez bien dans les autres matières également et j'étais extrêmement satisfaite de mon sort. J'étais une élève attachante, je crois, mais un peu agaçante aussi. Comme je ne pouvais pas faire mes devoirs à la maison – la nuit tombait trop tôt, nous n'avions toujours pas l'électricité, nous étions trop nombreux et il y avait toujours un jeu ou une corvée pour me distraire –, je ne quittais jamais la salle de classe sans m'assurer d'avoir tout compris.

Explications :

1 Djibouti capitale de la République de Djibouti, en Afrique de l'est ; pays voisin de la Somalie
2 Prisunic ancienne chaîne de magasins populaires
3 Dakar capitale de la République du Sénégal

Questions sur le texte **Punkte: 50**

Répondez aux questions suivantes en utilisant autant que possible vos propres mots. Citez correctement.

1. Décrivez la situation sociale de Safia et analysez comment cette situation se reflète dans les rapports sentimentaux au sein de sa famille. (20)
2. Expliquez pour quelles raisons le sobriquet de « serpent » s'applique bien à Safia. (20)
3. « [...] l'école s'offrait à moi. » (l. 53). En partant de ce constat, présentez brièvement le rôle que joue l'école pour Safia. (10)

Commentaire personnel / Rédaction

Punkte: 40

Exposez, en 200 à 250 mots environ, vos idées / arguments sur **l'un** des sujets suivants.

1. C'est le rôle de l'école publique de compenser les différences d'origine. – Discutez.
2. Une année de service social volontaire – une bonne idée ?
3. Faut-il s'adapter à tout prix lorsqu'on est à l'étranger ? Référez-vous aussi à des expériences personnelles.
4. Décrivez et commentez le dessin humoristique ci-dessous :

© Chappatte in « International Herald Tribune » – www.globecartoon.com

Médiation

Choisissez **l'un** des sujets suivants. **Punkte: 40**

1. Traduisez le texte ci-dessous en allemand.

Connaissez-vous les vacances intelligentes ?[1]

Réviser ses cours en s'amusant, apprendre l'anglais en cuisinant, étudier le dessin au Japon…

Ah ! les jolies colonies de vacances… Les anciennes colos sont sur le point de disparaître. Aujourd'hui, les parents sont exigeants : ils veulent que leurs enfants apprennent des choses, qu'ils parlent anglais trois ans plus tôt… Ambition de grands bourgeois ? Pas nécessairement, c'est là aussi une nouveauté. Les clients sont certes issus, le plus souvent, de milieux privilégiés. Mais, surtout, ces parents ont d'autres projets pour leur progéniture que de leur donner carte blanche pour s'amuser sur les plages de la Côte d'Azur.

« Il y a encore quelques années, on venait en colo consommer des heures d'équitation ou de voile, comme au supermarché, raconte Thierry Daudigny, spécialiste des séjours à thèmes. Désormais, plutôt que de louer un centre et d'y organiser trois activités, les agences travaillent sur un véritable projet pédagogique. »

Les temps changent. Les enfants des baby-boomeurs ne veulent pas bronzer idiots. Finis les douches collectives et les dortoirs à 10 lits. L'hébergement est confortable, sécurisé, il se fait parfois même à l'hôtel. Les vacances des enfants se sont 'adultisées'. Avec ces séjours éducatifs, on ne mise pas seulement sur le luxe, mais sur l'intelligence.

(Die Quellenangabe ist nicht zu übersetzen.)

Annotation :

1 Ne pas traduire

2. Rédigez un texte français d'environ 250 mots en vous appuyant sur les informations demandées.

Ihr Freund Jérôme, ein 17-jähriger Abiturient aus Limoges, überlegt, ob er ein Jahr in Deutschland studieren soll. Er möchte seine Deutschkenntnisse noch vertiefen. Bei seinen Vorbereitungen ist er auf folgende Artikel gestoßen, die er nicht ganz versteht und die ihn verunsichern.

Er bittet Sie, ihn in einer Mail über die folgenden Fragestellungen zu informieren:

- Welche emotionalen Probleme können bei Studienbeginn und in den ersten Semestern auftreten?
- Welche Ratschläge gibt der Mitarbeiter des Studentenwerks?
- Mit welchen Einschränkungen sehen sich minderjährige Studienanfänger konfrontiert?

Nichts wie heim zu Mama

Beim Studienbeginn heißt es für viele junge Leute, Abschied zu nehmen. Dann teilt sich die Freundesclique in zwei Lager. Die einen ziehen los, um die Welt zu erobern. Die anderen bleiben zurück. Und sind erstmal die Doofen, die den Absprung nicht geschafft haben. Doch was ist eigentlich, wenn der Absprung misslingt? Wenn die fremde Großstadt gar nicht so toll ist und Studenten plötzlich das Gefühl haben, dass es zu Hause doch am schönsten ist? Wer sich das eingesteht, ist keineswegs ein Weichei. Denn Heimweh haben nicht nur Muttersöhnchen.

„Studenten werden heute als *brains on legs* angesehen – nur die Karriere im Kopf und bar aller sozialen Bindungen", sagt Stefan Grob vom Deutschen Studentenwerk. Der ideale Bologna-Student sei ein internationaler Jetsetter, ein „Unihopper". Mehrere Stationen im Lebenslauf seien für ihn Pflicht: Drei Jahre für den Bachelor in die eine Stadt, zum Master in eine andere und zwischendurch ins Ausland.

Sich zu binden, gilt in dieser Logik als Karrierehemmschuh. Der moderne Mensch ist schließlich flexibel und mobil. Das sei aber ein „Zerrbild", meint Grob. „Man muss sich im Studium wohlfühlen, und man braucht etwas, wo man sich zu Hause fühlt." Nur wer sich wohlfühlt, sei auch erfolgreich.

Manchmal kann es sich also lohnen, zurück auf Los zu gehen, wenn sich die Wahl des Studienortes als Fehler herausstellt. Durchhalten und das Studium durchziehen, ist dann die falsche Devise. „Lieber zurück in Mamas Schoß, als sich zu quälen", rät Grob.

Manchmal sind die Probleme mit der Sehnsucht nach zu Hause aber auch hausgemacht. Statt sich abzukapseln, müssten Erstsemester versuchen, unter Leute zu kommen. Letztlich haben es Studenten auch selbst in der Hand: „Ich muss schon den Hintern hochkriegen und darf nicht nur in meinem Zimmer hocken – sonst ist es kein Wunder, wenn mir die Decke auf den Kopf fällt.“

Tobias Schormann: Nichts wie heim zu Mama, www.sueddeutsche.de zuletzt aufgerufen am 22. 09. 2011

Mit Mama zur Einschreibung

Das Abi in der Tasche, das Studentenleben vor sich: Tagsüber mit den Mitbewohnern Theorien von Habermas diskutieren, abends durch die Kneipen ziehen, niemandem Rechenschaft über Tun oder Nichtstun ablegen müssen – vor allem nicht den Eltern. Dieser Lebenswandel wurde dank der Bologna-Reform, also durchstrukturierter Studiengänge, seltener – aber er galt im Grunde bis zum letzten Wintersemester. Jetzt gilt: An der Hand von Papa zur Unterzeichnung des ersten Mietvertrages, an der Hand von Mama zur Einschreibung. Denn nun drängen Absolventen des achtstufigen Gymnasiums an die Universitäten und damit Studenten, die noch keine 18 Jahre alt sind.

Streng genommen dürfen diese recht wenig. Minderjährige dürfen keinen Mietvertrag unterzeichnen, keinen Bibliotheksausweis beantragen und keinen Studienkredit aufnehmen, auch in der Wahl eines möglichen Nebenjobs sind sie arbeitsrechtlich beschränkt. Goodbye große Freiheit, willkommen elterliche Vollmacht.

Die Minderjährigkeit vieler Erstsemester wirkt sich auf viele Bereiche des Studentenlebens aus. So müssen die Jugendlichen etwa auf Uni-Partys extra kontrolliert werden, da sie noch keinen Alkohol trinken dürfen.

Viele Unis umgehen all dies mit einer Art Blanko-Vollmacht, einer einzigen Unterschrift zu Beginn des Studiums, etwa auf einem Schreiben namens „Elterninformation zum Studium ihrer minderjährigen Kinder“. Das klingt wie ein Elternbrief im Kindergarten, erfüllt aber einen entscheidenden psychologischen Zweck.

„Viele Studenten würden sich wohl schämen, mit den Eltern zusammen zur Einschreibung kommen zu müssen, da ist das ganz wichtig, dass man das vorab zu Hause erledigen kann“, so Jürgen Gündel von der Studienberatung der Uni Erlangen-Nürnberg. Und was kommt dann? Immatrikuliert, integriert? So einfach ist das bei den jungen Erstsemester-Studenten wohl nicht. Professor Wolfgang Schneider betreut an der Uni Würzburg das sogenannte Frühstudium, in dem schon jetzt Minderjährige, meist hochbegabte Schüler, nebenbei an der Hochschule lernen.

Mit Blick auf die steigende Zahl minderjähriger Studenten sieht er Probleme vor allem im sozialen Bereich: „Viele der 17-jährigen könnten an den Hochschulen schnell ins Schleudern kommen. Gerade die zu erwartenden Massenveranstaltungen führen möglicherweise zu großer Überforderung.“ Auch für Anerkennung bei den „Großen“ müsse erst einmal gekämpft werden, punkten könne man da mit fachlicher Kompetenz. Wer was weiß, gehört dazu. Und auch das Problem mit der Minderjährigkeit löst sich bei den meisten während der ersten beiden Semester von selbst.

Jasmin Off: Mit Mama zur Einschreibung, www.sueddeutsche.de
zuletzt aufgerufen am 22. 09. 2011

Compréhension orale

Paris by night

20 h 30, place de la Concorde, un bus vraiment pas comme les autres se gare devant l'entrée du Jardin des Tuileries, comme un flash entièrement customisé avec de longues bandes qui rappellent néons et faisceaux laser, blancs, verts, roses et noirs. Et pourtant il s'agit bien à l'origine d'un bus de ligne de la RATP, à première vue, impensable de passer deux heures à l'intérieur de ce transport en commun pour boire un verre et danser tout en visitant Paris. C'est en tout cas le concept des Soirées Bus et ce soir-là, sur la girouette du véhicule, une inscription en lettres jaunes : « En route pour Budapest », une demande d'Emmanuel, ce jeune ingénieur a loué le bus pour fêter son départ en Hongrie.

« C'était l'occasion de réunir les amis pour les revoir une dernière fois avant de m'expatrier. »

Et les compagnons de voyage d'Emmanuel sont venus nombreux.

« J'ai l'impression qu'on est un bon petit gruppetto et on devrait passer une bonne soirée. On devrait être… je ne sais pas, aidez-moi à compter là… ça ferait dans les… dans les cinquante personnes. »

Le bus peut accueillir jusqu'à soixante passagers. Avant le décollage, pas besoin de ticket ni de passe Navigo, mais un vigile à l'entrée du bus veille au grain. Il est un peu plus de 21 h, les portes se referment… Moteur et surtout musique !

Une fois à bord du bus, c'est la surprise : table de mixage et platines mp3, mais aussi banquettes, écrans vidéo, spots multicolores et enceintes qui marchent à plein, une véritable discothèque ambulante. Plafond en inox brossé, boiseries et sièges en velours, sans oublier vestiaire et toilettes… C'est à bord de ce bus que ces visiteurs du soir découvrent Paris. On est loin des bus proposant des visites guidées avec casque sur les oreilles. Nos passagers, eux, veulent avant tout faire la fête. Et une fois pris dans l'ambiance boîte de nuit, est-ce qu'on regarde vraiment Paris ?

« J'ai vu qu'on n'était pas loin du Grand Palais, et donc on a passé la Concorde et je pensais qu'on allait aller vers les Champs-Élysées. Et ce que j'aime bien aussi, c'est voir la tête des… soit automobilistes, ou alors des passants dans la rue. Parce qu'ils se disent « mais qu'est-ce que c'est que ça », ils comprennent pas trop et ça aussi c'est un plaisir de voir comment les gens réagissent par rapport à ce type d'évènement en fait. »

Le concept des Soirées Bus existe en Amérique Latine, Marie-Hélène l'a déjà testé à Mexico.

« En fait, on utilise des… ce qu'on appelle soit des Guaguas, c'est des bus locaux qu'on loue pour la soirée. Ça se fait vraiment tous les week-ends. Les gens font ça et on les voit défiler dans la rue tous les week-ends avec des gens pour des enterrements de vie de jeune fille et des mariages, des baptêmes, enfin toutes les familles se réunissent dans des bus comme ça. »

Le bus réalise différentes rotations dans Paris. Ce soir-là, sous les yeux des voyageurs défilent la place de la Madeleine, l'Étoile, et à mi-chemin dix minutes d'arrêt sur le Champ de Mars pour une pause cigarette. L'occasion de prendre un peu l'air et, le nez en l'air, admirer juste derrière, la Dame de Fer. Puis retour au chaud, aux platines le créateur de Soirée Bus, Nicolas D'Issernio joue le DJ et alterne entre techno, dance et disco. Malgré l'espace limité, un couple s'élance dans un rock, rien à envier à l'ambiance des bals du 14 juillet. L'important, c'est de s'amuser. Soirée Bus propose des boissons sans alcool, mais son créateur, Nicolas D'Issernio, autorise les passagers à apporter bières et champagne.

« S'il y a un souci, s'il y a des gens qui abusent, on est là pour les arrêter, leur demander de descendre si c'est nécessaire. »

Pour Monique, qui est au volant, pas une goutte d'alcool. Cette conductrice retraitée de la RATP tape quand même du pied. Et même à 20 km/h, le temps passe à toute allure. À 23 h 15, terminus, tout le monde descend. Ce Paris by night est ouvert toute l'année pour des tours d'une heure et demie à travers Paris, ça coûte 30 €, renseignement sur le site soireebus.fr.

Hinweis: In der Regel werden Rechtschreib- und Grammatikfehler nur dann gewertet, wenn sie den Sinn der Aussage entstellen. Alternative Lösungen sind gültig, sofern diese der Aussage des Hörtextes entsprechen. Dies gilt nicht für Aufgaben, bei denen im Rahmen des Zitats einer Hörpassage mit Lücken die Wiedergabe ganz bestimmter Wörter oder Ausdrücke gefordert ist. Bei frei zu formulierenden Antworten sind auch wörtliche Übernahmen aus dem Text sowie stichpunktartige Lösungen richtig.

1. *Hinweis: Beachten Sie, dass hier zwei Lösungen angekreuzt werden müssen.*

   Cochez les deux informations qui sont correctes.

   ☐ Le bus part à 20 h 00.
   ☒ Dans ce bus, les passagers n'ont pas besoin de ticket.
   ☒ Il s'agit d'un bus de ligne de la RATP.
   ☐ Emmanuel est un jeune investisseur.
   ☐ Il a réuni à peu près 60 personnes.

2. *Hinweis: Da die Aufgabenstellung nichts Konkretes vorgibt, wird hier sowohl eine wörtliche Übernahme aus dem Text als auch eine stichpunktartige Lösung als auch ein ganzer Satz akzeptiert. Es ist nicht unbedingt erforderlich, das konkrete Ziel von Emmanuel zu nennen.*

   Il fête son départ (à Budapest/en Hongrie/à l'étranger).

3. *Hinweis: Beachten Sie, dass hier drei Lösungen angekreuzt werden müssen. Lassen Sie sich nicht in die Irre führen: auch wenn die Begriffe „vidéo" und „velours" im Text vorkommen, sind die Lösungen „caméras vidéo" und „rideaux en velours" nicht zutreffend.*

La présentatrice décrit l'équipement du bus : à l'intérieur, on trouve…

- [X] une table de mixage
- [ ] un réseau Wifi
- [ ] une cuisine
- [ ] des caméras vidéo
- [X] des spots multicolores
- [ ] des rideaux en velours
- [X] un vestiaire

4. *Hinweis: Beachten Sie, dass es sich hier um ein Zitat handelt und exakt die im Text genannten Wörter genannt werden müssen.*

   « C'est à bord de ce bus que ces visiteurs du soir **découvrent** Paris. On est loin des bus proposant des visites guidées avec casque sur les oreilles. Nos **passagers**, eux, veulent avant tout faire la fête. Et une fois pris dans l'ambiance **boîte/boite de nuit**, est-ce qu'on regarde vraiment Paris ? »

5. *Hinweis: Hier wird nur einer der drei im Text genannten Anlässe verlangt. Eine stichpunktartige Angabe ist ausreichend.*

   Une occasion caractéristique est par exemple un baptême, un mariage ou l'enterrement de vie de jeune fille.

6. a) *Hinweis: Die Aufgabe ist leichter zu beantworten, wenn beim ersten bzw. zweiten Hören zunächst die zwei gesuchten Orte herausgefiltert und erst beim dritten Hören in die richtige Reihenfolge gebracht werden.*

   b) *Hinweis: Beachten Sie, dass von den drei im Text genannten Orten nur zwei angekreuzt werden müssen.*

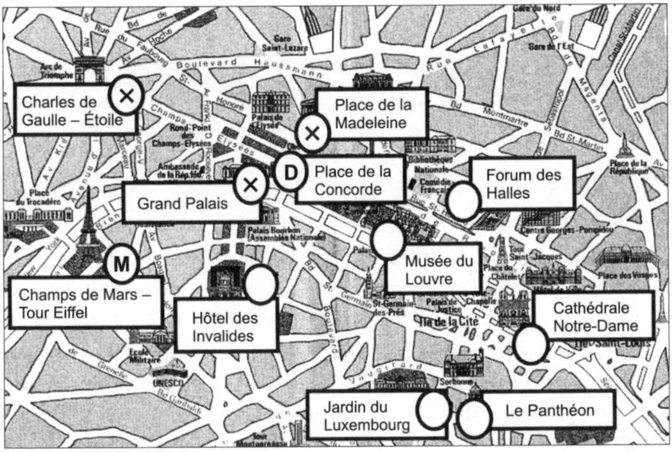

7. *Hinweis: Da die Aufgabenstellung nichts Konkretes vorgibt, werden hier sowohl wörtliche Übernahmen aus dem Text als auch stichpunktartige Lösungen als auch ganze Sätze akzeptiert.*

   Réponses possibles:
   - Nicolas d'Issernio n'accepte pas que des boissons alcooliques soient vendues dans les bus.
   - Nicolas d'Issernio est d'accord que les passagers apportent leurs propres boissons alcooliques (bière, champagne).
   - Si les gens boivent trop d'alcool, Nicolas d'Issernio et ses employés interviennent.
   - S'il le faut, Nicolas d'Issernio et ses employés font descendre les personnes qui boivent trop.

8. *Hinweis: Beachten Sie, dass hier zwei Lösungen angekreuzt werden müssen. Lassen Sie sich nicht täuschen: im Text wird zwar die Zahl „20" genannt, jedoch in Verbindung mit Stundenkilometern und nicht mit Kilometern allein. Zudem dürfen die Zahlen 13 und 30 nicht verwechselt werden und deshalb nicht fälschlicherweise die letzte Antwort angekreuzt werden, obwohl deren erste Aussage richtig wäre.*

   La présentatrice dit…

   ☒ que les soirées-bus ont lieu douze mois sur douze.
   ☐ que le bus fait un parcours de 20 km.
   ☒ que Monique est une conductrice retraitée.
   ☐ que ce tour dure jusqu'à 23 h 15 et coûte 13 €.

Textaufgabe

Textaufgabe I

Questions sur le texte

1. *Hinweis: Beachten Sie, dass genau zwischen den Vorwürfen an die Schulen und an die Behörden unterschieden werden muss. Erstere finden sich kompakt gleich im ersten Absatz des Textes, während Letztere im ganzen Text verstreut sind.*

   Dans le texte, l'auteur reproche aux établissements scolaires de laisser des marchands de restauration rapide s'installer dans les cours des écoles et d'y vendre aux élèves des produits alimentaires mauvais pour la santé comme des sandwichs, des pizzas, des chips, des boissons sucrées ou des sucreries.
   Quant aux autorités publiques, l'auteur leur reproche d'admettre que de la nourriture mauvaise pour la santé soit vendue dans au moins 50 % des collèges et lycées guadeloupéens bien qu'elles sachent que cette pratique ne correspond pas

aux idées du ministère de l'Éducation nationale. Mais celui-ci s'abstient de définir des directives en ne parlant pas des camionnettes-snacks dans ses lettres ministérielles. Et bien que le rectorat ait l'air d'être gêné de la situation actuelle, il ne prend pas assez de mesures pour faire respecter le règlement. Alors, il essaie simplement d'améliorer la qualité des produits au lieu d'interdire totalement les voitures-boutiques parce qu'il a peur de la révolte des parents, des élèves et du personnel.
Somme toute, l'auteur reproche au système éducatif de ne pas veiller assez à la santé des enfants guadeloupéens.

2. *Hinweis: Da im Text sowohl zahlreiche Gründe für die Fettleibigkeit als auch einige Maßnahmen zu deren Bekämpfung genannt werden, geht es hier vor allem darum, diese zu strukturieren und prägnant zusammenzufassen, ohne dabei zu sehr auf Details einzugehen. Wie bei Frage 1 muss der gesamte Text unter die Lupe genommen werden.*

Les raisons de l'excès de poids en Guadeloupe sont nombreuses. Tout d'abord, les Guadeloupéens ne se rendent pas compte du problème des camionnettes-snacks dans les écoles (l. 7–10). Ensuite, certains changements dans leur mode de vie sont responsables de l'obésité : en prenant toujours la voiture et en restant assis tout le temps, la société guadeloupéenne ne bouge plus assez (l. 25). Ajouté à cela, elle se nourrit de plus en plus de produits mauvais pour la santé qui sont vendus dans les hypermarchés (l. 26) et prend ainsi peu à peu les habitudes alimentaires des États-Unis (l. 31). Quant aux parents d'élèves, ils acceptent la situation telle qu'elle est (l. 36) et ils choisissent la solution de facilité : comme les élèves ne prennent plus le petit-déjeuner à la maison à cause des longs trajets, il est normal pour eux que les horaires des repas soient décalés et que les enfants prennent des repas supplémentaires à l'école (l. 37–40).
Pour améliorer la situation, le ministère de l'Éducation nationale et des experts donnent des conseils aux écoles et aux familles et préconisent une alimentation saine. De plus, les distributeurs automatiques de boissons et de produits alimentaires sont interdits dans les écoles depuis 2005 et le rectorat s'efforce d'améliorer continuellement la qualité des produits et de supprimer les produits favorisant l'obésité (l. 47–51). Enfin, il existe même un *Programme national nutrition santé* dans les DROM-COM (l. 53/54).

3. *Hinweis: Beachten Sie, dass Sie zunächst grob den Stil des Textes benennen und dann von der Vielzahl der Stilmittel des Textes mindestens zwei (möglichst eindeutige) anführen sollen. Wählen Sie nur Stilmittel aus, die auch wirklich eine einschlägige Funktion haben und vergessen Sie nicht, diese Funktion auch genau zu beschreiben.*

L'auteur emploie un style journalistique pour rendre son texte plus vivant. Il utilise par exemple plusieurs questions rhétoriques qui s'adressent directement au lecteur et qui dévoilent bien l'opinion personnelle de l'auteur (l. 7 : « Un snack ambulant dans l'enceinte d'une école de la République ? » ou l. 19 : « Dès lors, les camionnettes-snacks sont-elles illégales ? »). L'ironie joue aussi un rôle important dans le texte. Quand l'auteur parle des élèves qui retournent dans la salle de classe « tandis que le commerçant fait des maths appliquées en calculant son chiffre d'affaires » (l. 5/6) ou quand il rajoute un « En principe… » (l. 51) à ses explications, il veut montrer au lecteur à quel point la situation est absurde à ses yeux. Il en va de même pour le titre et la ligne 26 où il emploie l'expression familière « la malbouffe » au lieu de parler de mauvaise alimentation. Finalement, de nombreuses ellipses comme « Les raisons ? » (l. 24), « Plus grave : » (l. 27/28), « Résultat » (l. 29) ou « Seule solution » (l. 43/44) accélèrent le rythme du texte et rendent le lecteur curieux de savoir ce qui va suivre.

Commentaire personnel / Rédaction

1. *Hinweis: Die Schwierigkeit dieses Commentaire personnel liegt in der Deutung des Wortes „loin". Die Musterlösung geht davon aus, dass es um die räumliche Entfernung, also die Gemeinsamkeiten bzw. Unterschiede zwischen den Problemen der westlichen und der dritten Welt geht. Da das Thema recht theoretisch ist, sind hier vor allem konkrete Beispiele wichtig. Aufgrund der Aufgabenstellung („Discutez") sollte die Argumentation dialektisch aufgebaut sein, d. h., Sie führen sowohl Argumente dafür als auch dagegen an und kommen schließlich zu einer Synthese.*

   Les maladies, la précarité, le stress… La liste des problèmes des gens est longue. Mais a-t-on le droit de prétendre que dans le monde d'aujourd'hui, on a les mêmes problèmes, même si on est loin les uns des autres ?
   D'une part, je suis d'accord parce qu'il y a des problèmes auxquels chacun est confronté, qu'il vive en France ou à l'autre bout du monde. Prenons par exemple l'éducation des enfants qui doivent apprendre à marcher ou à parler, indépendamment de l'endroit où ils grandissent.
   D'autre part, les problèmes des gens sont souvent liés à leur civilisation. Alors qu'un Français riche par exemple collectionne des voitures, un Africain pauvre devra marcher longtemps pour aller au travail. Cela mis à part, beaucoup de problèmes dépendent de la situation sociale de la personne. Il suffit de penser à un chômeur ne sachant pas comment nourrir sa famille. Peu importe s'il vit dans un pays riche ou pauvre, il doit trouver une solution. Enfin, il ne faut pas oublier le rapport entre les problèmes d'une personne et sa personnalité. Qu'il soit P.D.G. à Paris ou travailleur agricole en Chine : on peut travailler dur pendant toute sa vie et rester longtemps en bonne santé ou bien se plaindre sans arrêt et tomber malade.
   Tout compte fait, je pense qu'il serait faux de généraliser les choses : les problèmes qu'on a dépendent toujours de plusieurs facteurs et parfois aussi de l'endroit où on vit.
   (240 mots)

2. *Hinweis: Aufgrund der Aufgabenstellung („Discutez") sollte die Argumentation dialektisch aufgebaut sein, d. h., Sie führen sowohl Argumente dafür als auch dagegen an und kommen schließlich zu einer Synthese.*

« Fumer tue ». Ce n'est qu'un exemple d'avertissement figurant obligatoirement trônant sur les paquets de cigarettes depuis quelques années. Malgré tout, un bon nombre de personnes ignore les dangers et continue à s'adonner à la cigarette. Et si on prenait exemple sur ce modèle pour les emballages de certains produits alimentaires ? Les avertissements ne serviraient-ils à rien ou seraient-ils capables de changer le comportement des consommateurs ?
D'une part, je ne pense pas que des phrases choquantes puissent empêcher une partie des gens d'acheter leurs produits alimentaires préférés s'ils veulent vraiment continuer à les consommer. Il en est de même pour certains fumeurs qui ignorent les avertissements et ne les prennent pas au sérieux.
D'autre part, je trouve important de mieux renseigner les consommateurs sur les ingrédients de l'alimentation comme les sucreries, les chips ou les boissons (alcooliques) parce qu il est sûr que les gens ne savent pas toujours ce qu'ils mangent. En plus, des avertissements permettraient aux consommateurs de mieux comparer les produits. Ainsi, il leur serait possible de faire leur choix au supermarché. Enfin, certains aliments contenant trop de sucre, de matières grasses ou d'alcool peuvent déclencher des maladies cardio-vasculaires, du diabète ou un cancer quand on en mange régulièrement. Les céréales en sont un exemple : selon la publicité, elles sont bonnes pour la santé, mais la plupart d'entre elles contiennent énormément de sucre. En révélant les conséquences et les dangers possibles, on pourrait donc peut-être prévenir des maladies graves.
En conclusion, je dois dire que de tels avertissements sont certainement efficaces. Pour atteindre vraiment tout le monde, il faudrait peut-être apprendre aux élèves dès l'école primaire les risques de certains aliments. *(278 mots)*

3. *Hinweis: Bei diesem Thema ist eine lineare (Sie entscheiden sich klar für die eine oder die andere Aussage) oder dialektische Argumentation (Sie nennen Argumente für beide Aussagen und kommen zu einer Synthese) möglich. Die Musterlösung entspricht letzterem Typ.*

Le sport passionne les hommes depuis longtemps : les Grecs anciens déjà se battaient aux Jeux olympiques. En regardant les évènements sportifs d'aujourd'hui, on se demande si le but du sport est toujours l'exercice physique ou s'il ne s'agit plus que de spectacles commerciaux.
Au début, c'est sûr que le grand public fait du sport pour être en bonne forme physique. Souvent, les hommes cherchent à compenser le stress du travail en pratiquant un sport quelconque. Bien sûr que certains d'entre eux y voient aussi le plaisir de la compétition, mais en général, l'homme de la rue fait du sport pour être et rester en bonne santé.
En revanche, les gens s'intéressent à certains sports comme les courses cyclistes et font mauvais usage de la devise « plus vite, plus haut, plus fort ». Cela se voit par exemple dans le *Tour de France* qui devient de plus en plus un spectacle

commercial. Pour répondre aux attentes des spectateurs, les cyclistes prennent des risques en roulant trop vite ou vont même jusqu'à se doper. De plus, l'argent joue un rôle important dans le domaine du sport. À la différence d'autrefois, ce ne sont non seulement les sportifs qui gagnent énormément d'argent, mais aussi les sponsors et les médias. Enfin, il est devenu à la mode de regarder sur grand écran des évènements sportifs comme la Coupe du monde. Avant tout, ce n'est souvent plus la performance des footballeurs qui est le centre d'intérêt des spectateurs. Les gens regardent les matchs seulement pour s'amuser et faire la fête.
En somme, on constate que la grande majorité fait certainement du sport pour rester en forme, surtout quand elle pratique des sports peu connus. Néanmoins, certains sports ont tendance à être trop commercialisés. *(290 mots)*

4. Le dessin humoristique de Pancho intitulé « C'est à qui d'éduquer les enfants ? » montre une scène de dispute entre deux personnes. À gauche, on aperçoit un père qui a la bouche grande ouverte et l'air fâché en criant « C'est mon fils ! ». À droite, on y voit un professeur qui fait la même tête en criant « C'est mon élève ! ». Au milieu des deux se trouve un jeune garçon qui a l'air gêné et intimidé que son père et son professeur s'accrochent à sa veste et que chacun essaie de le tirer de son côté.
En regardant cette caricature, on a l'impression que le garçon ne comprend pas vraiment la raison de cette dispute et qu'il a envie de s'échapper. Je trouve la scène très exagérée parce qu'en réalité, il est peu probable qu'un père et un professeur se querellent physiquement au sujet de l'éducation d'un enfant. En plus, je ne peux pas imaginer qu'un professeur veuille éduquer son élève sans l'aide de ses parents parce qu'il le voit seulement une partie de la journée et son devoir principal, c'est de l'instruire. Donc, il ne dispose pas du temps nécessaire pour éduquer vraiment ses élèves. À mon avis, l'illustrateur veut plutôt exprimer par cette caricature que c'est le devoir commun des parents et des professeurs d'élever les enfants. Pour que l'éducation réussisse, ils doivent travailler ensemble au lieu de se disputer. *(237 mots)*

Textaufgabe II

Questions sur le texte

1. *Hinweis: Die Aufgabenstellung verlangt, zunächst Safias soziales Umfeld zu beschreiben und erst dann herauszuarbeiten, inwiefern dieses Auswirkungen auf die Beziehung der Familienmitglieder hat. Die Antworten sind im ganzen Text verstreut.*

Safia vit avec sa famille nombreuse dans un bidonville sans électricité qui se trouve loin de l'école. Peu d'enfants du bidonville vont à l'école et certains prennent même des drogues ou mendient dans la rue. La famille de Safia est pauvre, elle ne peut pas payer les trajets de bus pour aller à l'école. En plus, il n'y a pas assez à manger pour tous les membres de la famille. Ajouté à cela, Safia et ses sœurs sont obligées de partager leur chambre, leurs affaires, leur lit, les repas et même les vêtements. Comme elle n'ose pas user ses chaussures, elle les porte à la main quand elle court à l'école. D'ailleurs, elle est la seule dans la famille à avoir la chance d'aller à l'école, mais elle a quand même l'air de bien s'entendre avec les autres enfants de la famille.

Cette situation sociale a des conséquences sur les relations entre les membres de la famille : la mère de Safia qui a toujours eu la vie dure à cause de sa pauvreté ne montre aucune tendresse envers ses enfants (l. 10–12) et est même sévère et parfois un peu brutale avec eux (l. 12). Tout de même, elle a l'air d'aimer beaucoup ses enfants et leur veut du bien (l. 13). Les autres membres de la famille prennent Safia pour une paresseuse parce qu'elle reste longtemps au lit le matin (l. 20/21), mais ils tirent profit de son comportement en prenant les meilleurs vêtements avant Safia et en ne lui laissant rien à manger (l. 22–28). Safia se rend compte des inconvénients de sa situation, mais elle accepte qu'elle soit « la plus mal habillée » (l. 24/25) et profite plutôt de cet « avantage évident » (l. 29).

2. *Hinweis: Bei dieser Frage geht es darum, zu interpretieren, warum man Safia den Spitznamen „Schlange" gegeben hat. Die Antworten finden sich nicht direkt im Text, sondern müssen aus den Informationen über Safias körperliche und geistige Verfassung sowie ihr Verhalten gegenüber anderen hergeleitet werden.*

   Le surnom de « serpent » va très bien à Safia parce qu'elle ressemble à cet animal au niveau corporel : elle est très mince (l. 17) et bouge « en zigzag » (l. 18) comme le font les serpents. À part cela, elle est vive comme un serpent au niveau intellectuel : elle parle couramment le français (l. 37/38) à cause de ses contacts avec les autres enfants de l'école et apprend facilement (l. 39). Ensuite, elle se comporte dans son entourage comme un serpent qui s'adapte à la nature : fille plutôt défavorisée, elle n'a pas de mal à s'intégrer dans une classe de jeunes issus des milieux plutôt privilégiés (l. 35/36) et arrive même à s'y faire des amis (l. 39/40). En même temps, elle reste la « petite fille des quartiers » (l. 44) chez elle et ne parle ni à sa famille ni à ses camarades de classe de son autre vie. En conclusion, on peut dire que la jeune fille réussit parfaitement à vivre dans deux mondes contradictoires, celui de sa famille simple et pauvre et celui de ses camarades aisés. Elle est donc débrouillarde comme un serpent qui est capable de zigzaguer entre deux univers (l. 50/51) sans pour autant les mélanger (l. 46/47).

3. L'école joue un rôle très important pour Safia. D'abord, elle est la seule enfant de sa famille à aller à l'école (l. 48/49). En comparaison avec sa vie de famille où elle est obligée de tout partager avec ses sœurs et de se battre en permanence, elle trouve refuge à l'école et y mène une vraie vie privée ayant sa petite table, ses affaires et son casier rien qu'à elle (l. 53–55). Étant très ambitieuse, Safia apprécie également que les professeurs soient là pour elle (l. 38/39, 55/56) et elle en profite énormément. Parfois, elle les énerve même en posant beaucoup de questions pour être sûre d'avoir tout compris (l. 58–62). Finalement, comme Safia est une fille qui apprend « énormément, avec assez de facilité » (l. 39), l'école satisfait complètement ses besoins intellectuels. Il en résulte qu'elle adore l'école (l. 52),

surtout les cours de français, d'histoire et de sport et qu'elle est très contente de sa situation (l. 56–58).

Commentaire personnel / Rédaction

1. *Hinweis: Aufgrund der Aufgabenstellung („Discutez") sollte die Argumentation dialektisch aufgebaut sein, d. h., Sie führen sowohl Argumente dafür als auch dagegen an und kommen schließlich zu einer Synthese.*

Tous les enfants vont à l'école. Riches ou pauvres, fils d'immigrés ou nés dans le pays, blancs ou de couleur, ils se trouvent côte à côte en salle de classe. Parfois, les différences d'origine entre eux sont énormes. Est-ce le rôle de l'école publique de les compenser ?

D'abord, il faut constater que l'école n'est pas toujours capable d'égaliser ces différences. C'est le cas quand celles-ci sont trop grandes, par exemple quand un élève ne parle pas la langue pour communiquer avec ses camarades ou professeurs. Cela ne fonctionne pas non plus si les élèves (et/ou leurs parents) ne sont pas décidés à s'adapter volontairement à la société.

Mais étant donné que l'école est un lieu que tout le monde fréquente pendant une période assez longue, il faudrait en profiter pour apprendre aux élèves à respecter autrui. Même si le devoir principal des professeurs est l'instruction des élèves, ils devraient aussi consacrer une partie des heures de cours à parler des différences d'origine et de culture. À cela s'ajoute le fait que l'école prépare les enfants à la vie en société. Il est donc indispensable qu'ils y fassent connaissance des différentes cultures et qu'ils apprennent également que le but est de vivre ensemble paisiblement. En dernier lieu, les enfants ne connaissent souvent que les idées de leurs parents. Si l'école n'intervient pas, ils ne seront peut-être jamais capables d'accepter d'autres opinions et auront des difficultés à l'avenir.

En fin de compte, c'est sûrement le rôle de l'école publique de compenser les différences d'origine, cependant elle ne peut pas y réussir sans l'aide des parents.

(265 mots)

2. *Hinweis: Bei diesem Thema ist eine lineare (Sie entscheiden sich klar, ob Sie der Aussage zustimmen oder sie ablehnen) oder dialektische Argumentation (Sie wägen Für und Wider der Aussage ab und kommen zu einer Synthese) möglich. Bei der Musterlösung wurde die lineare Argumentation gewählt, gemäß der der soziale Freiwilligendienst in jeder Hinsicht eine gute Idee ist.*

En Allemagne, de plus en plus de jeunes se décident à faire une année de service social. Ce « métier » a l'air d'être en plein boom bien que le salaire soit bas. Est-ce une bonne idée d'y consacrer son temps ?

Premièrement, il faut dire que grâce au passage de la scolarité secondaire de 9 à 8 ans, les jeunes quittent l'école plus tôt. La plupart des élèves n'ont pas encore dix-huit ans quand ils quittent l'école pour commencer des études ou un apprentissage. En même temps, ils partiront à la retraite de plus en plus tard, donc une année de service social peut peut-être leur faire du bien avant qu'ils entrent dans une vie professionnelle longue et dure. En outre, elle permet à ceux qui n'ont pas

encore fait leur choix définitif concernant leur orientation de réfléchir plus longtemps et de découvrir en même temps le domaine social.
Deuxièmement, après l'abolition du service militaire et civil obligatoires, il manque énormément de personnel dans la santé publique. Par conséquent, je trouve qu'il est indispensable d'embaucher des jeunes qui s'occupent par exemple des personnes âgées dans les maisons de retraite.
Enfin, une année sociale est certainement un enrichissement personnel pour chacun d'entre nous. Même si on veut travailler dans un tout autre domaine, je trouve important de connaître le monde des personnes défavorisées et de savoir ce que cela veut dire de les aider.
Pour conclure, je pense qu'une année sociale ne correspond certes pas aux besoins de tout le monde, mais à mon avis les avantages, et pour la société et pour l'individu, sont tellement importants qu'il faudrait en faire la publicité dans les écoles publiques. *(277 mots)*

3. *Hinweis: Bei diesem Thema kommt es vor allem auf den Zusatz „à tout prix" an. Jeder dürfte zustimmen, dass man sich im Ausland anpassen muss, aber es sei dahingestellt, ob man das unter allen Umständen tun muss. Bei der Musterlösung wurde ein dialektischer Aufbau mit Pro- und Kontra-Argumenten gewählt, der zum Schluss kommt, dass man sich soweit möglich anpassen sollte, es aber nicht in jedem Fall muss.*

Que l'on parte à l'étranger pour un certain temps ou que l'on parte pour y vivre et y travailler pour toujours : souvent, les us et coutumes du pays de destination sont très différents de ceux du pays natal. La question est de savoir s'il faut s'adapter à tout prix à l'étranger.
En premier lieu, je pense qu'il ne faut pas forcément changer ses habitudes à l'étranger surtout si elles sont bonnes. Ainsi, je trouve par exemple qu'on doit accorder aux femmes les mêmes droits qu'aux hommes même si on ne le fait pas dans toutes les régions du monde.
Pourtant, il est généralement très important de respecter les mœurs d'un pays étranger parce qu'on attend la même chose des étrangers vivant chez nous. Quand j'ai visité une église en Italie par exemple, j'ai été obligée de couvrir mes bras et mes jambes. C'était normal pour moi de le faire même si je ne le fais pas chez moi. Par ailleurs, dans certains pays, il ne faut pas seulement s'accomoder, mais aussi bien connaître les lois locales pour éviter les sanctions. Il suffit de penser aux pays comme le Japon où il est interdit de s'embrasser en public. Mais ce qui est le plus important pour moi, c'est d'apprendre la langue du pays dans lequel on vit. Par conséquent, je trouve inacceptable de ne pas s'intégrer et de rester entre soi comme le font certaines femmes musulmanes en Allemagne par exemple.
En résumé, je suis tout à fait d'accord qu'il faut s'adapter à l'étranger tant que possible. Néanmoins, les habitants d'un pays n'ont pas le droit d'exiger qu'on change à tout prix ses propres mœurs. *(275 mots)*

4. Le dessin humoristique représente une scène dans une station-service. Au premier-plan, on reconnaît un homme qui est en train de faire le plein avec du bioéthanol. Ayant la main dans sa poche, il a l'air décontracté. À sa droite se trouve une pompe à essence et une affiche sur laquelle on peut lire « Bio Ethanol Pure Corne » et y voir un épi de maïs, à côté de la pompe se trouve sa grosse voiture. Sur la plaque d'immatriculation est écrit « Go Green » ce qui veut probablement dire que la voiture consomme du biocarburant et protège donc la nature. À l'arrière-plan, on distingue deux hommes. Contrairement au monsieur, ils sont très minces et petits. L'homme à gauche vient peut-être d'Afrique parce qu'il est noir. Comme l'homme à droite porte un chapeau caractéristique des gens qui travaillent dans les champs de maïs, on peut deviner qu'il s'agit d'un Asiatique. Cet homme tient une coupe probablement vide à la main et mendie. Je pense qu'il voudrait que l'homme leur donne à manger parce que celui-ci s'excuse en disant qu'il est « occupé à sauver la planète ». Il ne s'intéresse pas du tout à la demande des deux.
   À mon avis, la caricature est très sarcastique : les gens riches du monde occidental utilisent pour leurs grosses voitures ce dont les gens pauvres du tiers monde ont besoin pour manger et ne se rendent pas compte du problème. Ainsi, l'homme ne se sent pas du tout coupable et pense même qu'il fait du bien à la planète.
   (258 mots)

Médiation

1. *Hinweise:*
   - *Die komplette Überschrift muss nicht übersetzt werden.*
   - *Das Verb „s'amuser" tritt zweimal auf (Z. 1 und Z. 10) und wurde im Deutschen zweimal unterschiedlich, in beiden Fällen nicht wörtlich, übersetzt.*
   - *Bei der rhetorischen Frage „Ambition de grands bourgeois?" (Z. 6) empfiehlt es sich im Deutschen, ein Verb einzufügen.*
   - *Die beiden Sätze „Les clients…" (Z. 7/8) und „Mais, surtout,…" (Z. 8–10) wurden im Deutschen zusammengezogen.*
   - *Der Satz „Désormais, plutôt que…" (Z. 13–15) muss im Deutschen komplett umgestellt werden.*

   Den Unterrichtsstoff wiederholen und dabei Spaß haben, beim Kochen Englisch lernen, in Japan zeichnen lernen …
   Ach, die schönen Ferienlager … Die ehemaligen Ferienlager sind gerade im Begriff zu verschwinden. Heutzutage sind die Eltern anspruchsvoll: sie wollen, dass ihre Kinder etwas lernen, dass sie schon drei Jahre früher Englisch sprechen … Ist das nur großbürgerlicher Ehrgeiz? Nicht unbedingt, auch das ist neu. Die Kunden stammen zwar meistens aus privilegierten Schichten, vor allem aber haben diese Eltern mit ihren Sprösslingen etwas anderes vor, als ihnen freie Hand dabei zu lassen, sich an den Stränden der Côte d'Azur zu vergnügen.

„Noch vor einigen Jahren kam man ins Ferienlager, um dort Reit- oder Segelstunden wie im Supermarkt zu nehmen", berichtet Thierry Daudigny, Experte für Themenaufenthalte. „Nunmehr arbeiten die Anbieter eher an einem echten pädagogischen Projekt als dass sie ein Ferienzentrum mieten und dort drei Aktivitäten organisieren."
Die Zeiten ändern sich. Die Kinder aus der Zeit des Baby-Booms wollen sich nicht wie blöd braun brennen lassen. Schluss mit Gemeinschaftsduschen und Schlafsälen mit zehn Betten. Die Unterkunft ist bequem, sicherheitsüberwacht und erfolgt manchmal sogar im Hotel. Der Urlaub der Kinder ist „erwachsen" geworden. Mit diesen pädagogischen Ferienaufenthalten setzt man nicht nur auf Luxus, sondern auch auf Intelligenz.

2. *Hinweis: Beachten Sie bei dieser Sprachmittlung, dass nur die konkreten Fragen beantwortet werden müssen und somit Teile des Textes irrelevant sind. Neben den inhaltlichen Aspekten muss Ihr Text auch eine Anrede und Schlussformel enthalten und zu Beginn unbedingt auch Bezug auf den Adressaten nehmen.*

Cher Jérôme,

Je trouve super que tu veuilles faire des études en Allemagne et je comprends que tu aies encore des doutes. Je vais bien sûr répondre à tes questions concernant les deux articles.
Les étudiants peuvent rencontrer des problèmes au début de leurs études parce qu'en général, ils quittent leur famille et leurs amis, ce qui peut engendrer un sentiment de mal du pays. De plus, quand ils arrivent à l'université, ils sont souvent dépassés par les évènements de masse ou par le fait que les étudiants plus âgés ne les prennent pas encore au sérieux.
M. Grob du « Deutsches Studentenwerk » (correspond au C.N.O.U.S. en France) conseille donc aux étudiants de veiller à bien se sentir à l'université. Si ce n'est pas le cas, il sera difficile de réussir. Cela mis à part, il pense qu'il vaut mieux repartir à zéro si on a fait le mauvais choix que de terminer les études à tout prix. Finalement, il trouve important que les étudiants créent de nouveaux contacts au lieu de rester isolés.
Les restrictions auxquelles les étudiants mineurs sont confrontés sont énormes : n'étant pas encore majeurs, les jeunes n'ont ni le droit de s'inscrire seuls à l'université ni d'obtenir une carte de bibliothèque ni de signer des contrats quand ils veulent louer un appartement ou demander un crédit par exemple. En plus, la loi ne leur permet pas de faire n'importe quel petit boulot. Enfin, on les contrôle lors des fêtes universitaires parce qu'ils n'ont pas encore le droit de boire de l'alcool.
J'espère que j'ai pu répondre à tes questions. Si tu en as d'autres, n'hésite pas à me contacter.

À bientôt,
N.N. *(278 mots)*

Abitur Französisch (Bayern)
2013

Compréhension orale

Faire le tour du monde en solo

Vous avez **cinq** minutes pour lire les questions. Ensuite, vous allez entendre un document **deux fois**. Vous aurez **trois** minutes de pause entre les écoutes. À la fin, **quatre** minutes seront à votre disposition pour compléter vos réponses.

Pendant les écoutes, l'utilisation du dictionnaire n'est pas autorisée. Dans le cas où le candidat aura coché plus de réponses que le nombre demandé explicitement dans la consigne, aucun point ne pourra lui être attribué.

Punkte: 20

1. Cochez les deux bonnes réponses. (2)

   Qu'est-ce qu'on apprend sur Martine ?

   ☐ Elle est magistrate.
   ☐ Elle travaille dans le domaine artistique.
   ☐ Elle est partie en voyage à 58 ans.
   ☐ Elle avait déjà fait beaucoup de voyages.
   ☐ Elle a fait un tour du monde en 16 mois.

2. Répondez aux questions.

   a) La petite Martine rêvait de pays lointains. Qu'est-ce qui est à l'origine de ses rêves ? (2)

   ____

   b) Pourquoi est-ce que Martine était convaincue de pouvoir réaliser son voyage ? Donnez une raison. (2)

   ____

3. Cochez les deux informations qui sont correctes. (2)

   Avant de faire un grand voyage, selon le document sonore, il faut :

   ☐ réfléchir à son trajet
   ☐ aller à la banque
   ☐ subir des examens médicaux

☐ s'informer sur les hôpitaux dans les autres pays
☐ faire une inspection du matériel

4. Complétez le texte ci-dessous. (3)
   Martine parle de ses expériences :
   « Partir en solo quand on n'aime pas la solitude, ça semble tout à fait __________________, or ça ne l'est pas. Ça, je l'ai découvert aussi. »
   […] « Ce n'est pas une expérience de solitude, du tout, un voyage en solo, c'est au contraire une expérience de __________________ en __________________ et de découverte des autres qui est absolument fantastique. »

5. Cochez l'information qui n'est pas correcte. (1)
   ☐ Le billet d'avion est utilisable pendant 12 mois.
   ☐ Le billet d'avion coûte au moins 4 000 €.
   ☐ Ce sont les transports qui coûtent le plus cher.

6. Répondez à la question. (3)
   Comment Martine a-t-elle changé ? Mentionnez trois aspects.
   Elle est devenue…
   (1) ____________________________________
   (2) ____________________________________
   (3) ____________________________________

7. Vrai ou faux ? Cochez les bonnes réponses. (3)

	vrai	faux
Elle n'a pas perdu le contact avec ses nouveaux amis.	☐	☐
C'était facile pour elle de reprendre sa vie d'avant.	☐	☐
Depuis, elle n'a plus refait de voyages.	☐	☐

8. Cochez les deux informations qui sont correctes. (2)
   Martine a créé un blog pour
   ☐ communiquer avec ses amis.
   ☐ publier ses photos.
   ☐ aider d'autres voyageurs.
   ☐ décrire ses expériences.
   ☐ recevoir les conseils des autres.

Textaufgabe

Der Prüfling hat eine Textaufgabe seiner Wahl zu bearbeiten.

Textaufgabe I

Vivre en France, travailler aux frontières

Poste frontière de Morteau, 6 h 15. Une voiture verte immatriculée dans le Doubs[1] ralentit avant de reprendre sa course dans les villages suisses encore endormis. Comme tous les jours, du lundi au vendredi, Pascal, 28 ans, entre en Suisse pour venir faire ses 8 h 40 dans une usine d'horlogerie près du Locle[2]. « Ça me prend trois quarts d'heure porte à porte », explique cet ouvrier spécialisé. « Le soir, c'est un peu plus long, car il y a plus de monde sur la route. Et comme on doit rouler à 30 km/h dans les villages, ça n'avance pas vite. L'hiver ? Ce n'est pas un problème car les Suisses déblaient bien leurs routes. » Comme lui, ils sont des dizaines de milliers à endosser le statut de travailleur frontalier. Un statut qui permet à un salarié de vivre dans son pays d'origine, tout en travaillant à l'étranger. Une opportunité que la Suisse, qui ne fait pas partie de l'Union européenne, offre à certains ressortissants de la zone euro. Et dont les Francs-Comtois[3] profitent pleinement. Au quatrième trimestre 2010, les entreprises situées dans les cantons de Vaud, Neuchâtel et Jura, fournissaient un emploi à 33 400 Français résidant dans l'une des zones situées le long de la frontière suisse : Morteau, Pontarlier, Saint-Claude, Belfort et Montbéliard. Cette main-d'œuvre occupe 6 % des emplois de l'Arc jurassien suisse[4] (dont 11 % des emplois industriels). Si l'horlogerie et les microtechniques, secteurs industriels à forte valeur ajoutée, concentrent la plupart des effectifs, la part des services est en forte progression. En 2010, les travailleurs frontaliers étaient occupés à part presque égale dans les secteurs tertiaire (48 %) et secondaire (51 %).

La motivation première de ces Français qui traversent la frontière franco-suisse deux fois par jour ? L'argent. Une étude de l'Observatoire statistique transfrontalier de l'Arc jurassien (juin 2011) montre qu'en moyenne leur salaire est de 50 % plus élevé que celui de leurs collègues œuvrant en Franche-Comté. « C'est un avantage qui fait oublier les heures passées sur la route », explique Jacqueline, 53 ans, secrétaire bilingue dans un magazine hebdomadaire à Neuchâtel et qui habite à Pontarlier, à 53 km. « Évidemment, cela nous vaut souvent les sarcasmes des Suisses qui nous regardent comme des profiteurs… »

En réalité, ce sont surtout les entreprises suisses qui profitent de cette situation, car elles paient les frontaliers 8 % de moins que leurs employés locaux. Chacun y trouve donc son compte. Même s'il arrive que certaines entreprises fassent peser sur les seuls frontaliers les aléas[5] de leur activité. Ainsi en 2010, Stöcklin Logistik AG, une entreprise installée à Dornach, dans la région de Bâle, a demandé à ses 120 travailleurs frontaliers français et allemands, et non à l'ensemble de ses 350 collaborateurs, d'accepter une réduction de salaire de 6 %, sous prétexte que le franc suisse s'envolait et que l'entreprise perdait en compétitivité ! Urs Grütter, le patron, n'avait guère laissé le choix aux frontaliers : soit ils acceptaient, soit ils démissionnaient ou étaient licenciés. Travailler en Suisse, c'est donc s'exposer à des pratiques managériales que ne reconnaîtrait pas toujours le droit du travail français ! Heureusement, cela n'arrive pas souvent. Et puis le franc suisse se porte de nouveau très bien.

Autre point d'achoppement[6] : l'augmentation du trafic routier et de la pollution générée par les transfrontaliers. Dans certaines communes, notamment du côté de Genève, autre région frontalière, des mouvements antifrontaliers voudraient leur faire payer des taxes.

La transhumance des frontaliers ne préoccupe cependant pas que les Helvètes : les Francs-Comtois aussi. En premier lieu, parce que le pouvoir d'achat de ces travailleurs a tendance à faire grimper le coût de la vie côté français. Le prix de l'immobilier en premier lieu, car les frontaliers font construire. Certains élus estiment aussi qu'ils ne participent pas suffisamment à l'effort collectif, car ils ne paient pas d'impôts en France.

Depuis les années soixante-dix, le canton de Genève a en effet choisi d'imposer les travailleurs frontaliers à la source et de redistribuer cet argent entre le canton de Genève et les départements frontaliers français. À charge pour ces départements de répartir ensuite cette manne[7] aux communes.

Ces nomades professionnels n'ont-ils jamais envie de changer de rythme et de passer une bonne fois pour toutes de l'autre côté ? « Il m'est arrivé parfois de rêver de m'installer en Suisse », avoue Jacqueline. « C'est un beau pays. C'est propre. Mais je ne sais pas si je pourrais m'y habituer. Cela semble difficile de s'intégrer en Suisse quand on est de culture française ! Lorsque j'entends mes collègues comment elles se font gronder par leurs voisins si elles ne ferment pas bien leurs sacs poubelles, cela ravive mon attachement à ma région ! »

Explications :

1	le Doubs	département français dans la région Franche-Comté
2	le Locle	petite ville suisse
3	les Francs-Comtois	les habitants de la région française Franche-Comté
4	l'Arc jurassien suisse	association regroupant les cantons de Berne, Vaud, Neuchâtel et Jura
5	les aléas	les risques imprévisibles
6	un point d'achoppement	un obstacle
7	la manne	*au sens propre :* la nourriture envoyée par Dieu aux Israélites dans le désert

Questions sur le texte

Punkte: 50

Répondez aux questions suivantes en utilisant autant que possible vos propres mots. Citez correctement.

1. Décrivez la situation des « travailleurs frontaliers » (l. 19). Présentez les avantages et les inconvénients de leur statut. Référez-vous aux lignes 1 à 50. (20)

2. Dégagez l'image que le texte présente de la Suisse et de ses habitants. Analysez l'attitude qui se manifeste dans les propos des personnes citées. (20)
3. Montrez que l'auteur se sert d'un style journalistique en vous référant aux lignes 45 à 61. Citez trois exemples et étudiez leur fonction. (10)

Commentaire personnel / Rédaction **Punkte: 40**

Exposez, en 200 à 250 mots environ, vos idées / arguments sur **l'un** des sujets suivants.

1. Parler plusieurs langues, est-ce nécessaire pour trouver un bon travail aujourd'hui ? – Justifiez votre point de vue.
2. « En principe, je suis écolo, mais on est souvent obligé de prendre la voiture. » – Donnez votre opinion.
3. En 2013, pour la première fois, deux pays européens ont frappé une pièce commémorative commune.

www.bundesfinanzministerium.de

Esquissez quelques étapes historiques décisives qui ont marqué les relations franco-allemandes.

4. Décrivez le dessin humoristique ci-dessous et commentez le point de vue du jeune homme.

www.casafree.com/modules/xcgal/albums/userpics/30832/normal_1091686378558.jpg

La liste de mes envies

Jocelyne, la protagoniste, est gagnante de « l'Euro Millions », ce qu'elle cache à son mari Jo et à ses enfants Romain et Nadine. À la « Française des Jeux »[1] à Paris, elle reçoit un chèque de 18 547 301 euros et 28 centimes après le rendez-vous obligatoire avec une psychologue.

Mon train pour Arras est dans sept heures. Je pourrais demander à Hervé Meunier[2], puisqu'il me le propose, de faire changer mon billet, de réserver un train plus tôt, mais il fait beau. Je veux marcher un peu. J'ai besoin d'air. Daisy Duck[3] m'a laissée K.O. Je ne peux pas croire qu'un assassin, ni même un menteur, encore moins un voleur se claquemure dans mon Jo. Pas croire que mes enfants vont me voir avec les yeux de Picsou[4], ces gros yeux avides d'où sortait le $ du dollar dans les albums illustrés de mon enfance quand il regardait quelque chose qu'il convoitait.

La convoitise brûle tout sur son passage, avait-elle dit.

Je remonte la rue jusqu'au métro. Je regarde mon petit papier. Prendre la 8, direction Créteil-Préfecture et sortir à Madeleine ; traverser le boulevard de la Madeleine, descendre la rue Duphot et remonter la rue Cambon sur ma gauche, jusqu'à la boutique Chanel.

J'ai à peine le temps de tendre la main que la porte s'ouvre toute seule par la grâce d'un portier. Deux pas et je pénètre dans un autre monde. Il fait frais. La lumière est douce. Les vendeuses sont belles, discrètes ; l'une d'elles s'approche, chuchote, je peux vous aider, madame ? Je regarde, je regarde, marmonné-je impressionnée, mais c'est elle qui me regarde. Mon vieux manteau gris, mais si confortable vous n'avez pas idée, mes chaussures à semelles plates – je les ai choisies tôt ce matin car mes pieds gonflent dans le train –, mon sac informe, usé ; elle me sourit, n'hésitez pas à me demander tout ce que vous voulez. Elle s'éloigne, discrète, racée[5]. Moi, Jocelyne Guerbette, mercière à Arras, je pourrais dévaliser la boutique Chanel, louer les services d'un chauffeur et me déplacer dans une limousine ; mais pour quoi faire ? Alors je quitte discrètement la boutique de rêve, la vendeuse m'adresse un sourire poliment désolé, le portier m'ouvre la porte mais je n'ai pas droit à une courbette, ou alors je ne la remarque pas.

Dehors, l'air est vif. Le bruit des klaxons des voitures, la menace des impatiences, les envies de meurtre des automobilistes, les coursiers kamikazes rue de Rivoli à quelques dizaines de mètres de là, tout me rassure soudain. Plus de moquette épaisse, plus de révérences grasses. De la violence ordinaire enfin. De la douleur mesquine. De la tristesse qui ne sort pas. Des odeurs brutales, vaguement animales, chimiques, comme à Arras derrière la gare. Ma vraie vie.

Je me dirige alors vers le jardin des Tuileries ; je serre contre mon ventre mon vilain sac, mon *coffre-fort* ; Jo m'a dit de faire attention aux filous à Paris. Je sors le sandwich de mon sac ; c'est Jo qui me l'a préparé ce matin, alors qu'il faisait encore nuit dehors. Deux tartines, du thon et un œuf dur. Je lui ai dit je t'en prie, j'achèterai quelque chose à la gare, mais il a insisté, ce sont des voleurs, surtout dans les gares, ils te vendent un sandwich huit euros et il est moins bon que le mien et c'est même pas sûr qu'il soit frais. Mon Jo. Mon prévenant. Il est bon ton sandwich.

Pendant les cinquante minutes du trajet, je somnole dans l'air feutré du TGV. Je me demande si Romain et Nadine ne manquent de rien maintenant que je peux tout leur offrir. Romain pourrait ouvrir sa propre crêperie. Nadine, faire tous les films qu'elle souhaite et ne pas dépendre du succès pour avoir une vie décente. Mais cela rattrape-t-il le temps que nous n'avons pas assez passé ensemble ? Les vacances loin les uns des autres, les manques, les heures de solitude et de froid ? Les peurs ? L'argent réduit-il les distances, rapproche-t-il les gens ?

Et toi, mon Jo, si tu savais tout ça, tu ferais quoi ? Dis-le-moi, tu ferais quoi ?

Jo m'attendait à la gare. Dès qu'il me vit, son pas accéléra sans aller toutefois jusqu'à courir. Il me prit dans ses bras, sur le quai. Cette effusion inattendue me surprit ; je ris, presque gênée. Jo, Jo, qu'est-ce qui se passe ? Jocelyne, murmura-t-il à mon oreille, je suis content que tu sois rentrée.

Et voilà. Plus les mensonges sont gros, moins on les voit venir.

Il desserra son étreinte, sa main coula jusqu'à la mienne et nous marchâmes jusqu'à la maison. Je lui racontai ma journée. J'inventai brièvement une réunion avec Filagil Sabarent, grossiste dans le IIIe arrondissement. Et mon sandwich, il n'était pas bon mon sandwich ? demanda-t-il. Je me hissai alors sur la pointe des pieds et embrassai son cou. Le meilleur du monde. Comme toi.

Extrait de : Grégoire Delacourt, La liste de mes envies, Paris 2012 © Éditions Jean-Claude Lattès, 2012 (texte abrégé et adapté)

Explications :

1	« Française des Jeux »	entreprise qui a le monopole des jeux de loterie en France
2	Hervé Meunier	employé de la « Française des Jeux »
3	Daisy Duck	D'après la narratrice, la psychologue a les lèvres de Daisy Duck, des lèvres gonflées.
4	Piscou	personnage de Walt Disney (*dt.* Onkel Dagobert)
5	racée	*ici :* élégante

Questions sur le texte **Punkte: 50**

Répondez aux questions suivantes en utilisant autant que possible vos propres mots. Citez correctement.

1. Décrivez le déroulement chronologique de la journée de Jocelyne. (10)
2. Analysez comment la gagnante vit le contraste entre le monde des riches et sa vraie vie. Référez-vous aux lignes 13 à 31. (20)
3. Étudiez la relation entre Jocelyne et son mari. Interprétez ensuite la décision de la gagnante de lui cacher la vérité. (20)

Commentaire personnel/Rédaction

Punkte: 40

Exposez, en 200 à 250 mots environ, vos idées/arguments sur **l'un** des sujets suivants.

1. La fascination du jeu mène-t-elle au bonheur ou au malheur ? Donnez votre avis.
2. Est-il parfois permis de mentir ? – Discutez.
3. En 2013, pour la première fois, deux pays européens ont frappé une pièce commémorative commune.

www.bundesfinanzministerium.de

Esquissez quelques étapes historiques décisives qui ont marqué les relations franco-allemandes.

4. Dans un magazine français, on publie une série d'interviews intitulée « Cet instant a fait mon bonheur ». Rédigez un dialogue dans lequel le reporter s'intéresse à ce moment décisif avec ses conséquences. Il veut aussi savoir pourquoi c'est un bonheur pour la personne interviewée.

Médiation

Choisissez **l'un** des sujets suivants. **Punkte: 40**

1. Traduisez le texte ci-dessous en allemand.

Alcotest obligatoire en France[1]

En France, toutes les voitures en circulation doivent maintenant être équipées d'un alcotest. Si cette mesure a bien entendu été adoptée pour des raisons de sécurité, il se pourrait bien qu'elle cache des conflits d'intérêt. L'alcool au volant est une des sources principales d'accidents sur les routes. La récente loi obligeant chaque conducteur à posséder un alcotest à bord de son véhicule va donc dans le sens de la prévention, même si la mise en pratique risque de poser quelques problèmes. Il semblerait toutefois que la sécurité des usagers ne soit pas le seul motif ayant favorisé la mise en œuvre d'une telle mesure. Selon « Sud-Ouest », un certain Daniel Orgeval, fondateur et président de l'association « I-Test » et principal acteur de l'adoption par le gouvernement de cette mesure, est également salarié de l'entreprise *Contralco*. Cette société étant le numéro un européen du marché des alcotests, elle produit 90 % des appareils vendus en France. Alors qu'elle était proche de la faillite il y a quelques années, son personnel a plus que doublé en un an, afin de satisfaire l'explosion de la demande liée à la mise en place de la loi.

www.autotrends.be/fr/news/alcotest-obligatoire-en-france-meme-pour-nous-belges, (gekürzt)

(Die Quellenangabe ist nicht zu übersetzen.)

Annotation :

1 Ne pas traduire

2. Rédigez un texte français d'environ 250 mots en vous appuyant sur les informations demandées.

Die französische Partnerschule Ihres Gymnasiums, das Lycée Charles de Gaulle in Caen, möchte anlässlich des 50-jährigen Jubiläums des deutsch-französischen Freundschaftsvertrags eine Sonderausgabe der Schülerzeitung herausbringen, in der es unter anderem um das Thema „Typisch deutsch" geht. Sie werden gebeten, über das Radfahren in Deutschland zu schreiben.

Bei Ihrer Recherche sind Sie auf folgende Informationen auf der Homepage des Goethe-Instituts gestoßen. Verfassen Sie den gewünschten Artikel, finden Sie eine passende Überschrift und berücksichtigen Sie inhaltlich folgende Aspekte:

- Wie hat sich das Image des Radfahrens seit den 1970er Jahren entwickelt?
- Welchen Stellenwert hat das Fahrrad als Verkehrsmittel für die Deutschen heute schon?
- Welche Maßnahmen sollen das Radfahren in Zukunft noch attraktiver machen?

Radfahren in Deutschland

Die Deutschen lieben ihre Autos, dafür sind sie weltweit bekannt. Da überrascht es, dass sie gleichzeitig zu den emsigsten Fahrradfahrern Europas zählen. Eine gut ausgebaute Infrastruktur und ein positives Image sind die Gründe dafür.

Dass die autovernarrten Deutschen sich zum Radfahren bewegen lassen, liegt nicht zuletzt an staatlichen Bemühungen und Investitionen. 2002 hat das Bundesverkehrsministerium diese erstmals im Nationalen Radverkehrsplan (NRVP) zusammengefasst und seitdem fast jährlich ergänzt. Neben einer Bestandsaufnahme werden dort auch Ziele festgelegt und Vorschläge formuliert, diese zu erreichen. 80 Prozent der Deutschen besitzen ein Fahrrad und benutzen es hauptsächlich auf Strecken unter fünf Kilometern. Sie legen damit neun Prozent aller Wege zurück, bis 2012 sollen es elf Prozent sein, so die Zielsetzung des NRVP. Dazu sollen Autofahrer motiviert werden, auf Strecken bis zu fünf Kilometern zum Rad zu wechseln. Um die Ziele zu erreichen, hat die Bundesregierung den Etat für die Förderung des Radverkehrs auf 80 Millionen Euro verdoppelt.

Das Radfahren ist von Region zu Region unterschiedlich beliebt. Vor allem im Norden wird relativ viel geradelt. „Die deutsche Fahrradhauptstadt ist Münster", sagt Wolfgang Richter, Tourismusreferent beim Allgemeinen Deutschen Fahrrad-Club (ADFC). „Dort erledigen die Menschen 30 Prozent ihrer Wege mit dem Rad." Auch in Bremen und Kiel sowie in Universitätsstädten wie Erlangen und Freiburg ist der Drahtesel sehr beliebt.

Da die Gemeinden für die Infrastruktur innerhalb der Städte zuständig sind, kann die Bundesregierung mit dem NRVP nur den Bau von Radwegen entlang der Bundesstraßen beeinflussen. „Daher wächst der Fahrradtourismus besonders stark“, sagt Richter. 75.000 Kilometer Fernradwege gebe es in Deutschland. „In vielen Städten findet man dagegen wenig Infrastruktur für Radfahrer“, so Richter. „Das Engagement der Gemeinden ist unterschiedlich stark.“ Der NRVP könne in den Städten lediglich fahrradfreundliche Rahmenbedingungen schaffen, wie besondere Regelungen der Straßenverkehrsordnung.

Neben der Infrastruktur seien auch Aufklärung und Öffentlichkeitsarbeit essentiell, um Menschen zum Radfahren zu bewegen, so Richter. Der touristische Bereich hat einen hohen Status, nun muss der Alltagsverkehr gestärkt werden. „Viele Leute brauchen allerdings einen Anstoß, um auf das Rad umzusteigen“, sagt Richter. Eine Aktion wie „Mit dem Rad zur Arbeit“ könne so ein Anstoß sein. Wer daran teilnimmt, verpflichtet sich, an 20 Tagen des Sommers mit dem Rad zur Arbeit zu fahren. „Die Teilnehmerzahl wächst jedes Jahr. Die Aktion ist besonders effektiv, da ganze Betriebe teilnehmen und Mitarbeiter sich so gegenseitig motivieren.“ Sogar die Deutsche Bundesbank ist dabei.

Dass ein Bänker mit dem Rad zur Arbeit fährt, mag in London ungewöhnlich sein, in Deutschland ist es fast normal. Das war nicht immer so. Das Image des Fahrrads hat sich seit Ende der 1970er-Jahre positiv verändert. Mit dem aufkommenden Umweltbewusstsein verlor das Rad sein Arme-Leute-Image.

In den 1990er-Jahren kam der Gesundheitsaspekt hinzu: Wer tagsüber neun Kilometer Fahrrad fährt, muss abends nicht ins Fitness-Studio. Wolfgang Richter sieht darin eine weit verbreitete Motivation. „Am wichtigsten ist Radfahrern allerdings ihre hohe Flexibilität“, sagt er.

Eine Fahrrad-Erfolgsgeschichte ist *Call a Bike*. Als das Verleihsystem 2001 von der Deutschen Bahn in München eingeführt wurde, waren viele skeptisch: Räder, die man nach der Benutzung einfach an einer beliebigen Kreuzung in der Innenstadt abstellen kann? Mittlerweile steht der Service angemeldeten Kunden in sieben Städten zur Verfügung. Allein in Berlin sind 1.650 der rot-silbernen Fahrräder in der Innenstadt verteilt. Wer eines leihen möchte und in der Nähe keines findet, kann im Internet oder per Telefon erfahren, wo das nächste Fahrrad steht. Durch einen Anruf wird das Fahrrad entriegelt und kostet acht Cent pro Minute, neun Euro pro Tag.

Was Autofahrer nervt, plagt auch die Radfahrer in deutschen Großstädten: einen sicheren Abstellplatz für ihr Transportmittel zu finden und das am besten vor der Haustür. Die Lösung: abschließbare Fahrradhäuschen. In Hamburg wurden seit Ende der 1980er Jahre einige hundert davon in Höfen oder auf breiten Gehwegen aufgestellt und von der Stadt gefördert. Zwölf Plätze bietet ein Häuschen, die Nutzer zahlen eine geringe Miete. Seit 2001 läuft das Projekt in Dortmund, initiiert vom Verkehrsclub Dortmund, der es aktiv bewirbt und bei der Realisierung hilft. Auch hier beteiligen sich die Bezirksämter an den Kosten.

Katja Hanke: Radfahren in Deutschland (gekürzt)
www.goethe.de/ins/gb/lp/prj/mtg/typ/rad/de4890572.htm
zuletzt aufgerufen am 26. 11. 2012

Compréhension orale

Faire le tour du monde en solo

Faire le tour du monde, c'était le rêve de petite fille de Martine, ancienne magistrate devenue artiste-peintre. À 58 ans, sans expérience du voyage, elle a fait le grand saut. Un parcours de près de six mois pour faire le tour du globe, de l'Argentine à l'Inde, en passant par une dizaine de pays différents.

– [...] Moi, c'est vrai, que j'ai vraiment... petite, enfant, je me souviens avoir rêvé à ça, y avoir pensé. J'avais lu les histoires des grands voyageurs et des grands navigateurs du XVe, XVIe, XVIIe siècle, Christophe Colomb, Magellan etc. Et puis je me suis dit que c'était faisable puisque aujourd'hui avec toutes les facilités techniques que nous avions et la rapidité des transports, et bien, il n'y avait pas de raison que je n'y arrive pas.

Six à douze mois sont nécessaires pour préparer un tour du monde. Il faut bâtir un itinéraire, demander les visas, réserver les billets, et ne pas oublier l'indispensable check-up santé. Les services des Grands Voyageurs des hôpitaux sont d'ailleurs de bonnes sources d'informations sur les médicaments à emporter et les précautions sanitaires à prendre dans certains pays. Une préparation nécessaire qui vous épargnera la plupart des grosses complications, mais qui ne vous dispensera pas d'une certaine introspection propre au voyageur solitaire.

– C'est vrai que partir seul comme ça, c'est une découverte de soi-même. J'ai appris notamment que j'avais horreur de la solitude. Alors partir en solo quand on n'aime pas la solitude, ça semble tout à fait contradictoire, or, ça ne l'est pas. Ça, je l'ai découvert aussi.

– Et pourquoi ?

– Parce que lorsque... ce n'est pas une expérience de solitude, du tout, un voyage en solo, c'est au contraire une expérience de rencontres en permanence et de découverte des autres qui est absolument fantastique.

Une ouverture sur le monde qui a un prix. Le poste « transport » reste le plus élevé. Un billet d'avion « tour du monde » valable un an vous coûtera de deux à quatre mille euros. Un investissement, mais aussi une étape dans une vie. Pour l'ancienne magistrate, c'est évident, il y a un « avant » et un « après » tour du monde.

– Je crois que j'ai vraiment changé. Je crois que je suis devenue plus ouverte, plus tolérante, plus attentive aux autres, plus curieuse aussi de ce qui se passe actuellement dans le monde. Parce que j'ai gardé des attaches, j'ai gardé beaucoup d'attaches, beaucoup d'amis avec qui je suis toujours en relation. Et ça, c'est une immense richesse, quoi.

– Et est-ce que c'est pas trop compliqué de revenir au quotidien ?

– Si, ça, c'est dur, c'est dur. Il faut plusieurs mois. Pour se remettre dans sa vie quotidienne et dans son travail quotidien. Moi, j'ai horreur personnellement de la routine. Et je pense que si je suis partie, c'est aussi parce que j'avais envie de fuir la routine. Il y a un moment donné où je saturais de… voilà, de routine, toujours la même chose. Donc, j'avais envie d'aventure et de nouveauté. Et quand on revient, on retombe dans la… dans cette routine et c'est vrai que c'est un peu triste. Il faut plusieurs mois pour…, je dirais qu'il faut plusieurs mois pour s'en remettre.

Son tour du monde a éveillé une âme de voyageuse chez Martine qui continue régulièrement d'arpenter la planète. Elle en a fait un blog sur lequel vous pourrez découvrir ses récits et ses conseils pour réussir votre propre voyage autour du monde.

Retrouvez cette chronique et plus d'informations sur franceinfo.fr, rubrique *L'été de tous les possibles.*

http://www.franceinfo.fr/loisirs/l-ete-de-tous-les-possibles/faire-le-tour-du-monde-en-solo-686117-2012-08-19 (légèrement abrégé)

Hinweis: In der Regel werden Rechtschreib- und Grammatikfehler nur dann gewertet, wenn sie den Sinn der Aussage entstellen. Alternative Lösungen sind gültig, sofern diese der Aussage des Hörtextes entsprechen. Dies gilt nicht für Aufgaben, bei denen im Rahmen des Zitats einer Hörpassage mit Lücken die Wiedergabe ganz bestimmter Wörter oder Ausdrücke gefordert ist. Bei frei zu formulierenden Antworten sind auch wörtliche Übernahmen aus dem Text sowie stichpunktartige Lösungen richtig. Werden bei Multiple-Choice-Aufgaben mehr Antworten angekreuzt als verlangt, wird gar kein Punkt vergeben.

1. *Hinweis: Beachten Sie, dass hier zwei Lösungen angekreuzt werden müssen. Passen Sie auf, dass Sie nicht die falschen Antworten ankreuzen: Martine war zwar „magistrate", ist es aber nicht mehr, daher trifft die erste Aussage nicht zu. Ebenso darf nicht fälschlicherweise die letzte Antwort angekreuzt werden: laut Text dauert Martines Reise 6 und nicht 16 Monate.*

   ☐ Elle est magistrate.
   ☒ Elle travaille dans le domaine artistique.
   ☒ Elle est partie en voyage à 58 ans.
   ☐ Elle avait déjà fait beaucoup de voyages.
   ☐ Elle a fait un tour du monde en 16 mois.

2. *Hinweis: Da die Aufgabenstellung nichts Konkretes vorgibt, werden hier sowohl wörtliche Übernahmen aus dem Text als auch stichpunktartige Lösungen als auch ganze Sätze akzeptiert. Die inhaltlichen Punkte, die so oder ähnlich formuliert auf jeden Fall genannt werden müssen, sind im Lösungsvorschlag fett markiert. Bei b) werden im Text zwei Gründe genannt, es reicht aber die Angabe eines Grundes.*

a) Martine a lu **les histoires des grands voyageurs et des grands navigateurs** (du XVe, XVIe, XVIIe siècle, comme Christophe Colomb, Magellan etc.).

b) Elle est convaincue de pouvoir réaliser son voyage grâce aux **facilités techniques / à la rapidité des transports** (d'aujourd'hui).

3. *Hinweis: Beachten Sie, dass hier zwei Lösungen angekreuzt werden müssen. Vorsicht: der Text spricht zwar von „hôpitaux", jedoch in einem anderen Kontext, also darf die vierte Antwort nicht angekreuzt werden.*

Avant de faire un grand voyage, selon le document sonore, il faut :

- [x] réfléchir à son trajet
- [ ] aller à la banque
- [x] subir des examens médicaux
- [ ] s'informer sur les hôpitaux dans les autres pays
- [ ] faire une inspection du matériel

4. *Hinweis: Beachten Sie, dass es sich hier um ein Zitat handelt und exakt die im Text genannten Wörter angeführt werden müssen.*

Martine parle de ses expériences :
« Partir en solo quand on n'aime pas la solitude, ça semble tout à fait **contradictoire**, or ça ne l'est pas. Ça, je l'ai découvert aussi. » [...] « Ce n'est pas une expérience de solitude, du tout, un voyage en solo, c'est au contraire une expérience de **rencontres** en **permanence** et de découverte des autres qui est absolument fantastique. »

5. *Hinweis: Beachten Sie hier, dass Sie wirklich nur die Information ankreuzen, die falsch ist.*

- [ ] Le billet d'avion est utilisable pendant 12 mois.
- [x] Le billet d'avion coûte au moins 4 000 €.
- [ ] Ce sont les transports qui coûtent le plus cher.

6. *Hinweis: Beachten Sie, dass von den im Text genannten vier Aspekten nur drei angegeben werden müssen.*

Elle est devenue…

- plus ouverte
- plus tolérante
- plus attentive (aux autres)
- plus curieuse (de ce qui se passe dans le monde)

7. *Hinweis: Achten Sie hier darauf, dass Sie sich nicht von den Verneinungen in den Aussagen in die Irre führen lassen.*

	vrai	faux
Elle n'a pas perdu le contact avec ses nouveaux amis.	☒	☐
C'était facile pour elle de reprendre sa vie d'avant.	☐	☒
Depuis, elle n'a plus refait de voyages.	☐	☒

8. *Hinweis: Beachten Sie, dass hier zwei Lösungen angekreuzt werden müssen.*

   Martine a créé un blog pour
   - ☐ communiquer avec ses amis.
   - ☐ publier ses photos.
   - ☒ aider d'autres voyageurs.
   - ☒ décrire ses expériences.
   - ☐ recevoir les conseils des autres.

Textaufgabe

Textaufgabe I

Questions sur le texte

1. *Hinweis: Die Aufgabe bezieht sich ausschließlich auf die Zeilen 1 bis 50.*

   Les travailleurs frontaliers dont il est question dans le texte habitent en France, mais travaillent en Suisse et font donc tous les jours l'aller retour entre leur domicile et leur lieu de travail.

   Les avantages pour les Français de travailler en Suisse sont énormes : premièrement, le marché du travail suisse leur propose des emplois intéressants dans des secteurs différents. Deuxièmement, ils gagnent beaucoup plus en Suisse qu'en France, ce qui fait augmenter leur pouvoir d'achat.

   Malgré tout, le fait de traverser la frontière tous les jours entraîne quelques inconvénients : d'abord, les frontaliers doivent supporter de longs trajets le matin et le soir et perdent donc beaucoup de temps sur la route. Ce trafic dense fait également augmenter la pollution, ce qui gêne les riverains concernés. En outre, les travailleurs frontaliers sont obligés d'accepter les conditions de travail que les entreprises suisses leur proposent : ainsi, même si leur salaire est plus élevé qu'en France, ils sont toujours moins payés que les Suisses eux-mêmes. À cela s'ajoute le fait que si l'entreprise décide de réduire le salaire pour une raison quelconque, ils ne peuvent pas refuser s'ils ne veulent pas perdre leur travail. Enfin, le pouvoir d'achat des frontaliers provoque une augmentation des prix, surtout dans l'immobilier, dans les régions françaises situées près de la frontière suisse. Un fait que les hommes politiques français n'apprécient pas du tout, d'autant plus que les frontaliers ne paient pas d'impôts en France.

2. *Hinweis: Beachten Sie, dass diese Aufgabe aus zwei Teilen (der Beschreibung des Bildes der Schweiz und der Schweizer und einer anschließenden Analyse besteht). Mit den „personnes citées" sind die Grenzgänger Pascal und Jacqueline gemeint.*

D'après le texte, la Suisse est un pays très organisé et structuré en ce qui concerne la circulation (l. 6–8). De plus, la Suisse est appelée un pays beau et propre (l. 57). Les Suisses, eux, sont très ordonnés aussi et font attention à ce que les autres respectent bien leurs règles (par exemple en ce qui concerne la fermeture des sacs poubelles, l. 59–61). Quant aux frontaliers, les Suisses les considèrent comme des profiteurs et leur font des remarques sarcastiques (l. 27/28) alors qu'en réalité, ce sont eux qui tirent profit des travailleurs français (l. 29).
Les Français dont il est question dans le texte ont l'air d'aimer l'ordre suisse : Pascal apprécie l'entretien des routes en hiver (l. 7/8). Sa concitoyenne Jacqueline se sent même parfois tentée de déménager en Suisse (l. 56/57). Cependant, elle aurait du mal à s'habituer complètement à la mentalité suisse parce qu'elle est d'origine française et parce qu'elle se rend bien compte des différences entre les deux pays (l. 57–59). Il lui semble donc difficile de s'intégrer en Suisse. C'est pour cela qu'elle préfère prendre ses distances et continuer à vivre en France (l. 60/61).

3. *Hinweis: Die Aufgabe bezieht sich ausschließlich auf die Zeilen 45 bis 61. Obwohl mehr Beispiele für den Zeitungsstil im Text zu finden wären, reicht hier die Angabe von drei Beispielen. Vergessen Sie nicht, bei jedem Beispiel auch dessen genaue Funktion anzuführen.*

De nombreuses métaphores utilisées dans le texte sont caractéristiques du style journalistique : quand l'auteur parle de la « transhumance des frontaliers » (l. 45), il ne pense bien sûr pas au sens propre de l'expression, c'est-à-dire à la migration des vaches ou des moutons, mais au grand mouvement quotidien entre la France et la Suisse. Cette métaphore a alors pour but de se moquer des frontaliers.
En parlant de « nomades » (l. 55), le journaliste emploie une autre métaphore : normalement, des nomades sont des êtres humains qui n'ont pas de domicile fixe. Dans le cas présent, il s'agit seulement de personnes qui se déplacent régulièrement (comme les nomades), mais qui ont un domicile fixe en réalité. La fonction de cette métaphore est la même : l'auteur veut ironiser sur le phénomène.
La question rhétorique « Ces nomades…de l'autre côté ? » (l. 55/56) dans laquelle l'auteur parle de ces nomades et l'expression « une bonne fois pour toute » soulignent de plus à quel point l'auteur s'étonne des efforts auxquels les frontaliers se soumettent quotidiennement.
Finalement, l'auteur termine son texte par un exemple amusant. En citant Jacqueline qui raconte de façon humoristique ses expériences avec la Suisse (« Il m'est arrivé…à ma région ! », l. 56–61), il réussit à rendre le texte plus authentique.

Commentaire personnel / Rédaction

1. *Hinweis: Bei diesem Thema ist eine lineare (Sie entscheiden sich klar für eine Antwort) oder dialektische Argumentation (Sie nennen Argumente für beide Antworten und kommen zu einer Synthese) möglich. Die Musterlösung entspricht ersterem Typ.*

   À l'école, les enfants apprennent souvent plusieurs langues étrangères comme l'anglais, le français ou l'espagnol. Mais faut-il vraiment maîtriser plusieurs langues pour trouver un bon travail aujourd'hui ?
   Certes, il y a peut-être de bonnes positions pour lesquelles il suffit de parler sa langue maternelle ou une seule langue étrangère. Mais à mon avis, il est indispensable de pouvoir communiquer en plusieurs langues différentes de nos jours. Premièrement, les langues jouent un rôle décisif dès la candidature à un bon poste : quand il y a plusieurs candidats, le patron préférera sans aucun doute quelqu'un de plurilingue à quelqu'un qui ne parle qu'une seule langue étrangère. Deuxièmement, quelqu'un qui parle plusieurs langues a fait beaucoup d'efforts intellectuels dans sa vie et éventuellement fait des expériences avec ou à l'étranger, ce qui est une qualification supplémentaire pour un bon travail. Pour finir, la connaissance de langues est essentielle pour beaucoup de professions parce que la mondialisation joue entre-temps un rôle considérable dans le monde du travail : de nombreuses entreprises entretiennent des relations d'affaires avec l'étranger et ont donc besoin d'employés sachant communiquer dans la langue de leurs clients.
   Somme toute, je pense qu'il n'est bien sûr pas exclu de trouver un bon travail sans maîtriser différentes langues. Mais je suis convaincu(e) que le fait d'être multilingue facilite l'accès à un bon travail. Une bonne connaissance des langues donne l'avantage face à ses concurrents et me semble être presqu'obligatoire dans notre monde globalisé. *(242 mots)*

2. Le changement climatique nous a ouvert les yeux : de plus en plus de personnes ont décidé de mener une vie écolo. Malgré tout, on est souvent obligé de prendre la voiture. Comment est-ce possible ?
   D'abord, il faut dire que l'utilisation de la voiture reste nécessaire dans bien des situations. C'est le cas par exemple quand il n'y a pas de transport en commun qui mène à la destination souhaitée, quand les horaires des transports en commun ne correspondent pas à nos besoins individuels ou quand les conducteurs des transports publics sont en grève. Et dans certaines circonstances, ça serait tout simplement trop loin ou trop compliqué d'aller en bus, en train ou en vélo à la destination voulue, alors on se sert de la voiture. Une autre raison pour laquelle nous prenons souvent la voiture est que nous transportons des choses lourdes ou volumineuses. Finalement, la voiture est parfois aussi plus pratique parce qu'elle nous offre une certaine flexibilité temporelle que nous n'avons pas forcément lorsque nous utilisons les transports publics.
   Pour conclure, il peut y avoir de bonnes raisons de prendre la voiture. À mon avis, utiliser la voiture n'exclut pas le fait d'être écolo. Mais il faut faire attention à ne pas inventer de prétextes pour prendre la voiture. Je trouve qu'on peut rester

écolo si on se demande à chaque fois avant de monter dans la voiture s'il n'est vraiment pas possible d'y renoncer ou si on pourrait faire un covoiturage avec quelqu'un. À long terme, on pourrait aussi réfléchir à utiliser une voiture électrique qui protège également l'environnement. *(264 mots)*

3. *Hinweis: Dieses Thema eignet sich nur, wenn Sie fundierte Kenntnisse über die deutsch-französischen Beziehungen besitzen und diese auch gut strukturieren können.*

   Les pièces de monnaie en euros ont toutes une face commune indiquant la valeur de la pièce et une face nationale, spécifique à chaque pays de la zone euro. En 2013, deux pays – la France et l'Allemagne – ont frappé une pièce commémorative commune, ce qui est exceptionnel en Europe. Néanmoins, les relations franco-allemandes n'ont pas toujours été si bonnes qu'aujourd'hui. Une longue période de guerre a marqué la mésentente entre les deux voisins avant qu'ils ne signent, avec quatre autres pays européens, le traité de Paris en 1951 pour en finir avec les guerres entre les deux peuples. Celui-ci a entraîné la CECA (la Communauté européenne du charbon et de l'acier) qui a créé la base du développement de l'Union Européenne dont la France et l'Allemagne sont le moteur. Ceci n'aurait pas été possible sans la volonté de quelques hommes politiques français et allemands qui ont toujours cru à la nécessité d'une entente en Europe pour préserver la paix. C'est ainsi qu'en 1963, Charles de Gaulle et Konrad Adenauer ont signé le traité de l'Élysée qui a été le début d'une amitié sans pareille et qui a su faire en sorte que ces deux nations se trouvent à la tête de l'Europe quant à leur poids politique et économique. Leurs successeurs – Mitterrand et Kohl, Schröder et Chirac pour ne nommer que deux couples de chefs d'État – ont maintenu cette entente amicale. Récemment, c'était d'abord Merkozy – un amalgame des noms d'Angela Merkel et Nicolas Sarkozy – et maintenant François Hollande et la chancelière allemande (Merkollande) qui suivent les traces de leurs prédécesseurs ayant connaissance de l'importance de l'amitié franco-allemande pour le développement et la pérennité de l'Europe. *(275 mots)*

4. Le dessin humoristique représente un adolescent qui participe à un sondage. À gauche, on voit les mains et le questionnaire de la personne qui fait l'enquête, mais on ne voit pas la personne en entier. L'interviewer tient un stylo dans sa main gauche et prend des notes. À droite se dresse l'adolescent qui porte une veste à carreaux, un pantalon style baggy et des baskets. Le jeune a des cheveux mi-longs et des boutons dans le visage. Il a l'air plutôt désintéressé. Lorsque l'interviewer veut savoir s'il serait prêt à faire n'importe quel travail, il lui répond que oui à condition que le travail ne soit pas trop fatigant, qu'il gagne beaucoup et qu'il lui reste beaucoup de temps libre.

   En regardant cette caricature, j'éprouve de la honte pour ce jeune homme. À mon avis, l'illustrateur veut exprimer que celui-ci n'a plus envie de faire d'efforts en ce qui concerne son travail : bien sûr qu'il veut avoir du travail, mais la seule chose qui compte pour lui, c'est que le travail ne soit pas trop fatigant et qu'il ait un bon salaire. Ce que je trouve également dommage, c'est qu'il ne choisisse ainsi plus le métier qui lui plaît vraiment. De plus, je trouve qu'une telle attitude fainéante et paresseuse nuit aussi au marché du travail parce qu'un employé comme le jeune homme est moins motivé et moins efficace par conséquent.

(232 mots)

Textaufgabe II

Questions sur le texte

1. *Hinweis: Die chronologischen Zeitangaben sind im ganzen Text verstreut. Achten Sie darauf, die einzelnen Etappen nicht zu detailliert zu beschreiben.*

   Après avoir pris le train à Arras en direction de Paris très tôt le matin, Jocelyne a rendez-vous chez une psychologue de la « Française des Jeux ». Ensuite, elle prend le métro, sort à la Madeleine et va dans la boutique Chanel où elle reste un certain temps sans rien acheter. Puis, elle va au jardin des Tuileries et elle y mange le sandwich que son mari Jo lui a préparé le matin. Finalement, elle rentre en TGV à Arras. Jo vient la chercher sur le quai de la gare. Il l'embrasse et ils rentrent à pied ensemble.

2. *Hinweis: Die Frage bezieht sich ausschließlich auf die Erfahrungen, die Jocelyne bei Chanel macht und die in den Zeilen 13 bis 31 geschildert werden.*

   En entrant dans la boutique Chanel, Jocelyne découvre un nouveau monde pour elle : un portier lui ouvre la porte (l. 13/14), la température et la lumière sont différentes du dehors (l. 14/15) et les vendeuses sont belles et élégantes, mais elles manquent de naturel (l. 15/20). Tout de même, elles sont toujours aimables avec elle (l. 15/16, 19/20, 23/24). Pourtant, l'ambiance dans le magasin provoque un sentiment d'intimidation chez Jocelyne. En même temps, elle éprouve de la honte parce qu'elle porte de vieux vêtements et des chaussures plates (l. 17/18) et parce que son sac est usagé (l. 19). Pensant de plus que les vendeuses font seulement semblant d'être gentilles avec elle (l. 19/20, l. 23/24) alors qu'elle pourrait acheter tout ce qu'elle veut grâce à son gain au loto (l. 20–22), elle décide de quitter discrètement le magasin. En retrouvant l'ambiance bruyante et chaotique dans les rues parisiennes (l. 26–28), elle se sent tout de suite rassurée : même si elle trouve ce monde laid et dangereux (l. 26–31), elle se rend compte que c'est sa « vraie vie » (l. 31).

3. *Hinweis: Die Qualität der Beziehung zwischen Jocelyne und Jo muss aufgrund verschiedener Verhaltensweisen, die im gesamten Text verstreut sind, herausgearbeitet werden. Beachten Sie, dass die Aufgabe aus zwei Teilen besteht: der Beschreibung der Beziehung der beiden und der Interpretation, warum Jocelyne Jo ihren Gewinn verschweigt.*

   La relation entre Jocelyne et son mari est très bonne et harmonieuse : Jocelyne qui fait confiance à Jo (l. 4/5) et qui adore son comportement prévenant, gentil et tendre envers elle (l. 38) aime beaucoup son mari et trouve qu'il est le « meilleur du monde » (l. 56). Quant à Jo, il est toujours très attentif envers sa femme : il se lève exprès pour lui préparer un sandwich (l. 34/35), se fait du souci pour elle quand elle va seule à Paris (l. 33) et vient la chercher à la gare en lui faisant un accueil tendre et affectueux (l. 47–53).

Malgré leur relation excellente, Jocelyne décide de ne pas parler à son mari de son gain au loto. Après son rendez-vous avec la psychologue qui l'a prévenue d'éventuels risques, elle est encore plus déconcertée bien qu'elle croie savoir que son mari n'abuserait pas de son argent (l. 4/5). Pourtant, il lui arrive de garder des doutes en ce qui concerne l'honnêteté de son mari (l. 51). Alors pour l'instant, elle préfère garder sa vie harmonieuse avec Jo d'autant plus qu'elle se rend compte chez Chanel qu'elle est tout à fait capable de renoncer à la vie luxueuse qu'elle pourrait s'offrir maintenant (l. 22).

Commentaire personnel / Rédaction

1. *Hinweis: Bei diesem Thema ist eine lineare (Sie entscheiden sich klar für die eine oder die andere Aussage) oder dialektische Argumentation (Sie nennen Argumente für beide Aussagen und kommen zu einer Synthese) möglich. Die Musterlösung entspricht ersterem Typ.*

   De nos jours, les jeux sont omniprésents : on en trouve sur Internet, par exemple sur *Facebook*, on peut en télécharger sur les portables et ordinateurs ou se rendre dans des salles de jeux et casinos. Une vraie fascination du jeu a donc envahi notre société. Mais celle-ci rend-elle les gens heureux ou malheureux ?

   Je pense qu'à court terme, jouer à des jeux distrait les gens : ils s'amusent, oublient leurs problèmes et sont heureux quand ils gagnent. Mais dès qu'ils continuent à jouer régulièrement et pendant longtemps à un jeu parce qu'ils veulent gagner tout le temps, ils en sont tellement fascinés qu'ils en deviennent dépendants. Alors, ils perdent non seulement énormément de temps, mais parfois aussi de l'argent. Il en résulte que le caractère de certains joueurs change et qu'ils s'éloignent de leur famille et de leurs amis parce qu'ils se réfugient dans le jeu dès que c'est possible. Le jeu devient la chose la plus importante de leur vie. Certains risquent même de perdre leur travail. À mon avis, une telle fascination du jeu entraîne l'isolement du joueur et le rend malheureux à long terme.

   Tout compte fait, si divertissant il puisse être de s'adonner à un jeu, il faut faire très attention de ne pas perdre le contrôle et de s'arrêter avant qu'il ne soit trop tard. *(222 mots)*

2. *Hinweis: Aufgrund der Aufgabenstellung („Discutez.") sollte die Argumentation dialektisch aufgebaut sein, d. h., Sie führen sowohl Argumente dafür als auch dagegen an und kommen schließlich zu einer Synthese.*

   « Maman, je suis en retard parce que le bus n'est pas venu. » Des mensonges pareils, tout le monde les connaît. Certes, ce n'est pas bien de s'en servir, mais nous est-il quand même permis de mentir parfois ?

D'un côté, des mensonges occasionnels sont pratiques, car ils nous facilitent la vie : nous évitons des problèmes et protégeons en quelque sorte aussi les personnes à qui nous cachons la vérité. C'est par exemple le cas quand nous inventons une excuse pour ne pas inquiéter quelqu'un qui se fait beaucoup de soucis. Quand on est sûr en plus que la personne n'apprendra jamais qu'il s'agit d'un mensonge, celui-ci a presque l'air légitime.
D'un autre côté, l'honnêteté fait partie des bonnes mœurs et je trouve qu'il faut respecter cette valeur. En outre, je pense qu'il est faux de mentir même de temps en temps parce qu'un mensonge donne toujours une fausse image de nous. Enfin un mensonge – surtout quand il est grave – blesse beaucoup l'autre s'il est dévoilé. Prenons par exemple un jeune qui invente de meilleures notes pour impressionner ses parents. Dans des cas pareils, la confiance entre deux personnes peut disparaître et leur relation peut être complètement détruite.
En somme, tout dépend alors du caractère du mensonge : à la rigueur, je pourrais accepter de petits mensonges occasionnels qui évitent de grands conflits. Mais en général, je pense qu'il vaut mieux éviter complètement de mentir pour ne pas mettre en jeu nos relations humaines. *(262 mots)*

3. *Hinweis: Lösungsvorschlag siehe Commentaire personnel/Rédaction Nr. 3 aus Textaufgabe 1.*

4. REPORTER : Bienvenue à notre émission ! Dans le studio voilà Charles qui est père depuis un mois. Bonjour Charles et félicitations !
   CHARLES : Bonjour et merci !
   REPORTER : Alors, Charles, c'est un garçon ou une fille ?
   CHARLES : C'est une petite fille. Elle s'appelle Léa et elle est le bébé le plus mignon du monde.
   REPORTER : Évidemment ! Et alors, ça change tout ?
   CHARLES : Oui, tout à fait. Avant, il y avait seulement ma femme et moi. Nous faisions beaucoup d'activités : nous jouions au tennis, sortions au cinéma, faisions de longs voyages. La vie avec un enfant est très différente. On fait beaucoup moins de choses, on n'a plus le temps de dormir, parfois même pas de manger, mais la naissance de Léa a vraiment fait mon bonheur.
   REPORTER : Et plus précisément, qu'est-ce qui vous rend tellement heureux ?
   CHARLES : Ben, c'est facile : quand je l'ai tenue pour la première fois dans mes bras à l'hôpital, je me suis senti « complet », quoi. Et satisfait. Très satisfait. Je suis une personne agitée en général, mais là, j'étais complètement calme. C'était comme si quelqu'un avait arrêté le monde. En plus, quand j'ai vu combien elle était petite, je me suis senti tout de suite responsable d'elle. Certes, je ne peux plus faire tout ce que je veux maintenant, mais je prends soin de quelqu'un qui n'en est pas encore capable.
   REPORTER : Ce sont des sentiments forts, ça me fait plaisir pour vous ! Merci, Charles, pour l'interview. Faites attention à la petite Léa !
   CHARLES : Bien sûr ! Merci à vous ! *(275 mots)*

Médiation

1. *Hinweise:*
   - *Die komplette Überschrift muss nicht übersetzt werden.*
   - *Das Passiv „être équipées" (Z. 1/2) ist eher als ein Zustandspassiv als ein Vorgangspassiv zu sehen.*
   - *Beim Substantiv „L'alcool" (Z. 4) sollte der bestimmte Artikel im Deutschen nicht übersetzt werden.*
   - *Mit „prévention" (Z. 7) ist hier die Verhütung von Verkehrsunfällen gemeint.*
   - *Mit „usagers" (Z. 8) sind hier die Autofahrer im Allgemeinen gemeint.*
   - *Beim Satz „Il semblerait toutefois..." (Z. 8/9) kann aus stilistischen Gründen im Deutschen der Ausdruck „ayant favorisé" weggelassen werden.*
   - *Bei „Sud-Ouest" (Z. 10) wurde im Deutschen hinzugefügt, dass es sich um eine Zeitung handelt.*

   In Frankreich müssen nun alle zugelassenen Autos mit einem Alkoholtest ausgestattet sein. Auch wenn diese Maßnahme selbstverständlich aus Sicherheitsgründen eingeführt wurde, könnte es durchaus sein, dass sie Interessenskonflikte birgt. Alkohol am Steuer ist eine der Hauptursachen für Verkehrsunfälle. Das jüngste Gesetz, das jeden Autofahrer verpflichtet, in seinem Fahrzeug einen Alkoholtest mitzuführen, soll also der Verhütung von Verkehrsunfällen dienen, auch wenn dessen Umsetzung einige Probleme mit sich zu bringen droht. Dennoch scheint die Sicherheit der Autofahrer nicht der einzige Beweggrund für die Verwirklichung einer solchen Maßnahme gewesen zu sein. Laut der Zeitung „Sud-Ouest" steht ein gewisser Daniel Orgeval, Gründer und Vorsitzender des Verbands „I-Test" und Hauptakteur bei der Verabschiedung dieser Maßnahme durch die Regierung, auch auf der Gehaltsliste des Unternehmens *Contralco*. Diese Firma, die in Europa Marktführer für Alkoholtests ist, stellt 90 % der Geräte her, die in Frankreich verkauft werden. Während sie noch vor einigen Jahren am Rande des Bankrotts stand, hat sich ihre Belegschaft innerhalb eines Jahres mehr als verdoppelt, um der explosionsartigen Nachfrage in Zusammenhang mit der Einführung des Gesetzes gerecht werden zu können.

2. *Hinweis: Beachten Sie bei dieser Sprachmittlung, dass nur die drei Leitfragen beantwortet werden müssen und somit manche Teile des Textes irrelevant sind. Da Sie einen Artikel für eine Schülerzeitung schreiben sollen, muss ein inhaltlich geschlossener Text (Zeitungsartikel) entstehen, der auch eine Überschrift trägt.*

   Les Allemands et leur amour pour le vélo
   En Allemagne, l'image du vélo a beaucoup changé au fil des années. Alors que jusqu'à la fin des années 1970, les Allemands considéraient le vélo comme moyen de transport des couches sociales défavorisées, il a pris son essor suite à la prise de conscience écologique. Dans les années 1990, les Allemands ont compris que l'utilisation de la bicyclette contribuait de façon positive à leur santé et à leur

bien-être. De nos jours, c'est surtout la flexibilité du vélo qu'ils estiment, outre les aspects écologiques et bienfaisants.
Ainsi les Allemands font-ils partie des cyclistes les plus zélés d'Europe : 80 % possèdent un vélo dont ils se servent surtout pour effectuer de courts trajets en dessous de 5 kilomètres. L'importance de la bicyclette se reflète dans d'autres domaines : il existe non seulement beaucoup de pistes cyclables et des abris louables pour les vélos, mais également le système de location de vélo *« Call a bike »*, qui a beaucoup de succès dans de grandes villes allemandes depuis 2001.
Pour rendre l'utilisation du vélo plus attirante, le gouvernement allemand a pris des mesures financières et infrastructurelles : depuis 2002, il existe un plan national cycliste qui fixe des objectifs. Pour les atteindre, le budget pour la promotion du vélo a été doublé. De plus, de nouvelles pistes cyclables sont construites et quand ce n'est pas possible, le code de la route est modifié au profit des cyclistes. Finalement, il y a des campagnes promotionnelles comme *« Mit dem Rad zur Arbeit »* (« Au travail en vélo ») qui ont pour but d'encourager les gens à utiliser régulièrement la bicyclette pour aller au travail. *(281 mots)*

Compréhension orale

Un couple franco-allemand

Vous avez **cinq** minutes pour lire les questions. Ensuite, vous allez entendre un document **trois fois**. Vous aurez **trois** minutes de pause entre les écoutes. À la fin, **trois** minutes seront à votre disposition pour compléter vos réponses.

Pendant les écoutes, l'utilisation du dictionnaire n'est pas autorisée. Dans le cas où le candidat aura coché plus de réponses que le nombre demandé explicitement dans la consigne, aucun point ne pourra lui être attribué.

Punkte: 20

1. Le présentateur mentionne des éléments qui caractérisent le Français et l'Allemand typiques. Cochez les trois images qui correspondent le mieux aux éléments mentionnés par le présentateur. (3)

 ☐

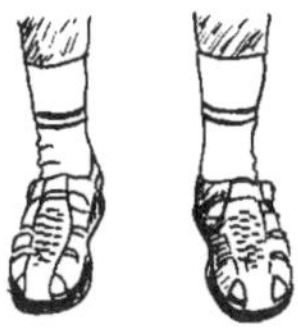 ☐

 ☐

 ☐

 ☐

 ☐

 ☐

 ☐

 ☐

2. Vrai ou faux ? Cochez les bonnes réponses.
Larry et Anja parlent de leurs expériences et des clichés : (3)

	vrai	faux
Pour Larry, le premier contact avec l'Allemagne a été un échange scolaire.	☐	☐
Anja parle d'un cliché d'après lequel les Français seraient très fiers de leur langue.	☐	☐
Anja critique les Français pour la durée de leurs repas.	☐	☐

3. Complétez. (4)

– Larry est professeur de ______________________.

– Anja et Larry vivent maintenant à ______________, dans un appartement de ________ m².

– Leur façon de vivre en France est mal vue en Allemagne où on ne comprend pas ______________________

______________________. *(**un** aspect)*

4. Cochez les trois bonnes réponses. (3)

☐ Larry trouve que la vie en France est plus bruyante qu'en Allemagne.
☐ Anja a 29 ans.
☐ Larry est plus jeune qu'Anja.
☐ Louisa, la fille de Larry et d'Anja, est inscrite en maternelle.
☐ Anja accouchera fin février.
☐ Bientôt, Anja accouchera de son troisième enfant.
☐ Anja ne veut plus reprendre le travail après la naissance du bébé.
☐ On lui reproche de négliger son travail.
☐ Elle ne doit plus se battre contre des critiques du côté allemand.

5. Répondez aux questions. (2)

a) Qu'est-ce que beaucoup d'Allemands pensent de l'appartement d'Anja et de Larry ? *(**un** aspect)*

____

b) Où est-ce que le couple passe très souvent les vacances d'hiver ?

____

6. Complétez le texte. (3)

Larry : « J'ai l'impression qu'on doit être bien dans le même moule. Les ______________________ doivent être sorties à la même heure parce que si on les sort plus tôt, ça va pas. Et j'aime beaucoup mon ___________________________ par exemple parce que la haie de son jardin est absolument pas taillée, et c'est fabuleux, parce que ça pose un problème à tous les ____________________. Et c'est cette chose-là qui en Allemagne me pèserait, ce ‹ bien-comme-il-faut ›. »

7. Formez les deux phrases qui correspondent aux informations du document sonore en reliant les différentes parties. (2)

a) Anja…

b) Larry…

- ☐ ne se sent pas à l'aise en France.
- ☐ exclut de vivre en Allemagne.
- ☐ peut s'imaginer vivre aussi bien à Stuttgart qu'à Berlin.
- ☐ peut s'imaginer vivre plutôt à Stuttgart.
- ☐ ne veut pas s'installer définitivement en Allemagne.

Textaufgabe

Der Prüfling hat eine Textaufgabe seiner Wahl zu bearbeiten.

Textaufgabe I

Alger[1] rêve le franco-allemand

L'Algérie, une ancienne colonie française (1830–1962), a obtenu son indépendance en 1962. Entre 1954 et 1962 s'est déroulée la guerre d'Algérie entre l'État français et les indépendantistes algériens.

Alger la Blanche est une ville calme. Une ville douce, propre, hospitalière. Peuplée d'habitants souriants et avides d'échanger. Loin des clichés rebattus en France. Seulement la capitale d'un pays fier d'avoir connu son Printemps arabe[2] en 1988, de ses richesses naturelles, de sa stabilité, de son alphabétisation, de sa croissance économique, de sa douceur de vivre. Certes le souvenir des mouvements sociaux[3] des années 90 (entre 100 000 et 200 000 morts ou disparus) a laissé des traces, et notamment un appareil policier omniprésent ; certes il reste bien là quelques bidonvilles égarés ; certes encore le taux de chômage des jeunes est lourd et la liberté de la presse reste relative, mais l'Algérie se sent un pays en devenir où les immigrés d'hier reviennent, tous capables de s'inventer un futur dans un pays où il reste tant à faire. Avec les Américains, les Chinois, les Allemands. Et bon gré mal gré avec les Français.

Ces Français avec lesquels ils se sentent maintenant d'égal à égal : « Il faut que nous dépassions notre histoire », dit Abdel, marin-pêcheur. Tous veulent donner leur avis sur celle-ci : ils ont soif d'être compris, entendus, soif de prouver leur attachement aux Français, soif aussi de témoigner qu'une fracture perdure entre les deux peuples. Et tous regardent avec envie la réconciliation franco-allemande.

Mais le travail de rapprochement, de mémoire entre la France et l'Algérie n'a pas été fait. Ou du bout des lèvres. Seul désormais un grand projet peut rapprocher les deux pays. L'Europe a été ce projet pour les Français et les Allemands. L'Euro-Méditerranéen[4] peut être celui qui crée de nouveaux liens entre nos deux peuples. Personne ne pourra contester ce rôle moteur aux Français et aux Algériens. La France est la seule puissance européenne à disposer de tels liens avec les pays du pourtour méditerranéen. Le rédacteur en chef du quotidien *El Watan*, Salah Eddine Belabes, affirme : « Nous sommes condamnés à nous entendre, et avons avec la Méditerranée une frontière commune. La France et l'Algérie doivent bâtir un pont naturel entre nos deux continents. » Et pourquoi ne pas dupliquer les outils de la réconciliation franco-allemande : déploiement d'un véritable réseau de jumelages, partenariats universitaires et scientifiques, échanges de diplomates, travail de mémoire commun, création d'un média partagé.

Ce qui manque encore à l'Algérie, c'est un traité comme le Traité de l'Élysée. Un cadre bilatéral qui codifie les relations entre les deux pays. À l'heure où le franco-allemand n'a plus rien à prouver de son efficacité, la France peut s'engager avec volontarisme dans le franco-algérien. L'Algérie doit donc se servir des experts du franco-allemand pour appliquer les méthodes et les outils qui ont fait le succès de ce rapprochement bilatéral entre la France et l'Allemagne que nous envient toutes les zones de conflit à travers le monde. Et la France a tout à y gagner, y compris au plan économique où elle est menacée par le talent de ses concurrents.

Pour cela la France doit reconnaître le passé. Elle doit sortir de cette relation asymétrique : les Algériens connaissent bien les Français ; les Français ne les connaissent pas/plus du tout. Et surtout elle doit bâtir avec les nouvelles générations la relation euro-méditerranéenne qui permettra aux deux pays de dépasser 130 ans de colonisation. Ce que la France a réussi avec l'Allemagne, elle peut le réussir avec l'Algérie.

De son côté, l'Algérie se doit de mettre en place une véritable politique touristique à la hauteur de l'étendue et de la richesse de son territoire pour mieux se faire connaître ; elle doit se mettre à l'écoute d'une population désireuse de poursuivre des liens étroits et fraternels avec les Algériens de France, et avec les Français, et enfin inscrire la réconciliation au premier rang de ses priorités. De part et d'autre le chemin reste long mais les intérêts communs (lutte contre le terrorisme, sauvegarde de nos relations commerciales, proximité de nos populations, création d'un espace euro-méditerranéen) sont des moteurs forts et suffisants. Et le savoir-faire français, éprouvé en matière de réconciliation, est un solide garant de sa réussite.

Les Algériens le désirent, les Français doivent en prendre conscience. Les Européens et les Méditerranéens s'en réjouiront.

Oliver Breton, ParisBerlin Mai 2013

Explications :

1	Alger	capitale de l'Algérie
2	Printemps arabe	protestations populaires (dans de nombreux pays du monde arabe à partir de décembre 2010)
3	mouvements sociaux des années 90	conflits (1991–2002) entre le gouvernement algérien et des groupes islamistes
4	l'Euro-Méditerranéen	projet de coopération entre les pays de l'UE et dix autres États riverains de la Méditerranée

Questions sur le texte

Punkte: 50

Répondez aux questions suivantes en utilisant autant que possible vos propres mots. Citez correctement.

1. Décrivez la situation actuelle en Algérie telle qu'elle est présentée dans le premier paragraphe (l. 1–12) du texte. (10)
2. Comparez les relations franco-algériennes aux relations franco-allemandes telles qu'elles sont présentées dans le texte. (20)
3. Résumez les mesures à prendre par la France et l'Algérie et analysez deux procédés stylistiques dont l'auteur se sert pour exprimer ces idées. (20)

Commentaire personnel/Rédaction **Punkte: 40**

Exposez, en 200 à 250 mots environ, vos idées/arguments sur **l'un** des sujets suivants.

1. Vous avez prévu de faire vos études dans un pays francophone. En France, vous avez été refusé(e), mais on vous propose une place d'étudiant(e) en Algérie. Acceptez-vous ? Donnez vos raisons.
2. « Ce voyage m'a vraiment marqué(e). » Analysez vos expériences personnelles positives et négatives.
3. Vivre entre deux cultures – une chance ? Discutez en vous référant à une œuvre littéraire ou cinématographique francophone de votre choix.
4. Décrivez et commentez le dessin humoristique ci-dessous.

http://tpeimmigration.over-blog.com/article-16199300.html

Textaufgabe II

Barbe bleue[1]

Saturnine, une jeune fille belge qui vit à Paris, est depuis peu colocataire de don Elemirio Nibal y Milcar, un aristocrate espagnol qui n'a plus quitté sa maison depuis vingt ans. Il paraît que huit femmes qui avaient cohabité avec lui ont disparu. Corinne, amie d'enfance de Saturnine, lui rend visite pour la première fois dans cette maison…

– Cinq cents euros par mois, répéta Corinne qui payait plus pour son 30 m² à Marne-la-Vallée[2].

Saturnine tira le cordon. Mélaine[3] accourut.

– Je reçois une amie. Puis-je vous prier de nous apporter du thé ?

Cinq minutes plus tard, Mélaine installait une table basse avec une théière fumante, des tasses dorées et du cake aux fruits confits. Corinne attendit qu'il fût parti avant de dire :

– Je comprends tes arguments. Ce mec veut t'épouser ? Accepte. Et liquide-le ensuite.

– Tu veux que je l'imite, en somme ?

– Ce type a assassiné huit femmes !

– On ne se fait pas justice à soi-même.

– Tu es embêtante.

– Je n'ai pas envie d'aller en prison.

– Et si tu commettais le crime parfait ?

– Ça n'existe pas.

– Alors quoi ? Tu vas habiter avec ce cinglé sans rien faire ?

– Aussi longtemps que je suis là, il ne risque pas de zigouiller une nouvelle femme.

– Tu te sacrifies ?

Saturnine montra du menton le luxe ambiant et dit :

– Je n'appelle pas ça me sacrifier.

Elle servit le thé et coupa deux parts de cake.

Saturnine sourit. Cela lui faisait du bien, de revoir son amie ; cela la changeait de l'Espagnol. Elles bavardèrent pendant des heures. Elles eurent successivement 25 ans, puis 22, puis 18, puis 15. Quand Mélaine frappa, elles atteignaient 12 ans.

– Monsieur vous prie de partager son dîner.

– Je m'enfuis, dit Corinne.

– Non. Accompagne-moi.

– Je ne suis pas invitée.

– Je t'invite.

– J'ai peur.

– Chochotte[4] !

Saturnine la prit par la main et la mena jusqu'à la cuisine. La jeune femme avait les yeux écarquillés de terreur.

– Don Elemirio, je vous présente Corinne, mon amie d'enfance.

– Bonsoir, mademoiselle. Acceptez-vous une flûte de champagne[5] ?

– C'est que… je dois retourner chez moi. Je préfère ne pas rentrer trop tard, à cause du RER.

– Mon chauffeur vous reconduira.

– Tu vois ! dit Saturnine.

– Vous n'avez sûrement pas prévu assez de nourriture, bredouilla encore Corinne.

– Vous ne parlez pas sérieusement, protesta l'hôte.

– Depuis quand tu refuses du champagne ? demanda Saturnine.

Elle souleva la bouteille du seau à glace et s'exclama :

– Du Laurent-Perrier cuvée Grand Siècle ! Vous avez bien fait les choses ! Je débouche.

Effarée du ton de son amie pour s'adresser à un serial killer, Corinne le vit remplir trois flûtes en cristal de Tolède[5].

– À quoi buvons-nous ? interrogea don Elemirio.

– Comme hier : à l'or !

Corinne se demandait si Saturnine n'était pas devenue elle aussi timbrée. Le rituel, le ton glacial qu'elle ne lui connaissait pas, le luxe de l'endroit, l'homme qui regardait Saturnine comme une icône dans sa châsse, tout la sidérait, tout l'effrayait. L'Espagnol mit un troisième couvert et porta sur la table un plateau de homards. L'invitée avait si peur qu'elle s'écria :

– Des scorpions !

– Tu n'as jamais mangé de homard ? s'amusa Saturnine.

– Si. Bien sûr.

Ils commencèrent à manger. Corinne ne parvenait pas à décortiquer le crustacé. Son amie vint l'aider. En faisant craquer une articulation, Corinne envoya un jet de jus de homard dans l'œil de don Elemirio. Saturnine pouffa.

– Je vous supplie de m'excuser ! cria Corinne en tremblant.

– Tout va bien, dit l'hôte avec bienveillance. Depuis quand vous connaissez-vous ?

– Depuis l'athénée, reprit Saturnine, c'est l'école secondaire, en Belgique.

– Quel mot admirable ! Vous avez donc été placées toutes les deux sous l'égide d'Athéna.

– En effet, dit Saturnine. Athéna, déesse de l'intelligence. Méfiez-vous, don Elemirio.

– Que faites-vous ? demanda l'homme.

– Je travaille à Euro Disney.

– De quoi s'agit-il ?

– C'est un parc d'attractions. J'organise les files au palais de l'Épouvante.

– Quel étrange destin vous a-t-il conduite du culte d'Athéna au palais de l'Épouvante ?

– J'ai d'abord travaillé à Walibi[6], en Belgique. Et puis, j'ai eu cette possibilité d'aller à Euro Disney. C'est mieux payé.

– Aimez-vous votre travail ?

– Non.

– Pourquoi l'exercez-vous, en ce cas ?

– C’est mieux que caissière à Carrefour[7].

Don Elemirio considéra les deux jeunes femmes, l’air de s’interroger sur ce qu’elles pouvaient avoir en commun. Saturnine le détesta. Corinne perçut sa perplexité et dit :

– À douze ans, Saturnine était déjà la première et moi la dernière de la classe.

– J’étais le dernier de la classe, moi aussi.

– Oui, mais vous, vous pouviez, ce n’était pas grave, dit Corinne.

Saturnine éclata de rire.

– Pardon. J’ai dit quelque chose d’impoli ? bafouilla Corinne.

– Non, tu as juste dit la vérité.

L’estomac noué, l’invitée cessa vite de manger.

Quand Saturnine prit congé de son amie, celle-ci lui dit :

– Comment tu lui parles !

– C’est ce qu’il mérite, non ?

– Oui. Tu sais, il est plutôt sympa.

– Tu trouves ?

– Tu ne vas pas tomber amoureuse de lui ?

– Tu es malade ?

Elles s’embrassèrent. Corinne entra dans la Bentley qui s’éloigna.

Amélie Nothomb : Barbe bleue. Paris : Albin Michel 2012

Explications :

1	Barbe bleue	personnage d’un conte de fées célèbre qui tue ses femmes (*dt.* Ritter Blaubart)
2	Marne-la-Vallée	ville en banlieue parisienne
3	Mélaine	le serviteur de don Elemirio
4	Chochotte	*hier:* Angsthase
5	une flûte (en cristal de Tolède)	un verre à champagne (en cristal de haute qualité)
6	Walibi	parc d’attractions en Belgique
7	Carrefour	chaîne de supermarchés

Questions sur le texte

Punkte: 50

Répondez aux questions suivantes en utilisant autant que possible vos propres mots. Citez correctement.

1. Décrivez et analysez l’attitude de Corinne à l’égard de don Elemirio avant et pendant le dîner. Référez-vous aux lignes 1 à 63. (20)
2. Montrez que les trois protagonistes appartiennent à des couches sociales différentes en vous appuyant sur leurs manières et leur langage. (20)
3. Le texte est caractérisé par quantité de dialogues. Étudiez-en trois fonctions à l’aide d’exemples concrets. (10)

Commentaire personnel / Rédaction **Punkte: 40**

Exposez, en 200 à 250 mots environ, vos idées/arguments sur **l'un** des sujets suivants.

1. Les bonnes manières sont aujourd'hui encore d'actualité dans une société individualiste. – Discutez.
2. Votre *P-Seminar* s'intitule « École Solidaire ». En coopération avec le lycée français qui est jumelé avec le vôtre, vous envisagez d'organiser une « Semaine Sans Luxe ». Adressez une lettre officielle au proviseur du lycée français pour lui expliquer votre projet. La lettre contient :
   - la description détaillée de la « Semaine Sans Luxe »
   - des arguments qui encouragent les jeunes Français à y participer
   - les objectifs et les bénéficiaires de ce projet
3. Jusqu'où peut aller la solidarité entre ami(e)s ? Exposez vos idées en vous référant à une œuvre littéraire ou cinématographique francophone de votre choix.
4. Décrivez et commentez le dessin humoristique ci-dessous.

Crise du logement étudiant

http://ministeredelacrise.blogs.liberation.fr

Explication :

cité U : cité universitaire

Médiation

Choisissez **l'un** des sujets suivants. **Punkte: 40**

1. Traduisez le texte ci-dessous en allemand.

Les fous du stade[1]

L'objet du scandale est posé là, à l'entrée sud de l'agglomération. L'objet du scandale, c'est ce grand stade de Lille, « le plus moderne depuis le Colisée de Rome », dixit[2] Pierre Ferret, son architecte. 854 millions d'euros, dont un demi-milliard à la charge du public, soit le plus gros investissement sur dix ans de la métropole lilloise.

Le phénomène est inédit dans l'histoire du football, et dans l'histoire tout court. À moins peut-être de remonter aux temps glorieux des bâtisseurs de cathédrales – à quoi les politiques aiment d'ailleurs comparer « leurs » stades. Et ils n'ont pas tort. Même gigantisme, même rythme de fréquentation – vide la semaine, plus ou moins rempli le week-end. Et même mode de financement.

Les Français n'ont pas la culture des stades ? L'offre créera la demande, comme les cinés multiplexes ont produit des cinéphiles, rétorquait-on aux sceptiques. Et puis les stades seront multifonctionnels, capables d'accueillir concerts, spectacles ou séminaires 365 jours sur 365. La crise n'aidera pas ? Au contraire : « Regardez l'Angleterre ! Pourquoi les stades sont-ils remplis ? Parce que les gens s'emmerdent chez eux et que, contrairement à nous, ils ne peuvent pas s'échapper en TGV. Eh bien nous, ce sera pareil. »

Gurvan Le Guellec : Les fous du stade, Le Nouvel Observateur, 8 août 2013

(Die Quellenangabe ist nicht zu übersetzen.)

Annotations :

1 Ne pas traduire
2 dixit *(latin)* : a dit

2. Rédigez un texte français d'environ 250 mots en vous appuyant sur les informations demandées.

Sie haben folgende Nachricht von Ihrem französischen Austauschpartner erhalten:

Nachricht

Von: Éric
An: xxx
Cc:
Betreff: TATORT

Salut,

Dimanche soir, j'ai voulu te parler au téléphone, mais j'ai seulement eu ton frère à l'appareil qui m'a dit que ce n'était pas le bon moment parce que toute la famille était en train de regarder « TATORT » à la télé. Qu'est-ce que c'est ? Pourquoi est-ce que c'est si important pour vous ? J'attends ta réponse.

Bises,
Éric

Verfassen Sie eine Antwortmail auf Französisch. Erklären Sie darin das Phänomen „Tatort" und berücksichtigen Sie dabei folgende Aspekte auf der Grundlage von Informationen, die Ihnen der untenstehende Text liefert:

- Welche Elemente charakterisieren die Fernsehserie „Tatort"?
- Wie äußert sich die große Beliebtheit dieser Serie?
- Inwiefern kann der „Tatort" als typisch deutsch betrachtet werden?

Tatort: Der Hipster[1]-Heimatkrimi

Ich muss irgendetwas verpasst haben. Der Tatort, diese in Lindenstraßen-Manier daherkommende Krimiserie, die im deutschen Fernsehen seit Jahrzehnten über den Äther läuft, ist irgendwie zum ultimativen Trend geworden. Wieso eigentlich?

Dass die Krimireihe Kult ist, fiel mir erst auf, als Freunde, die mich in Paris besuchten, bereits am Sonntagmorgen die Sachen ins Auto stopften! „Wir fahren schon etwas eher los, sonst schaffen wir's nicht zum Tatort. Heute Abend ermittelt der Jan Josef Liefers (als Rechtsmediziner Karl-Friedrich Boerne mit Axel Prahl als Hauptkommissar Frank Thiel in Münster). Genial!" Weg waren sie – verzichten wegen einer dämlichen Fernsehserie auf einen Nachmittag in Paris.

Man kann wohl ohne Maßlosigkeit behaupten, dass der Tatort – eine Koproduktion der deutschen ARD, des Österreichischen ORF und des Schweizer Fernsehens – die beliebteste Krimi-Serie im deutschen Fernsehen ist. Seit über 40 Jahren sitzen am Sonntagabend zur Hauptsendezeit Generationen von Deutschen vor dem Flimmerkasten und folgen akribisch ihren Lieblingsermittlern – bis zur Lösung des Falls. Denn eins ist sicher, nach 90 Minuten kann der Deutsche getrost eindösen: Ob in Münster, Hamburg oder Berlin, der Mordfall ist aufgeklärt – die Ordnung wieder hergestellt. Spießig?

Was ist nur dran am Tatort, dass nach wie vor 8,5 Millionen Deutsche (2011; Tendenz steigend) ihren Sonntagabend dem Tatort widmen? Ob auf dem heimischen Sofa oder in der Kneipe um die Ecke: Es ist schwer, den Deutschen am Sonntagabend von der Glotze wegzukriegen. Und danach vom Computer, denn der Tatort ist dann Sonntagnacht auch das meist diskutierte Thema in deutschen Tweets[2].

Seit mehreren Jahren gehört es auch zum guten Ton, den Tatort im Rudel zu gucken. Ein Phänomen, das zunächst in Hamburg losgetreten wurde – und sich mittlerweile über die ganze Republik ausgebreitet hat. „Tatort-Public Viewing“ heißt das Ganze und erinnert an die Großevents von der letzten WM in Deutschland. Beim Tatort geht's allerdings etwas chilliger zu.

Mitfiebern ist das Codewort. Und so ist es nicht unwahrscheinlich in Berlin auf eine Bande Hipster[1] zu treffen, die Störenfriede mit einem *shhhhhhhhh* anfauchen, wenn ihr sonntägliches Prozedere unterbrochen wird. 37 Tatort-Kneipen soll es laut der ARD in Berlin mittlerweile geben. Und auch Wien surft auf der Erfolgswelle mit. Jede Woche fiebert ein ganzer Kinosaal in der Österreichischen Hauptstadt mit den Tatort-Kommissaren mit – auf den Spuren des organisierten Verbrechens.

Und dabei ist der Tatort Lichtjahre entfernt von US-amerikanischen durchstilisierten, rasanten und IT-lastigen *CSI*[3] und Co.-Formaten. Ganz im Gegenteil: Die deutsche Krimiserie setzt auf Altbewährtes, den detektivischen Spürsinn und Kombinatorik – und kann dabei komplett auf einen überirdischen Sinn à la *The Mentalist*[3] verzichten. Wichtiger ist der Schlagabtausch der zumeist in Duos ermittelnden Kommissare.

O.K., zugegebenermaßen: Die beliebteste deutsche Krimi-Serie hat ein bisschen Neunziger-Flair; im Ausland würde man den Tatort hundertpro als „typisch deutsch“ betiteln. Doch das Erfolgsrezept ist subtil und lässt sich auf ein einziges Wort herunterbrechen: **H-E-I-M-A-T**. Dieses Wort, das sich – typisch deutsch? – so schwer in andere Sprachen übertragen lässt. Der Tatort fühlt sich heimelig, nach Zugehörigkeit an. Jeder Tatort hat sein unverkennbares Lokalkolorit. Auch wenn man sich im Web häufig darüber lustig macht, dass im Tatort immer auch ein paar Sehenswürdigkeiten der jeweiligen Stadt obligatorisch

Revue passieren müssen, so wird die Serie doch häufig als „Spiegelbild Deutschlands“ betitelt. Sozialpolitische Tendenzen werden aufgegriffen, das populäre Medium zum kulturellen Speicher.

Die erste Folge „Taxi nach Leipzig“ (1970) thematisierte die deutsche Teilung; später sollte es dann u. a. auch um ethnische Minderheiten, Terrorismus, Arbeitslosigkeit oder den Balkan-Krieg gehen. Auch die Frauenquote, über die in Deutschland derzeit so hitzig diskutiert wird, hat der Tatort längst in die Tat umgesetzt – neben der vielleicht bekanntesten Kommissarin Maria Furtwängler (Kommissarin Charlotte Lindholm, Hannover), ermitteln acht weitere Damen der Schöpfung, allerdings häufig mit geballter Männlichkeit an ihrer Seite.

Der Tatort also doch progressiv? Nun gut, wir wollen's mal nicht übertreiben. In den Augen eines Zugezogenen hat die Krimireihe sicherlich etwas Altbackenes à la Derrick[4]. Aber wer irgendwann mal eine Zeit in Deutschland verbringen will, kommt am Tatort nicht vorbei.

Katha Kloss: TATORT – Der Hipster-Heimatkrimi
http://www.cafebabel.de/lifestyle/artikel/tatort-der-hipster-heimatkrimi-2.html
zuletzt aufgerufen am 25. 09. 2013

Anmerkungen:

1	Hipster	Bezeichnung für einen trendbewussten jungen Menschen der urbanen Mittelschicht
2	Tweets	Kurznachrichten beim Online-Dienstleister Twitter
3	*CSI/The Mentalist*	US-amerikanische Kriminalserien
4	Derrick	deutsche Kriminalserie von 1974 bis 1998

Compréhension orale

Un couple franco-allemand

SPEAKER : Cinq jours à la Une, les relations franco-allemandes, toute cette semaine donc, gros plan sur ceux qui incarnent cette amitié, ce dépassement des frontières, comme ce couple franco-allemand rencontré par Sébastien Baer.

SÉBASTIEN BAER : Évidemment d'abord il y a eu les clichés, le Français avec le béret et la baguette, et l'Allemand buveur de bière en sandales et chaussettes blanches. Quand Anja l'Allemande de Düsseldorf et Larry le Français de Narbonne se sont croisés pour la première fois il y a six ans, c'était la rencontre de deux mondes.

LARRY : Mon premier contact avec l'Allemagne, c'était la série *Papa Schulz*, vraiment les grosses caricatures, les blagues et l'accent allemand pour dire « Jawohl, Herr General » ou ce genre de choses.

ANJA : Alors il y a des clichés aussi sur la France, ils sont bordéliques, et très fiers d'être Français, sinon très vite on me parle de charme français, le vin, les bons plats et puis surtout le temps qu'on passe à table qui rejoint une image aussi d'une certaine forme d'art de vivre qui est très appréciable. C'est pour ça d'ailleurs que je suis restée en France.

SÉBASTIEN BAER : Après avoir habité en province, Anja, enseignant-chercheur et Larry, prof de musique, vivent maintenant au cinquième étage d'un immeuble sans ascenseur à Paris. 50 m^2, deux chambres et quelques habitudes à prendre.

ANJA : À Paris, tout va beaucoup plus vite. Les journées commencent plus tôt, se terminent plus tard, c'est très différent. Ça fait partie d'ailleurs aussi des choses qui sont mal comprises en Allemagne. « Comment se fait-il que vous rentriez si tard à 19 h ? Vous n'avez pas de vie de famille ? Comment vous faites ? »

LARRY : J'ai trouvé que l'Allemagne était extrêmement calme et reposante. Les villes sont moins bruyantes, les centres commerciaux sont moins bruyants. Tout est plus doux.

SÉBASTIEN BAER : Anja, 38 ans et Larry, 29, sont déjà parents d'une petite fille de deux ans et demi, Louisa, inscrite en maternelle à l'école franco-allemande. Fin janvier, Anja accouchera d'un deuxième enfant qui ira à la crèche, lui aussi, dès que la jeune femme aura repris le travail.

ANJA : On ne comprend pas par exemple en Allemagne et on n'accepte absolument pas que je puisse être mère tout en continuant à travailler. Et je dois me battre régulièrement contre des critiques ouvertes de « mauvaise mère, irresponsable, mon dieu, ton enfant, quelle idée de le mettre à la crèche… »

LARRY : Il y a aussi l'appartement. On habite à Paris et en Allemagne, c'est impensable de vivre dans une si petite surface. « Il y a pas de jardin, les enfants peuvent pas sortir, ils sont dans la même chambre, ils ont pas d'espace… » C'est aussi une des raisons pour laquelle ils trouvent que là on exagère un peu, en ayant un deuxième enfant par exemple.

SÉBASTIEN BAER : Pour profiter du soleil et de la plage, le couple passe ses vacances d'été dans le sud de la France, dans la famille de Larry. L'hiver, lui, est plutôt réservé aux séjours de l'autre côté du Rhin, même si Larry a parfois du mal avec la discipline allemande.

LARRY : J'ai l'impression qu'on doit être bien dans le même moule. Les poubelles doivent être sorties à la même heure parce que si on les sort plus tôt ça va pas. Et j'aime beaucoup mon beau-père par exemple parce que la haie de son jardin est absolument pas taillée. Et c'est fabuleux parce que ça pose un problème à tous les voisins. Et c'est cette chose-là qui en Allemagne me pèserait, ce « bien-comme-il-faut ».

SÉBASTIEN BAER : Pour l'instant, même s'il est un peu à l'étroit, le couple se sent bien à Paris, mais il n'exclut pas de s'installer un jour en Allemagne.

LARRY : On y a pensé. Je passe des équivalences, pour pouvoir enseigner ma matière en allemand, et on a fait reconnaître notre mariage en Allemagne afin que je puisse travailler en Allemagne. On est un couple franco-allemand et c'est la moitié de ma culture. Et pourquoi pas Berlin ou Stuttgart.

ANJA : Moi, ça serait plutôt Berlin, parce que c'est une grande ville. Par contre, pas pour toujours, il ne faudrait pas que ce soit définitif parce que je suis mieux ici, je suis mieux ici quand même.

SÉBASTIEN BAER : Sébastien Baer, France Info.

SPEAKER : Les sujets de 5 jours à la Une à retrouver également sur franceinfo.fr.

http://www.franceinfo.fr/emission/Unknown%20token%20emisaison-type-url/noeud-diffusion-temporaire-pour-le-nid-source-850967-05-05-2014-11-47

Hinweis: In der Regel werden Rechtschreib- und Grammatikfehler nur dann gewertet, wenn sie den Sinn der Aussage entstellen. Alternative Lösungen sind gültig, sofern diese der Aussage des Hörtextes entsprechen. Dies gilt nicht für Aufgaben, bei denen im Rahmen des Zitats einer Hörpassage mit Lücken die Wiedergabe ganz bestimmter Wörter oder Ausdrücke gefordert ist. Bei frei zu formulierenden Antworten sind auch wörtliche Übernahmen aus dem Text sowie stichpunktartige Lösungen richtig. Werden bei Multiple-Choice-Aufgaben mehr Antworten angekreuzt als verlangt, wird gar kein Punkt vergeben.
Bei der vorliegenden Radiosendung kommt ein Sprecher mit einem südfranzösischen Akzent zum Einsatz. Lassen Sie sich davon nicht verwirren.

1. *Hinweis: Beachten Sie, dass hier drei Bilder angekreuzt werden müssen. Lassen Sie sich nicht von den teils sehr ähnlichen Bildern in die Irre führen: Der Text spricht von einem Franzosen mit „béret“ und „baguette“ (und nicht „béret“ und „verre de vin“ wie auf einem anderen Bild) und von einem Deutschen „en sandales et chaussettes blanches“ (und nicht „chaussettes noires“).*

2. *Hinweis: Der Text sagt zwar, dass die Franzosen „fiers“ sind, aber nicht auf ihre Sprache. Ebenso spricht Anja von den langen Mahlzeiten in Frankreich, kritisiert sie aber nicht.*

	vrai	faux
Pour Larry, le premier contact avec l'Allemagne a été un échange scolaire.	☐	☒
Anja parle d'un cliché d'après lequel les Français seraient très fiers de leur langue.	☐	☒
Anja critique les Français pour la durée de leurs repas.	☐	☒

3. *Hinweis: Beim letzten Satz reicht die Angabe eines Aspektes. Hier sollten Sie einen vollständigen Nebensatz schreiben und nicht nur stichpunktartig antworten.*
   - Larry est professeur de **musique**.
   - Anja et Larry vivent maintenant à **Paris**, dans un appartement de **50** m^2.
   - Leur façon de vivre en France est mal vue en Allemagne où on ne comprend pas **que les Français n'aient pas beaucoup de temps pour la famille / les Français rentrent tard le soir.**

4. *Hinweis: Beachten Sie, dass hier drei Lösungen angekreuzt werden müssen. Lassen Sie sich bei der zweiten Antwort nicht in die Irre führen: Im Text kommt zwar die Zahl 29 vor, sie bezieht sich jedoch auf das Alter von Larry.*

☒ Larry trouve que la vie en France est plus bruyante qu'en Allemagne.
☐ Anja a 29 ans.
☒ Larry est plus jeune qu'Anja.
☒ Louisa, la fille de Larry et d'Anja, est inscrite en maternelle.
☐ Anja accouchera fin février.
☐ Bientôt, Anja accouchera de son troisième enfant.
☐ Anja ne veut plus reprendre le travail après la naissance du bébé.
☐ On lui reproche de négliger son travail.
☐ Elle ne doit plus se battre contre des critiques du côté allemand.

5. *Hinweis: Da die Aufgabenstellung nichts Konkretes vorgibt, werden hier wörtliche Übernahmen aus dem Text ebenso wie stichpunktartige Lösungen oder ganze Sätze akzeptiert. Beachten Sie bei a) außerdem, dass die Angabe eines Aspektes reicht, obwohl im Text zwei verschiedene Aspekte genannt werden.*

   a) (Il n'y a) pas de jardin. / (L'appartement est) trop petit.

   b) (Ils passent leurs vacances d'hiver) en Allemagne.

6. *Hinweis: Beachten Sie, dass es sich hier um ein Zitat handelt und exakt die im Text genannten Wörter angeführt werden müssen.*

   Larry: « J'ai l'impression qu'on doit être bien dans le même moule. Les **poubelles** doivent être sorties à la même heure parce que si on les sort plus tôt, ça va pas. Et j'aime beaucoup mon **beau-père** par exemple parce que la haie de son jardin est absolument pas taillée, et c'est fabuleux, parce que ça pose un problème à tous les **voisins**. Et c'est cette chose-là qui en Allemagne me pèserait, ce ‹ bien-comme-il-faut ›. »

7. *Hinweis: Achten Sie darauf, insgesamt nur zwei Sätze durch Verbinden der Satzteile zu bilden.*

   a) Anja…
   b) Larry…

   ☐ ne se sent pas à l'aise en France.
   ☐ exclut de vivre en Allemagne.
   ☐ peut s'imaginer vivre aussi bien à Stuttgart qu'à Berlin.
   ☐ peut s'imaginer vivre plutôt à Stuttgart.
   ☐ ne veut pas s'installer définitivement en Allemagne.

Textaufgabe

Textaufgabe I

Questions sur le texte

1. *Hinweis: Die Aufgabe bezieht sich ausschließlich auf die Zeilen 1–12.*

   D'après le texte, l'Algérie s'est développée de façon positive ces dernières années : la capitale, Alger, est calme, propre et sûre et l'économie du pays est en hausse. Ajouté à cela, les Algériens sont ouverts et aimables envers les étrangers et de plus en plus d'entre eux savent lire et écrire. En plus, ils sont fiers du patrimoine naturel de leur pays et de la bonne qualité de vie.
   Cependant, beaucoup de jeunes sont au chômage, les journalistes n'ont pas vraiment le droit de s'exprimer librement et dans certains quartiers, les conditions de vie restent difficiles. En outre, la police continue de tout surveiller après les conflits entre le gouvernement et des groupes islamistes dans les années 1990. Pourtant, malgré les problèmes qui restent à régler, les Algériens croient en l'avenir de leur pays et sont prêts à s'engager pour son futur.

2. *Hinweis: Die Beziehungen zwischen den Ländern müssen aufgrund von Hinweisen, die sich hauptsächlich in den Zeilen 13–38 befinden, beschrieben werden. Achten Sie darauf, dass es nur um eine Bestandsaufnahme geht und Sie nicht fälschlicherweise bereits Maßnahmen nennen, wie die Beziehungen zwischen Algerien und Frankreich verbessert werden können (darum geht es erst in der nächsten Frage).*

   Alors que la réconciliation franco-algérienne n'a pas encore vraiment eu lieu (l. 16–19), la France et l'Allemagne se sont réconciliées (l. 17), se sont rapprochées l'une de l'autre par le Traité de l'Élysée (l. 31) et ont confirmé leur amitié à l'aide de leur grand projet commun : l'Europe (l. 20). Aujourd'hui, les deux peuples travaillent ensemble dans beaucoup de domaines. Politiquement parlant, il existe de nombreux jumelages et échanges de diplomates. Scientifiquement parlant, il y a des échanges entre des universités et des chercheurs. Culturellement parlant, les deux peuples ont créé une plateforme médiatique commune et travaillent ensemble pour faire face à leur histoire (l. 28–30).
   Les Algériens sont jaloux de cette réconciliation franco-allemande et aimeraient créer la même entente entre eux et les Français (l. 17, l. 36/37). Car ils se sentent non seulement déjà à l'égalité des Français, mais ils souhaitent aussi oublier l'histoire (l. 13/14). Leur projet commun, « l'Euro-Méditerranéen », dans lequel la France et l'Algérie pourraient jouer des rôles clé (l. 21/22), faciliterait le rapprochement ainsi que la réconciliation des deux peuples (l. 20/21, l. 25–27). Quant aux Français, eux, ils ont désormais l'esprit libre pour se tourner vers l'Algérie, les relations franco-allemandes étant établies et stables (l. 32–34).

3. *Hinweis: Die Frage bezieht sich hauptsächlich auf die Zeilen 39–55. Die Aufgabe besteht aus zwei sehr gegensätzlichen Teilen, nämlich einerseits der Zusammenfassung der zu unternehmenden Maßnahmen und andererseits der Nennung von zwei Stilmitteln, die der Autor für seine Ausführungen verwendet. Achten Sie unbedingt auch darauf, immer die Funktion des jeweiligen Stilmittels anzugeben.*

Pour se rapprocher des Algériens, les Français, surtout les jeunes générations, doivent assumer le passé (l. 39), se montrer prêts à faire connaissance avec les Algériens, qui connaissent déjà bien les Français (l. 40/41), et surmonter la longue période de colonisation à l'aide du projet « Euroméditerranéen » (l. 41–44).
Les Algériens, de leur côté, doivent développer le tourisme et montrer aux étrangers la beauté de leur pays pour que celui-ci soit mieux connu dans le monde (l. 45–47). À part cela, il faut respecter la volonté de la population qui veut entretenir des relations avec les Algériens de France et les Français (l. 47/48). Finalement, ils doivent mettre l'accent sur la réconciliation franco-algérienne (l. 48/49) et garder toujours les intérêts communs à l'esprit (l. 50–52).
Pour exprimer ses idées, l'auteur emploie de nombreux procédés stylistiques. Le passage concernant les mesures (l. 39–55) est particulièrement frappant. L'auteur utilise d'abord une répétition pour préciser son opinion. Celle-ci a pour but de renforcer les impératifs : « la France doit (…). Elle doit (…). Et surtout elle doit (…) » (l. 39–41). De même, il termine son texte par une série de trois éléments parallèles : « Les Algériens le désirent, les Français doivent (…). Les Européens et les Méditerranéens (…) » (l. 54/55). Ce rythme ternaire représente non seulement une belle fin du texte, mais débouche en même temps sur une nouvelle perspective d'avenir, en rajoutant un autre cercle de personnes.

Commentaire personnel / Rédaction

1. *Hinweis: Dieses Thema setzt landeskundliches Hintergrundwissen über Algerien voraus. Bei diesem* commentaire *ist eine lineare (Sie entscheiden sich klar für eine Antwort) oder dialektische Argumentation (Sie nennen Argumente für beide Antworten und kommen zu einer Synthese) möglich. Die vorliegende Musterlösung entspricht letzterem Typ.*

Alger, la Casbah, le Sahara… Voilà ce qui me vient à l'esprit quand je pense à l'Algérie. J'ai déjà envisagé de visiter ce pays, mais pourrais-je imaginer y faire mes études ?
D'un côté, l'image de l'Algérie n'est pas toujours positive : les femmes par exemple n'ont pas les mêmes droits que les hommes et les homosexuels ne sont pas acceptés par la majorité de la société. De plus, la vie dans ce pays offre sans doute moins de luxe que la vie en Europe : prenons l'exemple de la technologie moderne comme l'Internet à haut débit, qui est beaucoup moins répandu qu'en Europe, ou le système de santé publique. Cela mis à part, il paraît qu'il peut être dangereux de vivre en Algérie à cause des attentats terroristes ou des mouvements politiques intérieurs.

D'un autre côté, vivre en Algérie pour un certain temps me plairait. En premier lieu, je préfère le climat méditerranéen, voire désertique, au climat tempéré en France. Puis, je pense que la vie dans les grandes villes comme Alger ou Oran ne diffère pas énormément de la vie en Europe. Ensuite, on parle le français en Algérie. Je réussirai donc à communiquer facilement et de plus, j'aurai aussi l'occasion d'apprendre l'arabe. En dernier lieu, je trouve intéressant de découvrir une culture tellement différente de la mienne – il suffit de penser à la nourriture arabe (le tajine par exemple) ou à la religion musulmane.
Tout compte fait, même si un séjour en Algérie entraîne certains dangers ou difficultés, il permet d'élargir mon horizon. Pour cette raison, j'accepterais la place d'étudiant dans ce pays. *(266 mots)*

2. *Hinweis: Aufgrund der Aufgabenstellung sollten Sie eine Reise auswählen, während der Sie sowohl positive als auch negative Erfahrungen gemacht haben. Sie sollten ebenfalls herausarbeiten, ob das Positive oder das Negative während Ihrer Reise überwogen hat und inwiefern diese Reise prägend für Ihr Leben war.*

« Il est certain qu'il faut voyager. » Je suis tout à fait d'accord avec cette phrase de Voltaire dans son conte philosophique « Candide ». Chaque déplacement nous permet de découvrir le monde et d'élargir notre horizon. Le voyage qui m'a particulièrement marqué a été le voyage scolaire en Provence en terminale.
Certes, j'ai été confronté à différents problèmes de société en France. Par exemple le manque de respect des gens envers l'environnement : j'ai vu des personnes jeter leurs déchets dans la mer ou mettre différents objets dans des poubelles publiques sans faire le tri avant. Après, j'ai été choqué par la violence de certaines personnes envers d'autres personnes lors d'une manifestation et par la pauvreté qui règnait, même dans une ville riche comme Aix-en-Provence.
Pourtant, les expériences que j'ai faites sont en grande partie positives et je suis vraiment tombé amoureux du sud de la France. Il me suffit de penser aux spécialités culinaires provençales comme le nougat, la bouillabaisse ou les fougasses et à l'art de vivre des Provençaux. À part cela, j'ai été fasciné par les nombreuses curiosités, comme le Palais des Papes à Avignon ou les beaux paysages, comme aux alentours de Roussillon. Enfin, lors de mon séjour en Provence, j'ai pu approfondir mes connaissances en français en parlant avec les gens du pays, au marché par exemple.
En conclusion, je constate que ce voyage m'a tellement marqué que j'ai décidé d'étudier le français et que j'espère même pouvoir vivre en Provence un jour.
(250 mots)

3. *Hinweis: Dieses Thema eignet sich nur, wenn Sie ein französischsprachiges literarisches Werk oder einen Film kennen, der sich mit dem Leben zwischen zwei Kulturen beschäftigt. Es handelt sich um einen normalen* commentaire personnel. *Aufgrund der Aufgabenstellung („Discutez…") müssen Sie Vor- und Nachteile eines Lebens zwischen zwei Kulturen separat anführen und zu einer Synthese kommen. Sie müssen sich auf das literarische Werk oder den Film beziehen.*

De nombreuses personnes dans notre société sont issues de l'immigration et vivent donc entre deux cultures différentes. Est-ce une chance pour eux ?
Premièrement, les personnes concernées me semblent être reconnaissantes de la vie luxueuse en Europe, surtout si elles viennent d'un pays pauvre ou sous-développé. Deuxièmement, ces personnes sont souvent capables de parler plusieurs langues, ce qui peut leur être utile dans la vie professionnelle. Enfin, je crois que le fait de connaître différentes cultures permet de mieux comprendre la diversité des gens et crée, par la suite, plus de tolérance envers les autres.
Toutefois, la vie entre deux civilisations peut entraîner des problèmes, comme c'est le cas pour Sélima dans le roman « Anne ici, Sélima là-bas » de Marie Féraud. Sélima, qui est d'origine algérienne, vit en France où elle se fait appeler Anne, afin de ne pas être refusée par ses camarades de classe. Cependant, son intégration semble difficile, car elle est confrontée quotidiennement au racisme. Lorsqu'elle passe ses vacances en Algérie pour découvrir ses origines, elle n'arrive pas à accepter les traditions algériennes, ainsi que le rôle de la femme là-bas. Elle se rend donc compte qu'elle n'est pas non plus acceptée en Algérie puisqu'elle semble trop française.
En somme, j'en conclus qu'une vie entre deux cultures différentes peut être une vraie chance, à condition que la personne concernée soit capable de comprendre les habitudes différentes et de s'identifier à chacune des cultures. D'après moi, plus les cultures sont différentes, plus il est difficile de profiter de cette situation, comme le montre le cas de Sélima. *(261 mots)*

4. La caricature montre une scène à l'office français de l'immigration. À gauche se tiennent debout deux personnes voulant s'installer en France et possédant des qualités très différentes. Leur apparence est très bizarre : la personne à gauche porte des chaussures de football, des protège-tibias et un maillot de foot à rayures. Cette même personne a les bras croisés et à la place de sa tête, on voit une chaussure de football. À droite, son voisin est vêtu de chaussures normales, d'un pantalon et d'une veste. Dans sa main droite, il tient une mallette contenant ses diplômes. À la place de sa tête, il y a un cerveau. À la droite de ces immigrants sont assis deux employés du bureau, qui portent des costumes : ils ont probablement le droit d'accepter ou de refuser les immigrés et ils ont l'air pensif en ce qui concerne le choix à faire. Lorsqu'un des deux employés fait une remarque sur le « footballeur », en constatant qu'il a « un meilleur profil » que l'autre, il fait allusion au profil de ses chaussures et non aux diplômes de son voisin. Pour l'employé, le « footballeur » correspond donc mieux aux attentes des Français que la personne diplômée.
L'intention de l'illustrateur est de montrer que les immigrés n'ont pas ou peu besoin de diplômes puisqu'ils exercent souvent des activités simples. Le « cerveau » est donc surqualifié, c'est pourquoi les deux employés préfèrent la personne sachant « seulement » jouer au foot. À mon avis, la caricature est très exagérée, dans la mesure où il ne faut pas prendre les sportifs pour des personnes stupides et parce que chaque pays a besoin de travailleurs qualifiés. *(281 mots)*

Questions sur le texte

1. *Hinweis: Die Frage bezieht sich ausschließlich auf die Zeilen 1–63. Beachten Sie weiter, dass die Aufgabe aus zwei Teilen besteht, nämlich der Beschreibung und der Analyse des Verhaltens von Corinne gegenüber don Elemirio. Außerdem muss auf den Zeitpunkt (vor dem Essen und während des Essens) geachtet werden.*

   Comme elle connaît les rumeurs concernant don Elemirio ayant apparemment « assassiné huit femmes » (l. 11), Corinne s'inquiète pour sa copine qui habite « avec ce cinglé » (l. 17) avant le dîner. C'est la raison pour laquelle elle donne des conseils ironiques à Saturnine et elle l'encourage même à commettre un crime (l. 8/9, l. 15). On peut en conclure qu'elle parle du colocataire de sa copine de façon franche, désinvolte, presque hardie avant de passer à table.

   Par la suite, se rendant compte qu'elle va devoir dîner avec don Elemirio, Corinne perd courage et préfère éviter un tête-à-tête avec l'Espagnol et rentrer à la maison. Il en résulte qu'elle cherche des excuses vis-à-vis de sa copine (l. 28–30) et vis-à-vis de don Elemirio (l. 38/39, l. 42) pour ne pas devoir participer au repas commun. On pourrait presque dire qu'elle commence à paniquer lorsqu'elle avoue avoir peur (l. 32) et lorsqu'elle a « les yeux écarquillés de terreur » (l. 35).

   Durant le dîner, Corinne se laisse envahir par son angoisse : elle ne sait pas comment se comporter envers don Elemirio, parce qu'elle trouve son comportement bizarre et parce que tout lui fait peur (l. 48/49, l. 53–56). En même temps, elle est intimidée par l'ambiance. Du coup, elle n'arrive pas à « décortiquer le crustacé » (l. 60) et a tout de suite tellement peur de la réaction de don Elemirio qu'elle tremble même en criant : « Je vous supplie de m'excuser ! » (l. 63).

2. *Hinweis: Achten Sie bei Ihrer Ausführung darauf, sowohl auf die Manieren jedes Protagonisten als auch auf seine sprachliche Ausdrucksweise einzugehen und jeweils daraus zu schließen, welcher Gesellschaftsklasse die Person angehört.*

   Don Elemirio vient d'un milieu aristocratique. Ainsi, il fait servir des choses exquises comme « du Laurent-Perrier cuvée Grand Siècle » (l. 46) et « un plateau de homard » (l. 55) au dîner. Il maîtrise aussi l'art de la conversation, ce qui se remarque dans le fait qu'il dédramatise le comportement maladroit de Corinne à table et qu'il poursuit la conversation par la suite (l. 64). De plus, il a une très bonne culture générale : par exemple, il fait allusion à la mythologie grecque (l. 66/67). En ce qui concerne son langage, il parle de façon soutenue en utilisant des termes choisis comme « une flûte » (l. 37) et « sous l'égide d'Athéna » (l. 66/67) et en posant seulement des questions par inversion (par exemple « Que faites-vous ? », l. 70).

   Quant à Saturnine, elle n'appartient pas originairement à une classe sociale élevée, mais elle a appris à s'adapter au milieu de don Elemirio : elle se fait donc servir du thé par le serviteur et lui parle de façon appropriée (l. 4). À cela s'ajoute le fait qu'elle connaît déjà bien les habitudes de don Elemirio (l. 45–47) et qu'elle montre aussi une certaine culture générale en expliquant à sa copine par exemple qui est Athéna (l. 68). Cependant, elle n'est pas toujours capable de respecter les bonnes manières. Preuve en est qu'elle invite sa copine à dîner sans demander la permission à don Elemirio (l. 29–31) ou qu'elle se met à crier (l. 45) ou à rire (l. 62, l. 87) spontanément à table. Il en est de même pour son langage : elle réussit sans problème à changer de registre de langue suivant la personne avec qui elle parle (avec le serviteur : « Puis-je vous prier… ? », l. 4 ; avec Corinne : « Depuis quand tu refuses… ? », l. 44).

Pour finir, Corinne est issue d'un milieu modeste. Elle ne connaît ni le plat servi (l. 57) ni les bonnes manières et elle est maladroite (l. 60–62). Contrairement à don Elemirio, elle s'exprime de façon très directe sans penser à l'effet que cela engendre chez les autres, par exemple quand elle dit à don Elemirio que « ce n'était pas grave » (l. 86) qu'il soit le dernier de la classe. Linguistiquement parlant, elle utilise des phrases courtes et simples et emploie des expressions et des mots familiers (« ce mec »/« liquide-le », l. 8 ; « embêtante », l. 13 ; « ce cinglé », l. 17).

3. *Hinweis: Die Aufgabenstellung verlangt die Nennung von drei (unterschiedlichen) Funktionen des dialogischen Stils des Textes. Entscheiden Sie sich daher für die wichtigsten Funktionen und vergessen Sie nicht, für jede Funktion konkrete Beispiele anzuführen.*

   Premièrement, les nombreux dialogues en alternance rapide ont pour but d'attirer l'attention du lecteur sur le contenu du texte et de rendre le texte plus vivant. C'est le cas par exemple pour le dialogue initial entre Saturnine et Corinne (l. 10–22) ou pour les dernières phrases qu'elles échangent avant de se séparer (l. 92–97).

   Deuxièmement, le style dialogique du texte donne des informations sur les personnages principaux et exprime avant tout leurs sentiments, pensons à l'incompréhension de Corinne envers sa copine (l. 17–20) ou la peur qu'elle éprouve auprès de don Elemirio (l. 32, l. 63).

   Troisièmement, les discours directs en grand nombre servent à renforcer le côté humoristique du texte, comme par exemple dans le petit dialogue sur le plateau de homard que Corinne semble ne pas connaître (l. 57–59) ou la discussion concernant le travail de Corinne (l. 76–81).

Commentaire personnel/Rédaction

1. *Hinweis: Aufgrund der Aufgabenstellung („Discutez.") muss Ihre Argumentation dialektisch aufgebaut sein, d. h. Sie befassen sich sowohl mit Argumenten für die Beibehaltung von guten Manieren als auch mit Gegenargumenten. Die Besonderheit dieses* commentaire *liegt darin, auf die „société individualiste" einzugehen und nicht versehentlich eine Pro-Kontra-Diskussion zum Thema Manieren generell zu führen.*

Nous avons appris à ne pas parler la bouche pleine ou à regarder dans les yeux de la personne à qui nous parlons. La liste des bonnes manières est longue. Cependant, sont-elles encore présentes dans la société actuelle ?
Étant donné que chacun jouit de sa liberté d'agir et ne s'intéresse qu'à sa petite personne, nous pouvons bel et bien renoncer aux bonnes manières. Il faut ajouter que les situations auxquelles nous étions confrontés autrefois et qui nécessitaient de bonnes manières, sont de plus en plus en train de disparaître : les réunions sont remplacées par des vidéoconférences, les e-mails prennent le dessus sur les rencontres personnelles, les amitiés virtuelles sont en plein boom…
Néanmoins, les bonnes manières ne passent jamais de mode. Il est vrai que notre société est devenue très individualiste, mais la politesse et le respect mutuel aident généralement à améliorer la cohésion sociale, peu importe l'origine, l'orientation sexuelle ou la religion des individus. En conséquence, les bonnes manières servent tout simplement à rendre les relations humaines plus agréables : personne ne refusera d'admettre qu'il apprécie qu'un ami n'arrive pas en retard à un rendez-vous ou que les gens éteignent leurs portables pendant une projection au cinéma. Finalement, vu que les gens sont de plus en plus différents, les règles communes de comportement peuvent représenter la base d'une cohabitation paisible dans une société individualiste.
Pour conclure, je dois dire que les bonnes manières ne sont pas du tout démodées. À mon avis, elles peuvent même contribuer à améliorer la coexistence dans une société individualiste. *(257 mots)*

2. *Hinweis: Achten Sie beim Verfassen dieses Briefes auf eine korrekte Anrede und eine Schlussformel. Vergessen Sie nicht, dass im Französischen das Wort nach dem Komma der Anrede und das Wort nach dem Komma der Schlussformel mit einem Großbuchstaben beginnt.*

Monsieur le proviseur,

Nous voudrions vous présenter dans cette lettre notre projet intitulé « Semaine Sans Luxe ». Comme le dit le titre, nous voulons essayer de renoncer au luxe de la vie quotidienne pendant une semaine. Concrètement, nous demanderons aux élèves du lycée de s'abstenir de sucreries et de ne boire que de l'eau pendant ces sept jours. En outre, nous les prierons de renoncer complètement à l'ordinateur, au smartphone et à la télé. Pour aller à l'école, ils auront le droit de prendre le bus, le vélo ou de venir à pied. L'utilisation de la voiture n'est autorisée qu'en cas d'urgence. Par ailleurs, les parents d'élèves sont priés de faire don de la somme approximative qu'ils économiseront. Les objectifs de notre projet sont simples : nous aimerions que les jeunes se rendent compte du luxe qui les entoure et qu'ils apprennent à être reconnaissants de vivre dans une société d'abondance. Nous voulons faire don de l'argent récollecté à un projet qui soutient plusieurs écoles dans différents pays africains.
Nous serions heureux que votre lycée participe à notre projet pendant cette même semaine. Nous pourrions ainsi créer un sentiment de solidarité entre nos écoles et en parler dans des articles de journaux ou sur les sites Internet des lycées. Peut-

être que vos élèves seront fiers de savoir qu'ils s'engagent pour la même cause que des jeunes du même âge vivant dans leur ville jumelée.

Dans l'attente de votre réponse, veuillez agréer, Monsieur le proviseur, nos salutations distinguées,

Les élèves du P-Seminar « École Solidaire » *(256 mots)*

3. *Hinweis: Dieses Thema eignet sich nur, wenn Sie ein französischsprachiges literarisches Werk oder einen französischsprachigen Film kennen, der sich mit dem Thema „solidarité entre ami(e)s" beschäftigt. Achten Sie jedoch darauf, nicht nur den Film oder das Buch zusammenzufassen, sondern auch wirklich auf das Thema einzugehen. Ferner sollten Sie am Ende Ihres* commentaire *eine klare Antwort auf die gestellte Frage geben.*

   La solidarité entre ami(e)s… Tout le monde reste unanime sur le fait que celle-ci est l'une des bases de l'amitié, car il faut que nous puissions compter sur nos ami(e)s, surtout en une période de crise. Mais la solidarité, jusqu'où peut-elle aller ?
   Tout d'abord, il faut dire que la question ne se pose pas tant qu'un(e) ami(e) se comporte correctement ou tant qu'il/elle ne commet que de petites fautes pardonnables à nos yeux. La situation devient plus difficile lorsqu'on n'apprécie guère le comportement d'un(e) ami(e). On le constate dans le cas d'Alex : un homme d'une bande de quatre amis dans le film « Le cœur des hommes ». En effet, celui-ci trompe régulièrement sa femme Nanou, mais il ne l'admettrait pas. Ses trois amis Manu, Jeff et Antoine condamnent son infidélité, mais ils se taisent pour ne pas mettre en danger leur amitié. D'un côté, je les comprends parce qu'ils risquent de perdre leur ami s'ils s'en mêlent. D'un autre côté, ils savent très bien que Nanou souffre beaucoup de cette situation, mais acceptent son malheur. Je trouve que dans un cas extrême comme celui-ci, la solidarité touche à ses limites.
   En résumé, la solidarité est importante pour qu'une amitié dure, mais au cas où un(e) ami(e) ne respecte pas les règles de bienséance ou qu'il/elle fait du tort à quelqu'un, je trouve que nous avons le droit de la remettre en question. *(239 mots)*

4. La caricature représente une scène dans la rue, plus précisément sur un trottoir. On distingue trois rangées de cartons ouverts et tassés les uns sur les autres. Dans chaque carton, il y a un « habitant » qui est en train de lire, d'écrire ou de travailler sur l'ordinateur. La place dans les cartons est très limitée, c'est pour cela que les personnes semblent être serrées. Devant le carton en bas à droite se trouve un livre par terre. Le titre de la caricature « Crise du logement étudiant » fait deviner que les « habitants » des cartons sont des étudiants. Lorsque l'étudiant occupant le carton tout en haut déclare que « ce n'est plus un trottoir », mais « une cité U », il insiste sur le fait qu'il n'y a pas assez de logements pour les étudiants en France. Ainsi, ils sont même obligés de transformer la voie publique en cité universitaire.
   Le message principal renvoyé par cette caricature est de déplorer la mauvaise situation des logements étudiants et de critiquer les hommes politiques qui ne

font rien pour arranger les choses. Selon moi, la caricature est exagérée, mais elle met bien en scène le problème des étudiants qui cherchent désespérément un logement et qui ne trouvent rien ou au mieux une chambre ressemblant à une boîte à chaussures. En regardant ce dessin, j'ai pitié des étudiants et j'espère que l'État va bientôt trouver une solution à ce problème. *(242 mots)*

Médiation

1. *Hinweise:*
   - *Die Überschrift muss nicht übersetzt werden.*
   - *Ein Ballungsraum („l'agglomération", Z. 1) hat keinen echten „Eingang". Daher wurde „à l'entrée" (Z. 1) mit „am Rand" übersetzt.*
   - *Der Satz „Le phénomène est inédit [...] court." (Z. 6/7) wurde im Deutschen freier übersetzt.*
   - *Die beiden* futur simple-*Formen „créera" (Z. 12) und „aidera" (Z. 16) können im Deutschen mit dem Präsens übersetzt werden.*
   - *Die Ausdrücke „les cinés multiplexes ont produit des cinéphiles"(Z. 13) und „capables d'acceuillir" (Z. 15) wurden im Deutschen freier übersetzt.*
   - *Der Text ist insgesamt in einem sehr elliptischen Nominalstil verfasst, deshalb sollte an einigen Stellen im Deutschen ein Verb oder eine weitere Erklärung hinzugefügt werden, so z. B. bei „854 millions d'euros" (Z. 4), wo im Deutschen der Begriff „Kostenpunkt" hinzugefügt wurde und bei den Sätzen „Même gigantisme, [...] week-end." (Z. 9–11) und „Et même mode de financement." (Z. 11), wo im Deutschen Verben hinzugefügt wurden.*

Das Skandalobjekt steht da, am südlichen Rand des Ballungsraums. Mit dem Skandalobjekt ist dieses große Stadion in Lille gemeint, „das modernste seit dem Kolosseum in Rom", sagte der Architekt Pierre Ferret. Kostenpunkt: 854 Millionen Euro, wovon eine halbe Milliarde die öffentliche Hand trägt, und damit handelt es sich um die größte Investition des Großraums Lille über einen Zeitraum von zehn Jahren.
So etwas ist in der Fußballgeschichte noch nie da gewesen, so etwas gab es überhaupt noch nie in der Geschichte. Es sei denn, man geht zurück in die glorreichen Zeiten der Erbauer von Kathedralen – mit denen die Politiker übrigens „ihre" Stadien gerne vergleichen. Und sie haben nicht Unrecht. Schließlich geht es um die gleichen gigantischen Ausmaße und die gleiche Auslastung – unter der Woche sind sie leer, am Wochenende mehr oder weniger voll. Und die Finanzierung läuft auch gleich ab.
Die Franzosen haben keine Stadionkultur? Die Nachfrage kommt mit dem Angebot, so wie durch die Multiplexkinos viele Menschen zu Kinofans wurden, erwiderte man den Skeptikern. Und zweitens werden die Stadien vielseitig nutzbar sein: Das ganze Jahr über können dort Konzerte, größere Veranstaltungen oder Seminare stattfinden. Die Krise hilft nicht? Ganz im Gegenteil: „Schauen Sie sich einmal England an! Warum sind die Stadien dort voll? Weil die Leute sich da-

heim langweilen und weil sie im Gegensatz zu uns nicht mit dem TGV davonfahren können. Na, und bei uns wird es genauso sein.“

2. *Hinweis: Beachten Sie bei dieser Sprachmittlung, dass Sie Leitfragen beantworten müssen und damit einige Teile des Textes irrelevant sind. Lesen Sie die Aufgabenstellung bis zum Ende, denn die drei konkreten Leitfragen am Ende der Aufgabenstellung sind wesentlich detaillierter als die Fragen in der E-Mail des Austauschpartners. Neben den inhaltlichen Aspekten muss Ihr Text Anrede und Schlussformel enthalten und zu Beginn kurz Bezug auf den Adressaten und den Text seiner E-Mail nehmen. Vergessen Sie nicht, dass im Französischen das Wort nach dem Komma der Anrede mit einem Großbuchstaben beginnt.*

Cher Éric,

Je suis désolé de ne pas avoir pu parler avec toi dimanche soir. Effectivement, nous regardions tous TATORT comme tous les dimanches. Je vais essayer de répondre à tes questions :
En fait, TATORT est une série policière produite par des chaînes de télévision allemande, autrichienne et suisse. Chaque dimanche, les enquêteurs éclaircissent un crime en 90 minutes de façon classique, c'est-à-dire sans imiter les séries policières américaines. La particularité de cette série, c'est que les commissaires (en général, ils sont deux et il y a aussi huit femmes parmi eux) changent et avec eux les lieux de l'action.
Quant au succès, il faut dire que TATORT représente une vraie série-culte pour toutes les générations d'Allemands depuis plus de 40 ans. Le nombre de spectateurs a non seulement tendance à augmenter (en 2011, il y avait 8,5 millions de spectateurs par épisode), mais il y a aussi de plus en plus de projections publiques dans des bars ou des cinémas (par exemple à Berlin ou à Vienne). Il ne faut surtout pas rater une émission et après la diffusion hebdomadaire, les spectateurs se lancent dans des discussions sur des réseaux sociaux comme *Twitter*.
Finalement, TATORT est en quelque sorte un vrai miroir des différences régionales et montre en même temps des sujets d'actualité concernant la société allemande. Cette atmosphère familière et rassurante permet au spectateur de retrouver sa vie quotidienne dans sa ville ou sa région. C'est pour cela que l'on peut dire que TATORT est un phénomène typiquement allemand.
J'espère que tu comprendras mieux maintenant pourquoi nous aimons tant cette série !

À bientôt,

Max *(267 mots)*

(Bitte blättern Sie um)